名著新译书系

WORLD CLASSIC
MASTERPIECES SERIES

法国大革命人物传

[法] 路易·马德林/著　冬初阳/译

时代文艺出版社

图书在版编目（CIP）数据

法国大革命人物传 /（法）路易·马德林著；冬初阳译. —长春：时代文艺出版社，
2016.7（2021.5重印）

ISBN 978-7-5387-5166-6

Ⅰ.①法… Ⅱ.①路… ②冬… Ⅲ.①法国大革命－政治家－列传 Ⅳ.①K835.657=41

中国版本图书馆CIP数据核字（2016）第051533号

出 品 人　陈　琛
责任编辑　付　娜
装帧设计　孙　利
排版制作　隋淑凤

法国大革命人物传

[法] 路易·马德林 著　冬初阳 译

出版发行 / 时代文艺出版社

地址 / 长春市福祉大路5788号　龙腾国际大厦A座15层　邮编 / 130118

总编办 / 0431-81629751　发行部 / 0431-81629755

官方微博 / weibo.com / tlapress　天猫旗舰店 / sdwycbsgf.tmall.com

印刷 / 保定市铭泰达印刷有限公司

开本 / 710mm×1000mm　1 / 16　字数 / 244千字　印张 / 17

版次 / 2016年7月第1版　印次 / 2021年5月第4次印刷　定价 / 68.00元

目　　录

引　言

一两年前，我拜访过我国最著名的政治家之一。这位声誉卓著的元老，即便在经历了漫长艰苦的政治生涯后，还是同以往一样精神矍铄。他在退出公职以后便进入安静的退休状态。退休后，他终于能够回顾他的毕生事业——他有时像一个相当高傲而愤世嫉俗的老人，但一直都能保持体面的形象。他是大革命时代革命者的重要捍卫者，认为对那些人要么全部歌颂，要么就全部加以谴责，这一评价至今仍非常出名。他那一代的众多名人，包括米什莱①、基内②、拉马丁③，乃至梯也尔④，都赞同他的观点，认为那些革命者是一些得到神灵启示的人物，他们因而拥有常人所没有的美德；与此相反，另一些人对这些革命者视若无睹，视他们为从地狱降临人间的魔鬼，完全不屑一顾。

---

① 儒勒·米什莱（Jules Michelet, 1798—1874）：法国历史学家，著有《人民》《法国大革命史》《法国史》等作品。1848年法国革命期间赞成革命，拿破仑三世上台后，拒绝向法兰西第二帝国发誓效忠，对法国大革命和大革命时代的革命者评价很高。——译者注

② 埃德加·基内（Edgar Quinet, 1803—1875）：法国历史学家，著有《亚哈随鲁》《1815年战役》等作品。他是一位坚决的共和派，对拿破仑的"雾月政变"十分不满。——译者注

③ 阿尔方斯·马里·路易·德·拉马丁（Alphonse Marie Louis de Lamartine, 1790—1869）：法国作家、诗人、政治家，著有《吉伦特派史》《大革命史》《俄国史》《土耳其史》等作品。他曾积极投身1848年法国革命，参与创建法兰西第二共和国，但很快就退出政治生活，专心从事写作事业。——译者注

④ 马里·约瑟夫·路易·阿道夫·梯也尔（Marie Joseph Louis Adolphe Thiers, 1797—1877）：法国政治家、历史学家，其最重要的史学著作是《执政府与第一帝国》。七月王朝时期出任法国首相，第二帝国灭亡后再度掌权。他在政治上以自由保守主义闻名，左派对他镇压巴黎公社起义的行为予以严厉抨击。——译者注

这位老政治家在这个问题上曾十分固执己见，所以当他说出以下这番话时，我大吃一惊："你已经破坏了我对大革命时期那些人的看法；他们是和我们没有分别的人，而且经常出现严重判断失误的倾向。"我不知道他是否有些厌烦我，也不能确定自己是否应当为面前这位老人观念的改变负责——这种想法当然是令人愉快的。任何鼓动人们起来行动而且支配众人的人都处于这样一种立场，那就是对历史事件应当形成合理的判断，而且会去欣赏那些摆脱了所有政治偏见，总是力图冷静地看待事实，从而得出不偏不倚的公正结论的历史学家的著作。在他们看来，并不存在神和魔，甚至也不存在半神和半魔。对他们来说，人就是被上天赋予心灵的血肉之躯。人的心灵无论为善为恶，都非常容易变得过于冲动或者容易被蒙蔽。不幸的是，人的肉体是脆弱的，心灵是敏感的，或许正因如此才容易被引入歧途。

人们往往会面临重要的关键问题，即使最平静的心灵，也会因此失衡。我不知道一个黎塞留[①]那样的人物在面对这样的问题时，是否还能够岿然不动。几乎所有经历过政治动荡年代的革命者们，都会失去他们敏锐的洞察力。他们的可怕经历同过去几个世纪的人们经历过的一样，而这种经历也将会发生在未来几个世纪的大多数人身上。我们很快就会提到米拉波的事迹，他早在 1789 年 10 月 10 日就曾说过："当你投身去领导一场革命时，困难的并不是让革命继续下去，而是如何将它控制在一定范围之内。"四十年后，卡西米尔·佩里埃[②]，这位最初对 1830 年"七月革命"感到满意的人，很快就长叹一声："困难并不在于让人民走上街头游行，而在于劝导他们让街道重新恢复平静。"这两人都英年早逝，而杀死他们的

---

① 黎塞留红衣主教 (Cardinal-duc de Richelieu, 1585—1642)：原名阿芒·让·杜·普莱西 (Armand Jean du Plessis)，第一代黎塞留公爵，法国国王路易十三时代的红衣主教和宰相。1616 年成为法国国务大臣，1622 年成为红衣主教，1624 年成为路易十三的宰相，直至逝世。在他当政期间，对内致力于削弱贵族势力，加强法国的中央集权，对外展开各种行动限制哈布斯堡家族在欧洲大陆的势力，奠定了法国成为近代欧洲强国的基础。他不仅在政治和外交上建树颇多，同时也是艺术和文化的守护人和赞助者。——译者注

② 卡西米尔·皮埃尔·佩里埃 (Casimir Pierre Perier, 1777—1832)：法国政治家，七月王朝时期出任政府首相，其子奥古斯特也是一位政治家和外交官。——译者注

恰恰是他们自己煽动起来的狂热的反政府人群所引发的严重焦虑。有些人因这种焦虑产生的负担比较轻，勉强支撑着度过了恐怖的岁月，后来收获了他们参与的这场大革命的果实。引用他们中的一个人——西哀士的名言来说："他们虽生犹死。"而像塔列朗这样的人，"活得"够长，最终拒绝了使他们得以兴起的主义和信条，在累累废墟上建起了自己的财富之塔。大多数革命者则和这些人相反，悲惨地相继覆灭。在惨死的人群当中，维尼奥发出了宿命般的悲鸣："革命就像萨杜恩①一样，要吞食他自己的孩子。"巴伊和巴纳夫，吉伦特派和他们的伊吉丽亚②——罗兰夫人，丹东、德穆兰、埃贝尔和肖梅特，圣茹斯特和罗伯斯庇尔，所有人最终都同样身首异处。所有这些人，在惨死于屠刀下之前，都看到革命起义的暴力正日益升级，当他们试图扭转方向时，这种暴力就变成对他们自身的一种威胁，而且很有可能最终将他们毁灭，于是他们尝试着抑制暴力革命。从1789 年到 1795 年间，他们相继陷入同样的错误观念和假象的陷阱当中，最后同样以悲剧收场。

这是一出我们将会在本书接下来的十幕场景中观赏到的心理剧情片，而这出大戏的演员当中，有几位在舞台上只出现了一瞬间，就逐个匆匆退场，甚至被粗暴地撵下舞台，然后就再也没有重新登台过。

---

① 萨杜恩（Saturn）：罗马神话中的农神，相对应的希腊神祇是克洛诺斯，在神话传说中吞食了自己的亲生子女。——译者注

② 伊吉丽亚（Egeria）：罗马神话传说中的仙女，她帮助罗马第二代国王蓬皮利乌斯建立了古罗马宗教机构，制定了法律法规和礼仪。——译者注

第一章　拉法耶特和他的幻梦

在法国大革命这出戏剧当中最先登场的演员，实际上也是致开场白的人，他的演出是那样独特：在他奉献了如此非凡的演出并经历过一系列事件后，他又活了四十五年；他在经历了最辉煌的成就和最痛苦的屈辱、度过了最大的动乱引发的危机后，都从来无法就他本人对这场运动的态度给出明确的意见，而他也没能够理解大革命本身的真正意义。

吉尔贝尔·德·拉法耶特从出生到死亡，活了将近八十年，人生宛如梦幻——如果他的一生没有给他的大多数支持者带来不幸的话，我会认为这是幸福的人生。很多人在知道这个人的时候，他已经非常苍老了，千真万确的是，即使在那个时候，他的容貌也没有留下岁月的印痕。有些人会因此认为他拥有一种信念，不仅能够移山，而且强大到可以忽略和否认其中有让人跌落深渊的悬崖。另一些人会像拿破仑那样简单地推断说，"拉法耶特侯爵是个笨蛋"，这显然也是在夸大其词。

拉法耶特来自一个古老的奥弗涅①家族，他出生在布里乌德②和勒皮③

---

① 奥弗涅（Auvergne）：历史上的一个法国行省，曾是奥弗涅伯爵的领地，位于法国中南部，现改为奥弗涅大区。——译者注

② 布里乌德（Brioude）：法国中南部的一个市镇，今属奥弗涅大区上卢瓦尔省。——译者注

③ 勒皮（Le Puy）：法国常用地名之一，此处是指今上卢瓦尔省的省会。——译者注

之间的夏凡纳克城堡①。在他去世后发现的一部自传里，他宣称身为一个奥弗涅人，他希望自己成为一个高卢人而不是法兰克人，因为比起克洛维②来，他更喜欢韦辛格托里克斯③。或许，拉法耶特真的是纯正的凯尔特人。他想证明自己是个拥有巨大天赋和勇气的人，而这往往会导致他鲁莽行事。此外，他还是一位非常有说服力的演说家，他对自己的思想和名望都非常自负，往往异想天开地敢为天下先，冒险之后还会冲动地去寻求刺激。罗马人认为高卢人全都拥有这类性格特征，因此人们必然会得出结论——吉尔贝尔·德·拉法耶特是一个高卢人。尽管我对此深表遗憾，但我对他在自传中的这种说法没什么好说的。

十八岁那年，拉法耶特已经是一个大小伙儿了，有着一头亮泽的红发，肤色白皙光滑，只是两眼黯淡无光。他喜怒不形于色，常常面无表情，他那略显笨拙的性格浮现在脸上的时候，往往会使他显得很固执。尽管他已经从凡尔赛军事学院毕业，而且早早地和一个迷人的姑娘阿德里安娜·德·诺瓦耶结了婚，但他看上去似乎总像是一个过于早熟且依然有些稚拙的年轻人。当他出现在法国宫廷时，引来了许多人的讥笑，而且由于他不会跳舞，这使他成了年轻的王后玛丽·安托瓦内特嘲弄的对象。我们很难去评估他对那位言行轻佻的王后产生的印象所造成的后果，想要领会这个心怀不满的青年军官那痛苦的沉默导致的严重后果也不容易。

要说拉法耶特是个"笨蛋"的话，他却真不是。他没有经过特别教养，但受过良好的教育，而在一副相当不起眼儿的外表掩盖下，他有自己的想法，或者说可以认为他有自己的想法。他经常在思考，但徒有广度而

---

① 夏凡纳克城堡 (Chteau de Chavagnac)：今写作"Château de Chavaniac"，是一座路易十三风格的庄园古堡。——译者注

② 克洛维 (Clovis, 465—511)：即克洛维一世，法兰克王国墨洛温王朝的奠基人。他统一了法兰克，征服了高卢，皈依了天主教，但他统一起来的领地在他死后即被四个儿子分别继承，分裂局面一直持续到 751 年墨洛温王朝结束为止。——译者注

③ 韦辛格托里克斯 (Vercingetorix, 约前 82—前 46)：高卢阿维尔尼人的部落首领，领导高卢人反抗罗马人的统治。公元前 52 年，他在阿莱西亚战役中被恺撒的军队包围，投降后被押送到罗马监禁六年，最后在恺撒的凯旋仪式上被处决。——译者注

吉尔贝尔·德·拉法耶特

缺乏深度；我的意思是说，在他漫长的人生当中，他所遵循的只是那些根植于浪漫精神的想法。这位来自奥弗涅的高卢人有些像一位十字军骑士，但就像他同时代百分之九十的人那样，这位十字军骑士的信条是《社会契约论》。很难说清这种启蒙哲学从 1760 年以来对各个社会阶层的影响到底有多深。比起其他各社会阶层，贵族们更为启蒙哲学所倾倒。贵妇们对孟德斯鸠、伏尔泰、狄德罗和达朗贝尔趋之若鹜，对卢梭尤其推崇备至。我们将要在本书中研究的所有这些人都在 1749 年到 1759 年之间出生，从他们开始吮吸母乳时就在接受启蒙哲学，而下层贵族受到的影响尤其深，当他们还是孩童的时候，就拜倒在《百科全书》①的编纂者们脚下，从小就饱受熏陶。拉法耶特是一位哲学家，但却拥有一种好战的性情，他将这种承自十字军祖先的倔强秉性注入到了他那一代人的思想当中。他并不向往去解放圣城，而是希望找到名为"自由"的睡美人，将她唤醒。他不知道他的理想正在将他引向何方，也不知道这正在苏醒的"自由"美人是否会对他、他的人民和他的国家有益。命运注定他就是唤醒她的游侠骑士，而且为了爱她不惜任何代价，也不计较将来会变成怎样。

拉法耶特在十八岁时就已经发现他一直追寻到七十七岁的理想。他是那些受人尊敬、令人钦佩的革命者中的一员，然而这些革命者对他们出生的国度来说却非常危险，只适合前往国外。

当他得知美国独立战争爆发的消息时，他已奉命加入梅斯的卫戍部队。北美殖民地发动反英起义，是因为它们认为英国征收的税收过重，已经不堪忍受。我们不必掩盖这一事实，经济原因才是北美殖民地起义的主要诉求。不管怎样，在任何一场起义当中，对物质利益的不满，例如认为茶叶和咖啡税赋不公，这种诉求总是会成为最重要的理念。这是公认的游戏规则之一。被课以重税的茶叶消费者变成了反抗英国统治的反叛者，而且自称自由战士。

可想而知，北美独立战争能够在 1775 年的法国找到大批支持者，是因为启蒙哲学著作已经让法国准备好为任何煽动性的主张高唱赞歌。导致这种局面出现的更深层次的原因是，法国人能对一个世纪以来一直在打击、劫掠和侮辱他们的英国复仇。公众舆论倾向于将凡尔赛的法国政府拖入战争，但这个国家却不得不谨慎行事。为了援助北美的反叛者，法国需要为他们筹措一笔贷款。在法国已经面临破产之际，要筹措这么一大笔款

---

① 一部由达朗贝尔和狄德罗主编的不朽巨著，18 世纪的各种革命运动都是以书中的学说为基础的。——作者注

子会非常为难，而且充满不确定性。从杜尔哥①到内克尔②，这些财政金融专家都为这个问题大伤脑筋。

当一个窘困的王朝自己都已万分危机，不得不向国民求告，处于这样一种生死存亡的险峻时刻，通过一场新的战争使时局更为紧张是否合乎情理呢？而在任何情况下，外交大臣韦尔热讷③先生，这位权威人士在等候、算计、观察之后，都能把握住时机吗？

然而到1776年夏天，当获悉反叛的北美各殖民地代表在费城召开会议，并且投票通过了基于"人权"思想的《独立宣言》时，这极大地促进了法国政治自由派力量的增长，在自由主义贵族中间尤其明显。我曾前往费城拜谒，见到了独立厅④和那些因年代久远而色泽黯淡的木质圆桌。当年，约翰·汉考克、本杰明·富兰克林等美国独立的奠基人就围坐在这些桌子前开会。我还见到了那里的自由钟（即独立钟），如今它早已有了裂痕，但1776年7月4日11点，正是它向世人宣告美国已决定独立。我也可能是一个凯尔特人，因为当我看到这些伟大事件的历史见证时，不禁有些情难自禁，而我的盎格鲁-撒克逊同伴们却显然没有产生共鸣。

当我想到当初这自由的钟声宣告合众国在这片土地上诞生时，这种情感便油然而生。不可否认的是，这庄严的钟声，伴随着令人振奋的美国独立的消息漂洋过海来到法国时，会激发法国人去思考，使他们的意志坚定。"共和"这个名词，卢梭仅用于为他所构思的理想赋予最严格的现实

---

① 安-罗贝尔-雅克·杜尔哥，德·劳内男爵（Anne-Robert-Jacques Turgot, Baron de Laune, 1727—1781）：法国18世纪中后期的经济学家和政治家，经济自由主义的早期倡导者之一。路易十六统治初期，杜尔哥历任海军大臣和财政大臣，进行了一系列改革举措，触动了封建特权阶级利益，1776年5月便被解职。杜尔哥之所以对美国独立运动态度冷淡，除了对法国国家利益的考虑之外，还有其他原因，诸如对美国并未废除奴隶制的失望和不满等。——译者注

② 雅克·内克尔（Jacques Necker, 1732—1804）：在瑞士出生的法国政治家，1776年起接替杜尔哥主管法国财政。他在任期间曾依靠举债的方式缓解了法国财政危机，但还是没能阻止法国大革命的爆发。——译者注

③ 夏尔·格拉维耶，德·韦尔热讷伯爵（Charles Gravier, Comte de Vergennes, 1717—1787）：法国政治家和外交官。从1774年起，他出任路易十六的外交大臣，美国独立战争期间非常活跃。——译者注

④ 即美国独立纪念馆。——译者注

意义，却被书写在新生的美利坚合众国的天空，成为光芒耀眼的生动字符。刹那间，法国人的心灵至少寻觅到了这个名词的实质意义，也能预见到将会引发的后果，所以向着这个神秘的名词欢呼致敬，因冷静务实的费城公民并不惧怕赋予这个名词非常真实的意义。法国人几乎没有考虑过，美国人构想的理念可能与法国启蒙哲学家及其信徒对自由、平等和"人权"的理解完全不同。忽然之间，启蒙哲学家们曾如此钟爱的威斯敏斯特法则变得不合时宜了，而它是一种如此出色的形式，即使在凡尔赛宣称人类的共和制在美国的时候也是如此。

我们可以想象到吉尔贝尔·德·拉法耶特在梅斯的部队里会待得非常不耐烦。在费城宣布独立之后，新生的美利坚合众国很快就要去捍卫它的独立和刚刚获得的自由，因此美国急需大量军队。我们这位年轻的战士看来并没有深入了解这个问题，而是在和法国境内的北美反叛者代理人秘密会谈后，便签署了一份登船前往美国为合众国效力的协议——他如此匆忙决定是因为他的岳父阿扬公爵从国王那里得到了一封御敕。凭借这封御敕，公爵就肯定能阻止这个轻狂浮躁的年轻人因某些令人遗憾的行为而使家族和国家蒙羞。

我无意在本章叙述那段历史，也无意描述年轻的侯爵在面对那"天赋平等"时的满腔热忱。而这种热情在美国正如他所写的那样"不多也不缺"，这种说法可能很容易引起争议。我同样不会给出他与"老人家"乔治·华盛顿初次会面的诸多细节，华盛顿在会见这个天真的年轻人时，面带着慈父般的也或许是颇带讽刺意味的微笑。我也不会去叙述他最初的几次战役，年轻的"堂吉诃德"在其中的一次战斗中负了伤。这位奥弗涅贵族的后裔在给妻子的信中兴致勃勃地将自己与战友合称为"我们共和派"。真正的美利坚共和派都怀着吃惊不已的心情看待他。他们都是些虔诚的清教徒农民子弟，稳重、谨慎，作风务实，进行了顽强但缺乏想象力的斗争。这位青年军官渴望进行无比激动人心的武装斗争，建立不朽的辉煌战功。显然，高卢人的热血正在他体内涌动。那些美国的贵格会①教派商人们领教了他那躁动不安的勇气后，对他表现出了一种颇带恶趣味的好奇心，最后断定："他是一个令人吃惊的年轻小伙儿，可是啊，他的作风实在太法兰西了！"

这个年轻人甚至会离开部队，去和北美印第安人交朋友。当然，这些印第安人在过去的一个世纪都被启蒙哲学家们当作抨击文明社会阴暗面的教材：他们认为这些野蛮人，从他们自身的原始状态来说都是更加正直高尚的人，而这种说法的确没有让拉法耶特失望。一位印第安酋长给他取了个印第安名字——吉尔伯特被印第安人请进帐篷里，得到了卡耶夫拉这个印第安名字——让我们祝愿这个名字表示一种敬意！而且，他还和他们一起抽起了长杆烟管。这是一幅多么欢悦的画面啊！拉法耶特将印第安人视为"法国唯一真正的朋友"，而且继伏尔泰和卢梭以及雷纳尔②和马蒙泰尔③的著作后，被印第安人认同的更伟大的美德感染。

虽然拉法耶特颇惹人非议，但他的这些活动却被视为悲天悯人之举。"我的朋友，"华盛顿在给他的信中写道，"在世界其他地方已经消失的骑士侠义精神，唯独在你们法兰西民族的情怀当中找到了一方栖息之地。"就是这样一句美国人不用花费一美元的话，让拉法耶特觉得非常悦耳，于是他再度在波士顿上船，继续追寻他那仍有巨大吸引力的理想，而他的热情在前一年就已经发展到了一种癫狂状态。

法兰西同样也被这种癫狂感染，这是无法避免的——而公正地来看，

---

① 贵格会（Quaker）：基督教新教的一个派别，主张任何人之间要像兄弟一样，坚持和平主义和宗教自由，不尊称任何人也不要求别人尊称自己。——译者注

② 纪尧姆·托马斯·雷纳尔（Guillaume Thomas Raynal，1713—1796）：法国启蒙时代的作家和知识分子，著有法文版《英国议会史》和《历史掌故》等作品，最重要的著作是在其他多位哲学家帮助下完成的《欧洲人在印度定居和开展贸易的哲学和政治史》。——译者注

③ 让-弗朗索瓦·马蒙泰尔（Jean-François Marmontel，1723—1799）：法国历史学家、作家，百科全书派学者。他为《百科全书》编写了多个词条，留下了多部戏剧作品。最著名的作品是在他逝世后出版的《一个父亲的回忆》，这部他写给自己孩子的作品对研究法国文学史具有重大价值。——译者注

拉法耶特应当是从中获得了最大的利益。拉法耶特无视法国国王的御敕，在 1776 年踏上了旅程。这位十字军战士为了美国的独立和自由，为了对付背信弃义的英国人而勇往直前。他在美国建功立业的种种故事，他和伟大的"老人家"华盛顿的友谊，以及他在印第安部落经历过的考验，所有这一切使他在法国这个自由平等精神已经如火如荼地传播的国家，获得了极高的声望！对拉法耶特擅自离开法国的行为，国王微笑着罚他在岳父家禁闭十天。而他的岳父现在已经息怒。随后，他在凡尔赛受到了君王的热情接待。法国当局也在凡尔赛下定决心要介入北美战事，而在派遣罗尚博 [①] 的一支军队出发前往美国时，拉法耶特也随军出征，充当先锋和使者。

那是拉法耶特人生中极其精彩的两年，他取得了辉煌的战果。当他在战争结束后回到法国时，年方三十，却不仅在他自己的国家甚至在整个欧洲都声名鹊起。当时的人们对这一点毫无异议。他故作谦虚的举止只不过是遮掩自负虚荣心的可怜斗篷。但他的确有充分的理由志得意满，法国宫廷、城镇和乡野全都为他倾倒。但即使有凡尔赛的凯旋欢迎会、歌剧院的齐声喝彩和他的"苏格兰圣约翰共济会分会"入选，以及一切为英雄们预备的殊荣，都不能够让他满足。为什么即使得到其中一位最引人注目的宫廷女官的青睐，再加上玛丽·安托瓦内特王后邀请他跳舞（他跳得一如既往地笨手笨脚），也不足以令他满意呢？因为他希望各国国王向他致敬。他成为一名保皇的共和派是多么容易啊！

拉法耶特依旧身披共和派的光荣外衣去了马德里，在那里他得出结论，西班牙的大人物们几乎不值一提。他随后从马德里前往柏林，年事已

---

① 让-巴普蒂斯·杜纳坦·德·维缪尔，德·罗尚博伯爵 (Jean-Baptiste Donatien de Vimeur, Comte de Rochambeau, 1725—1807)：法国军事家、贵族和陆军元帅，参加过奥地利王位继承战争和七年战争。1780 年，罗尚博以法国陆军中将军衔率法国正规军抵达北美，接受大陆军司令华盛顿统一指挥，参加美国独立战争，但他实际指挥的兵力比华盛顿本人更多。次年，在决定美国命运的约克镇围城战和切萨皮克湾战役中，罗尚博和拉法耶特指挥的法国陆军发挥了重要作用，迫使康华利投降。他因此和拉法耶特、德格拉斯一同被视为美国最重要的三位异国开国元勋。回国后，他被国王路易十六任命为皮卡第省总督。法国大革命期间，罗尚博指挥北方军团，1791 年底成为法国陆军元帅。第一帝国期间得到养老金，1807 年去世。——译者注

高的腓特烈大帝①接见了他；甚至就连俄国女皇叶卡捷琳娜二世都恳求他前往克里米亚会面。这位共和派却宁愿将这些君主当作宝座上的偶像，而且腓特烈二世让他觉得很好笑，没有比这位普鲁士国王更务实的现实主义者了。当拉法耶特这位自由英雄在向霍亨索伦王朝的名君讲述美国共和制的时候，国王插话打断了他："先生，我知道一个年轻人在访问过那些自由平等的国家以后，满脑子都是这种思想，打算在他自己的国家也建立同样的政权。你知道在他身上发生了什么事吗？""我不知道，陛下。""哦，他被绞死了。"

我不知道如果"我们的游侠骑士"在听到那些最终自由了的民众们高呼"绞死拉法耶特"时，是否会回想起普鲁士老国王脸上露出的嘲讽神情，但可以肯定的是，1785年的他根本想不到会发生这样的事情。另外，他可以让自己的思绪沉浸到美国发生的事情当中去，那个国家当时已经和平，他在那里参加了一次胜利游行：一位休伦②酋长热烈地欢迎他，华盛顿亲吻了他，自由在那里向他微笑。这些令人兴奋的成就之中加入一个老暴君不怀好意的影射重要吗，又能影响什么呢？

那些成就对拉法耶特来说好比饮食般重要。他希望将每一个人从他们那可恨的枷锁中解放出来，包括种植园的黑奴，以及法国新教徒——红派之后，还有黑派和白派③。法国也需要进行改革。不摧毁旧君主制的话，那么对拉法耶特来说，一个共和国就只能在海外存在。但是，在改革进程中，即使在那个时候，法国也可以被改造成一个模范共和国。事实上，无论怎样，拉法耶特依然有一种与生俱来的对王室的忠心，当这种忠心和他的理想目标达成共识时，导致他陷入更大的错觉中。路易十六毕竟是个不错的统治者，如果合乎民意，他将会成为法兰西合众国的总统。要做到这

---

① 腓特烈大帝（Frederick the Great，1712—1786）：即普鲁士国王腓特烈二世，史称腓特烈大帝。在他统治时期，普鲁士的国力得到迅速发展，成为欧洲强国，其文治武功奠定了后来普鲁士统一德意志，建立帝国的基础。有趣的是，腓特烈本人的兴趣一直都在音乐和艺术方面，王子时代为了摆脱父亲的约束，甚至曾企图逃出宫廷。——译者注
② 休伦（Huron）：一个北美的印第安部族。——译者注
③ 法国新教分为三个主要宗派。——译者注

一切就要将国王从对进步思想无知无觉的环境当中解脱出来，正是这种环境使国王和人民产生了隔阂。至于人民，他认为由于他们很单纯，所以本质是好的——人民几乎和印第安人一样简单，因此其本质也几乎和印第安人一样好，毕竟印第安人只会去剥掉敌人的头皮，再加上会偶尔精神失控而已。有人曾一度发现在我们的英雄身旁有一位全副休伦人装束的美国印第安人。这个未开化的野蛮人称拉法耶特为"我的父亲"。巴黎因德·拉法耶特先生的印第安孩子而陷入了疯狂。

所有的一切正在准备使法国政府进行一次激进的改革。为了避免召开三级会议，法国宫廷向"显贵会议"①提出了金钱方面的要求。拉法耶特没能成为这个紧急会议的成员实在太引人注目了，但他公开反对召开"显贵会议"，要求召开民选代表参加的会议。

"什么？"阿图瓦伯爵（即后来的查理十世）高喊道，"你的意思是你希望召开三级会议吗？"

"是的，殿下，而且我要求的还不止如此！"拉法耶特是第一个说出"国民议会"这个词的人，而他甚至都没有花一点点工夫去思考这个冠冕堂皇的词汇能够表达的真正含义。他在等待自己的愿望实现的同时，在写给华盛顿的信件中猛烈抨击"国王东方式的权力②和宫廷的穷奢极欲。国王和宫廷的所有行径都得停止，但一场革命是必要的吗？肯定不是！所有的事情都必须按照自身的发展方向进行，从而在"没有发生任何大动乱"的情况下获得令人满意的结果。

是的，确实如此！"没有发生任何大动乱。"忽略那些小事的话是多么容易使事情发展到错误的地步啊！

拉法耶特所期望的三级会议突如其来、出乎意料地召开了，这使他大吃一惊，甚至有点儿茫然不解。社会各阶层将选举自己的代表，但奥弗涅

---

① 法国名流显贵参加的一个会议，国王在遇到重大难题的非常时刻，会召开显贵会议寻求意见。最著名的一次显贵会议发生在 1787 年。——作者注

② 即专制权力。——译者注

贵族根本不赞同共和派的幻想，甚至连德·拉法耶特先生的自由理想也不赞成他们：实际上，贵族们没有任何事情要和第三等级一起去做。这种状况几乎不会让我们下文将提到的米拉波担忧。米拉波拥有出色的头脑和不屈不挠的精神，足以摆脱他自身的阶级束缚，从而使他在很大程度上与第三等级打成一片。而当拉法耶特面临突破等级限制的迹象时，却显得优柔寡断。因为他尽管拥有非常先进的观念，但依然坚信应由贵族进行统治。

拉法耶特做了我们这个时代报道过的一些具有前瞻性的民意代表所做的事情。这么做是因为他需要让自己被选入议会，于是他接受了那些他不赞成的条件，而且离开了贵族群体。就像他对一位朋友说的那样，"当选了，但并不高兴"。

拉法耶特成为议员后，受到各种职责的限制，一连几个星期都觉得束手束脚。在贵族当中，拉法耶特那个年龄段的当选议员，有相当一部分人从一开始就表达出一种意愿，希望同第三等级携手致力于建立一个共同的政权。这是建立国民议会的第一步。在几次热烈的会议讨论过程当中，这一派的拥护者迅速增加，在这些人当中，拉图尔-莫布尔①、维里厄②、卡斯特兰、利昂库尔③和其他五十名成员表现出了一种愿意立即进行体制改革的姿态。但倾向于建立一个"共和国"的拉法耶特（他向美国驻巴黎大使

---

① 马里-夏尔-塞萨尔·德·费，德·拉图尔-莫布尔伯爵（Marie-Charles-César de Faÿ, Comte de Latour-Maubourg, 1757—1831）：法国大革命和法兰西第一帝国时代的军人和政治家。三级会议召开后，当选为贵族代表。他是拉法耶特的好友，两人一起在大革命的最初几年同享辉煌，后来也共同被奥地利人关押。1797年10月，在拿破仑与奥地利人签署《坎波福尔米奥条约》后，莫布尔终于获释，次年回国。此后，他一直在法国政坛扮演一些无足轻重的角色。——译者注

② 弗朗索瓦-亨利，德·维里厄伯爵（François-Henri, Comte de Virieu, 1754—1793）：法国自由派贵族。三级会议的第二等级代表，一开始支持大革命。1792年9月，法国宣布为共和国后，他加入了保皇派，成为反革命派的代表人物，后参与里昂的反革命叛乱，对抗新政府。1793年10月，里昂叛军兵败，他在突围时被杀。——译者注

③ 弗朗索瓦·亚历山大·弗雷德里克·德·拉罗什福科，拉罗什福科-利昂库尔公爵（François Alexandre Frédéric de La Rochefoucauld, Duke of La Rochefoucauld-Liancourt, 1747—1827）：法国社会改革家。1789年被选入三级会议，一直对路易十六持同情态度。1792年8月10日的一系列暴力事件发生后，他流亡英国，后又前往北美，直到1799年才回到法国。以后的经历与莫布尔相似。——译者注

古弗尼尔·莫里斯①也是这么说的），却保持沉默，不敢表达自己的意见。虽然他的志向依然坚定，但就我们所知，他的心意却一直在摇摆不定，犹豫不决。拉法耶特知道美国大使莫里斯和自己的观点一致，完全不信任那样不确定的民主观念。

莫里斯写道："我告诉拉法耶特，我反对那种源于自由之爱的民主；他和他的朋友们正盲目地奔向毁灭，我想拯救他们。他们的观念、他们的理想和他们的计划，都不能被组成法兰西这个国家的各种群体接受。如果他们的计划和愿望最终得以实现，那将是可能发生的事情当中最糟糕的事情。"我们从这句话当中可以看出盎格鲁-撒克逊式的无情的现实主义论调。拉法耶特或许是这样回答的："我这一派人已经疯了，而我已经亲口告诉过他们会变成什么样子，但尽管如此，我还是决定和他们共存亡。"我对这个答复的真实性表示怀疑。这个答复以一种对未来的预知能力为先决条件，而这种能力与拉法耶特的性格并不相符，或者说这个答复是出于对他所承受的辛劳的妄想。

无论如何，三级会议变成了国民议会，我们这位民主派侯爵没有介入，而且开始大肆抨击他们存在的问题。就在那个时候，拉法耶特不止一次地出现在了历史舞台上。7月11日，他发表了他的《欧洲人权与公民权宣言》，宣言的法律准则得自费城，他已经准备了十年之久。但是正如古弗尼尔·莫里斯预料的那样，议会已经开始想要一种更为极端的东西，这将会比美国人走得更远，从而不仅是为欧洲而是要为全世界颁布一份足以成为样板的宪法。我在后面将会再回到这个问题上来。这一方案被认为太过无力而被搁置，但出于对发起人的安慰，拉法耶特在7月14日当选为议会副议长。这是命运之轮转向另一个方向的开始。

---

① 古弗尼尔·莫里斯（Gouverneur Morris，1752—1816）：也写作"Governor Morris"，美国政治家和开国元勋之一，出席过大陆会议，参加过美国独立战争，是美国宪法的重要起草者之一，主张废除奴隶制。1789年起出使法国，在1792年至1794年间出任美国驻法国全权公使，他在这一时期的日记是关于大革命的一份重要史料。他本人对大革命多有批判，而且相当同情受到无端指责、被废黜的玛丽·安托瓦内特王后。——译者注

7月14日，民众受到内克尔被免职的消息刺激，占领了圣安托万郊区的巴士底狱，在杀害了几名官员后，他们在市政厅建立了一个新的市政府，这个政府以天文学家巴伊为市长。而这位天文学家后来作茧自缚，被革命法庭处决了。资产阶级害怕民众暴动，同样也害怕受到宫廷镇压措施的威胁，于是从14日起，出于保护自己免受民众和政府伤害的双重目的，他们开始维持一支武装力量。这支武装是为了在完整保护大革命最初胜利成果的同时，期望通过展现中间阶层的意志来维持街头秩序。这支资产阶级的武装最终变成了国民自卫军，这支部队的用途，用约瑟夫·普吕多姆①先生"开诚布公"的话来说，是为了"捍卫我们的制度，而如果有必要的话，会与他们战斗"。而国民自卫军如果想对凡尔赛的政府和巴黎民众产生一些影响的话，就需要一个有名望的人来指挥，这个人不仅是一位深孚众望的领导者，而且必须是一名军人和一个爱国者。于是就发生了这样的事情：7月15日，攻陷巴士底狱后，聚集在市政厅的巴黎选民盛情委托的代表团，指定国民议会副议长拉法耶特担负起保卫巴黎的责任。不久，这些代表们就找到这位"两个世界的英雄"，齐声欢呼拥戴他成为巴黎城防司令。如我们所知，拉法耶特无法抵御民众的欢呼，而且对他而言，接受这个任命也是合理的——他看到这是挽救处于起步阶段的"自由"的手段，他要从暴民统治的威胁和反革命施加的各种危险中拯救它。于是他拔剑出鞘，宣誓不惜牺牲自己的生命"维护自由"。

人民让拉法耶特感到一种非常真实的焦虑。在他第一次为之忧心忡忡时，就说："这些愤怒而醉狂的暴徒不会一直都听从我的。"但为了让他们平静下来，他下达了命令——以谁的名义不得而知——摧毁已经攻占的巴士底狱。但是，用这样的策略要让暴民平静下来只会适得其反。7月1日，

---

① 约瑟夫·普吕多姆（Joseph Prudhomme）：19世纪法国画家亨利·穆尼埃创作的一个虚伪的资产阶级形象，讽刺漫画角色。——译者注

德·洛奈①和弗莱塞勒②被人民乱刀分尸，人民为这种行径欢呼庆贺。拉法耶特通过他漫长的生涯揭示了人民身上那令人震惊的事实，在他们将优秀的公民大卸八块后的一天，他们会高呼"仁慈"，而他们会通过一场新的屠杀来显示他们的"仁慈"。7月16日，又出现了两名不幸的受害者，贝蒂埃和富隆③两人的脑袋被挂到了矛尖上。拉法耶特一如既往地反复无常，他变得惊慌失措，并递交了他的辞呈。"我的处境很糟糕，"他写道，"眼睁睁目睹着罪恶，却无力纠正。"人民坚持他应当留任，他照办了，并且再度宣称人民是"仁慈"的。

7月31日，市政厅出现了感人的一幕。广场上的人群看到拉法耶特侯爵出现在阳台上，面带兴奋之色，好像受到极大鼓舞似的。他挥舞着一枚红、蓝（代表巴黎）、白（代表波旁家族）三色帽徽④，在民众的赞誉声中高呼："我给你们一枚帽徽，这帽徽将会在整个世界闻名！"至少有这么一次，吉尔贝尔·德·拉法耶特是正确的——尽管他肯定没有意识到这个三色标志在将来的二十年中，是在何种情况下，从莱茵河到尼罗河，从加的斯到莫斯科，四处飘扬的。

拉法耶特现在是个大人物了，1789年夏天的这几个月，他爆发出了极大的爱国主义情怀，扮演了一个非常适合他性格的"大将军"角色。这个人身上存在一种神圣信仰、虚荣心和雄才大略的混合品质，以及一种天真的表现欲望，这样的心理在8月和9月的巴黎得到了充分满足。他已经

① 伯纳德-勒内·儒尔当，德·洛奈侯爵（Bernard René Jourdan, Marquis de Launay，1740—1789）：巴士底狱总监及驻军司令。——译者注

② 雅克·德·弗莱塞勒（Jacques de Flesselles，1721—1789）：法国公务员，1789年4月成为巴黎市政长官，不到三个月后即成为大革命的第一批牺牲品。——译者注

③ 约瑟夫-弗朗索瓦·富隆·德·杜埃（Joseph-François Foullon de Doué，1715—1789）：法国政治家，七年战争时期曾参与法国陆军部的工作。1789年在内克尔被免职后，富隆短暂出任法国财政大臣，不久即遇害身亡。——译者注

④ 据说，法国的国旗三色旗就源自于1789年7月法国大革命期间革命军所戴的三色帽徽。该帽徽由拉法耶特侯爵设计，其颜色借鉴了巴黎市市徽的红色、蓝色和代表王室的白色，寓意是期望人民与王室携手合作，建立一个自由平等的新国家。1789年开始，拉法耶特侯爵率领的巴黎国民自卫队就以蓝、白、红三色旗为队旗。三色标志也因此成为法国大革命的象征，代表自由、平等、博爱。——编者注

不在国民议会中出现，而是身穿国民自卫军的制服，骑着他那匹有名的白马，和暴民们高谈阔论。或者他会站在台阶上、阳台上和地面上，根据环境的需要，发表讲话来鼓舞、安抚或激励那些仍然"仁慈"的人民，这些人民乐于如此仁慈，为他们这位不知疲倦的领袖所说的每一个词欢呼——欢呼是如此之多，以至于他们几乎都听不见他在说什么。他去了巴黎圣母院——宗教依然在大革命的舞台上存在——给那里加上三色旗来护佑，然后他冲到周围去亲吻那些公民们，这些人已经和善得一个星期都没有杀过任何人了。他满怀感情地说，上帝保卫着自由，国王也渴望自由，而人民创造了自由。这样的情形持续了两个月，拉法耶特最终还是被10月份发生的各种事件从这个美梦中惊醒了。

10月5日，巴黎暴民蜂拥闯入凡尔赛，强行将国王和他的大臣们隔离。那些大臣们被指控在策划一起反革命事件（并非空穴来风）：有人企图入侵议会，随后试图强行进入王宫。当国民自卫军表现出要在凡尔赛支持暴徒们的意愿时，他们差不多已经押着被判犯有反革命罪行的王宫卫队的几名首脑凯旋。他们可能甚至希望把国王和王后也带回巴黎。

几天以前，拉法耶特将军已经设想过这不幸的念头——这种观点一如既往地得到群众赞成——宣布几天之内或许有下一次进军凡尔赛行动，目的是迫使议会做出决策。

10月5日，国民自卫军重新集结。拉法耶特赶去劝说他们放弃这种决心，在他看来，这么做明显会对君主和议会的权威造成伤害。因此他拒绝带领他们，而且作势想要离开。然而叫喊声从四面八方响了起来："上帝啊，将军，你必须留下和我们在一起。"他一如往常般地让步，但看上去他似乎是在执行市政府的命令。市政厅长官命令他和乱党一起出动，"所以他不可能拒绝"。这样的表演多么像日后的克伦斯基 [①] 们哪！

---

① 亚历山大·费奥多罗维奇·克伦斯基（Alexander Fyodorovich Kerensky，1881—1970）：俄国政治家和革命家。1917年发动"二月革命"推翻沙皇统治，出任新政府总理，但在当年10月又被列宁领导的布尔什维克发动的"十月革命"推翻。——译者注

　　拉法耶特是他们的带头人，又是他们的追随者。他突然间全副武装地在议会出现，一位保皇党自由派人士穆尼埃声色俱厉地质问道："你想要干什么？""我要去保护国王。"他满怀诚意地宣称。如果前一天国王说一句话维护被王宫卫队侮辱的三色国旗，每一个人都会满意。拉法耶特动身去了王宫，在廷臣们异样的目光注视下，走进了带圆窗的房间。廷臣们以为他是策划这起事件的主使，但当时他只是一枚棋子；因为当他被推选为带头人的时候，他已经被迫随波逐流。有人哭喊道："克伦威尔来了！"拉法耶特耸耸肩，说道："克伦威尔可不会一个人来。"他见到了路易十六，国王面带微笑地接见了他，老天哪！国王又表现出了他平时的懒散状态。由于将军提议让他的人来守卫王宫，国王就撤下了他的瑞士人卫队，并且在"国家的士兵们"护卫下入睡，于是事情就变成了这个样子。将军让卫兵们各就各位，可他太累了，于是离开去睡觉了，而露宿街头的民众们却在高声合唱："我们想要卫兵们的脑袋！"作家里瓦罗尔[①]后来写文章讽刺他，而且从那时起称呼他为"睡眠将军"："当我躺在床上的时候，罪恶无处不在。"

　　然后下一幕上演了。王宫的出入口逐渐被汹涌的人群逼近，他们从那里穿过宫墙，直逼王后的寝宫，并杀死了挡住他们去路的卫兵。王后玛丽·安托瓦内特衣冠不整，被迫逃到国王那里。国王不得不同意离开凡尔赛，整个王室——"国王、国王的妻子和国王的孩子们"都被人群裹挟着前往杜伊勒里宫。议会也跟随国王来到巴黎，他们注定会在那里和君主一同被乱党控制。

　　有观点认为，发生这种事情责任不在拉法耶特。不管怎么说，从那一天开始，他的敌人都乐于或公开地或暗地里声称也许他是有意为之，一句名言就此产生——"在入睡时，他的国王被劫走了。"

　　足以与法国人民对宫廷的责难相映成趣的是，拉法耶特被称为"人民

---

　　① 安托万·德·里瓦罗尔（Antoine de Rivarol, 1753—1801）：大革命时期的保皇派和作家。——译者注

的宠儿"。这份"宠爱"确实令人叹为观止，很少有人能够得到如此之高的声望，就连他那匹有名的白马都被绣在了三色旗的另一面。"将军"成了他的代称，看上去他好像已经无须其他名字——他成了大革命中占据主导地位的人，憎恨他的米拉波指责他是"坐在宝座上的人"。然而，米拉波却试图利用拉法耶特惊人的声望来满足自己的野心。当我讲到这位伟大的人民领袖的时候，我将会再回到这个话题。米拉波亲自向拉法耶特提出结为盟友，当米拉波成为大臣的时候，拉法耶特会成为陆军元帅；而他们两人将共同中止已经越过界限的大革命，从而挽救法国，并且将恢复政府权威。拉法耶特对米拉波知之甚少，一如他对十年后的拿破仑和四十年后的路易·菲利普那样。拉法耶特清教徒式的性格使他厌恶米拉波这个"放荡不羁的家伙"那自私的灵魂。拉法耶特只会将这位聪明的政治家看成阴谋家——这种人只会为自己的目的利用他，然后再一脚踢开。

拉法耶特认为自己遇上了一位一贯以冷漠自尊示人的人民领袖提出的鲁莽建议。当米拉波察觉到拉法耶特的这种想法时，认为他愚蠢无能，变得对这位"二流伟人"心怀怨愤。他认定拉法耶特是个笨蛋、笨拙的奴才、只会故作姿态的傻子，嘲讽他是个"小丑之王"。但是因为拉法耶特的声望与日俱增，每个人都希望能和他合作。首先是雅各宾派和宫廷里的绅士们，而在米拉波之后，塔列朗也在寻求他的帮助。事实上，这位欧坦主教（即塔列朗）甚至声称他希望和拉法耶特结成同盟，但当他面对那样一个面无表情的人时，很快就变得沮丧气馁，而且最终得出的结论是"他毫无思想和魄力"。

这是个事实：拉法耶特对将会发生的事情毫无想法。1790 年 1 月 12 日，他写信告诉华盛顿，说他对正在发生的事情很满意，他正在起草的一份出色的宪法将"充分而彻底地保障自由"。呈现在他面前的法国的未来是一片玫瑰色，然而最终成为现实的却是一片血色。他陷入了不想显露丝毫反动倾向的念头里，这位代表法律和秩序的军队领导人宣称："大革命必然会存在动乱，旧秩序的一切都仅仅是一种奴役，而在这种情况下，动乱变成了一种最神圣的责任。"然而，他的虚荣心却上升到了更高的高度，他曾向弗罗绍吐露心声说："我在力量方面压倒了英国国王，在权势上凌驾法国国王，而且胜过了人民的狂热情绪。"

他的声望在著名的大同盟庆典上达到了顶峰，典礼上大革命感性的一面在一个令人印象深刻的庄严场景中展示了自我，所以他的这种自傲是可以谅解的。那一幕是拉法耶特的最高成就，他出现在王国所有"国民自卫军"代表们的前头。当他迈向战神广场升起的祭坛，以夸张的手势把剑放在祭坛上的时候，群众的热情变得近乎疯狂。"他们不想让拉法耶特离开祭坛，"一位目击者写道，"他们似乎都在请求他留在那里接受公众的崇拜。他刚刚走下祭坛，参加集会的人民就纷纷扑向他，有的人亲吻他的脸颊，另一些人亲吻他的双手，还有些运气稍差的就亲吻他的衣服。他几乎被堵得无法骑上他的坐骑。他好不容易坐上了马鞍，群众又在亲吻他任何能被吻到的地方——他的大腿，他的靴子，那匹马的马具，甚至直接亲那匹马。"而当拉法耶特纵马奔出战神广场时，他看上去似乎要被人潮的欢呼声淹没。有人大声高呼道："你们看看拉法耶特先生，他正在驰向未来的世纪呢！"

然后，在眨眼之间，这种前所未有的声望泡沫就破灭了。大革命变得更为激烈，而且所有的革命领导人都在将它推向一个新方向。如果国民自卫军领袖本人不再宣称动乱是"一种最神圣的责任"呢？后来，当停止动乱变得极其必要时，丹东一派的人就持有相同的观点，希望在引导名为"自由"的孩童跨出第一步后，先暂停下来，从而使之步入正轨，结果这些人就成了"叛徒"。拉法耶特依然是一位保皇党人，尽管他发表过一些关于民主的激进言论，但他仍希望复辟旧秩序；革命领袖们是如此揣测他的心意的，于是就开始厌恶他。在大同盟庆典后的那一天，马拉指责拉法耶特可恶地欺骗了人民，是人民伪善的朋友。被责难的拉法耶特正身陷在南锡①驻军哗变的冲击中。他是个军人，那一刻他猛然察觉到了危险——如果军队解体，那么按照逻辑接下来会发生的就是国家的解体，这一切会

---

① 南锡（Nancy）：今法国东北部洛林大区默尔特 - 摩泽尔省省会。——译者注

因为没有采取严厉的惩戒措施而无法阻止。他建议议会采取惩戒措施，并且采取行动镇压兵变。

采取惩戒措施和镇压行动为压制动乱分子提供了依据，也使得已经被极左派政论家离间的人民去怀疑拉法耶特——如果不是彻底转到他的对立面的话。含金量十足的英雄怎么就这样变成百分百的渣滓了呢？马拉对拉法耶特的抨击一如既往，甚至与日俱增。他们用拉法耶特的父名穆蒂·德·拉法耶特来辱骂他只不过是"臭名昭著的穆蒂，卑鄙的宫廷支持者"。德穆兰谴责"这个巧取声望的民贼"是一个叛徒。抨击他的传单和小册子广为流传。当憎恨拉法耶特将军的王后劝说国王不要相信他的时候，有人公然发表诽谤文章，称"穆蒂将军和漂亮的安托瓦内特共度了许多个浓情蜜意的夜晚"。拉法耶特有那么非常短暂的一刻，怀疑是一封他写给华盛顿的信赋予了别人口实。到了还击这些诽谤的时候，他会还击的。但他还是先击退了保皇党人断断续续的进犯。他还能依靠谁的支持呢？国王出逃迫使这位将军承担了一个独裁者的职责，而当后来不幸的王室在被重新抓获遣返巴黎并被囚禁在杜伊勒里宫时，他几乎又在扮演一个狱卒的角色。就在王室被押回巴黎的那个晚上，为了接受"架空"君主的命令，拉法耶特以故作恭顺的姿态请求国王接见，宫廷认为这无礼到了极点。国王微笑着答复说："看上去比起你听从我的命令来，我更应该服从你的命令。"而玛丽·安托瓦内特在接见这位打算保护他们的人时，面色苍白，压抑着满腔怒火。

拉法耶特面临着一种令他变得绝望的处境。这种压力正让他精疲力竭，而他坚决反对大革命中的任何过激行为。在他看来，一旦宪法生效，现在被架空的国王将重回宝座，而且这次会在国民自卫军支持下对抗极端革命派，所以他会坚决镇压这一方案可能引起的任何抗议。1791 年 7 月 17 日，第二大党派的领袖德穆兰和丹东在战神广场召集群众进行示威活动，反对国王重获权力，拉法耶特将军率领国民自卫军赶到广场上，驱散了这群乌合之众。和他一起去的有巴黎市长——不幸的巴伊，他也被卷入了这场骚乱。在向乱党们宣读了《反骚乱法案》后，拉法耶特一如既往的面无表情，在他那白马的马背上挺直了身形，拔出他的佩剑，霍然下令开火。数百名乱党被子弹如割草般的扫倒，其他人都鬼哭狼嚎，齐作鸟兽散。这就是结局！仅剩下的就是他的声望在血海中就此崩塌。唉！过去三年间发生的事情注定会导致这样的结果。这一幕高潮确实出乎吉尔贝尔·德·拉法耶特的意料，仅仅在一年前，就在他立马驻足的地方，群众都在亲吻他，甚至都亲到了他那匹马的臀上。拉法耶特当权的时期就此结束，而且比路易十六被废黜还早。

尽管如此，拉法耶特都没有后悔，而且被他自己的忠心蒙蔽，所以也无法从这些事件当中吸取任何教训。他被宫廷冷落，又被大革命否定；他认为自己是比以往更伟大的人物，但他在巴黎已经没有容身之地。一个新议会被选举产生了，事实上，他的朋友们看来在这个议会里成了多数派，这种情况能保证他拥有国民自卫军的指挥权，然而在巴黎已人心尽失的强烈迹象使他惴惴不安。他辞去国民自卫军司令职务，又获得了一个已经受到威胁的边境的军团司令职务。他是个勇敢的军人，但不是个好将领，开战的时候，他除了损兵折将之外，什么都没做。此外，如我们将在下文所看到的那样，吉伦特派将权力都集中到他们自己手中。他们憎恶拉法耶特，但同时也有些害怕他。政府御用文人要求将他召回、逮捕和治罪。而拉法耶特则继续走向他的宿命。1792 年 6 月，当雅各宾俱乐部煽动暴民袭击杜伊勒里宫、侮辱国王却还没有胆量采取进一步行动时，拉法耶特将军与生俱来的忠君情结又再次迸发了。我说过他并不缺乏勇气。他出人意料地丢下梅斯的军团，出现在议会厅里，谴责乱党冒犯君主的罪行，而左派因此要求处分他擅离职守的行为。立法议会没有理会双方的要求，继续当天的议程。议会以为他是带着他的军团回来的，而事实上，议会被前一天晚上的暴乱弄得焦虑不安，还在为第二天将会爆发的事情烦心不已。他们已经计划展现实力团结"二次革命"派的领导人，从而组成议会的压倒多数派，进而推翻君主制。

但拉法耶特却没有带一兵一卒。他依然是那个手提清白之剑的圣骑士，除了自豪地确信那在现实中已经不存在的声望之外，他认为仅仅以他的名号就足以摧毁那些不利于他自己和宪法的敌人。

宫廷对拉法耶特依然保持不信任态度，但他还是向他们提出了一些镇压暴乱的措施。国王对他的建议反应冷淡。王后说道："我知道拉法耶特先生希望拯救我们，但是谁能把我们从拉法耶特先生手中拯救出来呢？"拉法耶特召集他在国民自卫军的旧部，想要进行一次检阅。颇为荒谬的是，和雅各宾派领导人来往密切的新任巴黎市长佩蒂翁，从宫廷方面得到了警告，取消了这次检阅，从而使拉法耶特将军不周密的计划化为泡影。

拉法耶特深感懊恼，便一走了之。而在他身后，已经掀起了风暴。有人提请议会通过一项谴责拉法耶特的投票，但软弱的议会拒绝这样做。还有人提出将他撤职逮捕。即使在他自己的军团，当他想要检阅部队时，也流露出了不满迹象，而他也察觉到他对部队的控制已不牢靠。事实上，他已不再是这个军团真正的首领。当他收到 8 月 10 日革命推翻君主制的消息时，只能独自困坐愁城。他的敌人，丹东，是新政府的真正领袖，而他在自己的军队里随时有可能会被逮捕，士兵们毫无疑问将会把他交出去。8 月 19 日，现在已被雅各宾俱乐部控制的议会，签发了"原北方军团司令穆蒂·拉法耶特将军"的拘捕令。那一天在色当，当拉法耶特收到警告，得知等待他的是何种命运时，他给他正要离开的这座市镇的当局写信说道："我最渴望的自由平等的神圣事业，已经被一个党派的罪恶玷污，而这一事业不可能会被允许长期受到奴役和束缚。"拉法耶特在同他一样对大革命失望的自由派贵族陪同下，越过了边境线。每一个人都惊讶地发现他那没有留下岁月印痕的脸上，神色如此平静安详。

尽管如此，拉法耶特也不能指望会得到奥地利人的热情接待。被这些流亡者惊动的整个欧洲，将他视为大革命最恶劣的唆使者之一。他被当作一名囚犯，监禁在一座城堡里，羁留了五年。有时，对一位刚经历过可怕危机的公众人物来说，一段安静的退休生活有着不可估量的益处，即使是在监狱里度过这段日子。但是在任何环境中，吉尔贝尔·德·拉法耶特都不是一个思想者。尽管他对所有事情都曾经插过一脚，但过去四年所发生的事情对他来说意义真的非常小，或者反过来说，他自己对这些事情的理解非常浅薄。他曾经想为自由奠定深厚的基础，而且曾为这个目的奋斗过。然而，一个政党控制了自由，而且抑制住自由，还排斥他；但是这些都远不能动摇他的信念，而只会让他的信念更为坚定。这就是他的全部认识。尽管拉法耶特成了大革命的牺牲品之一，他仍没有哪怕一刻认为那是这场伟大的革命从一开始就必然造就的产物，而他曾亲手帮助大革命摆脱束缚。令人难以置信的是，希望的破灭并没有打消他的幻想。这美好的幻想跟随他一起走入奥莫茨①的黑暗囚室，给那里带来了一些光明。

七年后，拉法耶特回到法国。拿破仑的兴起对他来说毫无意义，他拒绝和皇帝的政府扯上关系。然而，在 1815 年，他帮助推翻了拿破仑政权，而他对于今后如何组建法国政府却没有任何想法。在波旁王朝复辟时期，他是一名反对党成员，但没有任何固定的政见。到了晚年，他见证了1830 年"七月革命"，扮演了一个积极却并没有明确定位的角色。在一位长期畏惧他的反对者路易·菲利普领导下，他发表了"最好的共和派"宣言，而且以七十二岁高龄重新就任国民自卫军司令，幻想着自己仍旧是在1789 年。然后他宣称自己对欧洲各国人民争取自由的全面运动持同情态度，这令他自己协助创建的政府觉得尴尬，于是他再度被一脚踢开。

虽然拉法耶特很快就要去和地下的家人团圆，他的家人代替他被推上断头台惨死，就长眠在皮克毕公墓②，但他讲述大革命的时候依然是满怀深情。1833 年 1 月 23 日，在法国议会下院的讲坛上，他为 1789 年 7 月 14日辩解，将那一天描述为"欧洲解放的标志"，就像 1776 年 7 月 4 日"在美国历史上是世界自由的标志"那样。1834 年，他宣称自己是一个普通

---

① 奥莫茨（Olmütz）：又译为"奥尔米茨"，历史上曾属于奥地利，今位于捷克摩拉维亚地区境内。——译者注

② 法国巴黎规模最大的私人公墓，由大革命时期受难者的后代建造，早期埋葬的都是在大革命时期被推上断头台的受难者。只有大革命断头台的受难者和他们的亲属及后代，才能葬于此。拉法耶特逝世后，遗体也埋葬在这里，他的墓地后来成为许多美国游客观光的必经之地。——译者注

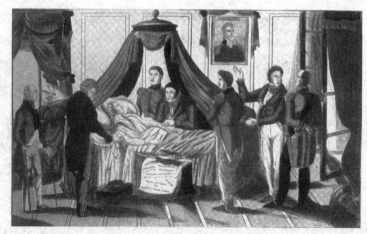

临终时的拉法耶特

的共和主义者。如果他有幸活得更久，他将会参加 1848 年革命，而且至少会有一个瞬间，会对那场革命完全满意，将它当作自己理想的成果。但没有人能永生不死，即使这个人一直都沉浸在一种无尽的不完美的扭曲幻梦当中。1834 年 5 月 10 日，他以七十七岁高龄去世，从而使他免于下一次自欺。

拉法耶特什么都没有认识到。正直、诚实、仁慈而勇敢——他当然具备这些品质，但如果他不是拿破仑皇帝在圣赫勒纳岛不客气地评价的那样一个"笨蛋"，他也实在不适合淘气的命运之神赋予他的角色，而他的表演证明了这对他的国家而言是极其不幸的。他从不曾质疑过大革命，这也是这位老人的额头没有留下岁月印痕的原因。我们也可以从相反的角度来看，可以认为这张没有皱纹的面容十分凄凉，因为他于公于私都经历过太多悲伤。人们还是更愿意对着阿尔方斯·德·拉马丁 1848 年在幻梦破灭之后，那满布皱纹的额头和绝望的深情凝思。

拉法耶特至死都没有认识到米拉波阐述的一件事情："发动一场革命要比结束它容易。"如果他了解这一点，在拔出那代表奔放理想的利剑之前，就会三思而后行。

革命！如果这位老贵族还活着，他会再次以十足的善意来发动另外十次革命。我们要记得提防这类慷慨仁慈之人。

第二章　米拉波——"即使革命也依然故我"

1789 年 5 月 5 日，当三级会议召开时，来自各选区的代表齐集凡尔赛宫的休息厅。这次集会没有激起任何人的兴趣，一连几个星期都默默无闻，因为它是由不起眼儿的外省人举行的。

突然之间，一阵夹杂着喊叫、喃喃低语和恶意称奇的嘈杂声响了起来。普罗旺斯地区艾克斯选区代表团进入了会场。一名身着暗色调第三等级制服的代表从普罗旺斯资产阶级代表团中间站了出来，分开人群向前走去，唇边挂着一抹挑衅似的微笑。这名肩膀宽阔的男子从人群中挤开一条道路，饱经忧患的脸上长着一对黑炭般的眼睛，闪闪发光。同时，一个名字在会场的人群中口口相传，这个名字广为人知，的确太有名了：米拉波伯爵。

为何他会这样出名？为何这位享有他所在行省的名门望族姓氏的人在这里会身着第三等级的黑色制服？又是什么原因让与会成员以这样一种令人不快的不信任的方式对待他呢？要解释这些问题，只有先回顾这位可敬而可畏的人——加布里埃尔·奥诺雷·德·里克蒂，德·米拉波伯爵，在大革命之前的人生历程。

"我早年的生活太过放荡，而这一事实在一定程度上削弱了我，那种生活的影响伴随着我，耗尽了我生命力的一部分。"米拉波这样写道。这是个事实，他过早地消耗了生命力的一部分，在那些年他已经透支了自己的人生。他是个天生的政治家，他那强大的头脑和勇敢的灵魂或许能够找到大革命的要害并控制住它，这样做不是为了扼杀大革命，而是为了避免它偏离正轨。他有可能掌控住它，然后引导它同法国一起从混乱当中抵达一个安全港湾。这是他的心愿，而且为了这个目的他殚精竭虑，但还是失败了，只因为他——这个唯一有能力设想这一宏图的人，被不幸的环境掣肘，在 1789 年受他狼藉的声名所牵累。"公众的福祉就这样被我青年时代的放荡不羁毁坏了！"他哭喊道。

"关于这个米拉波家族，我们除了听说他们浪荡成性之外，什么也不了解！"一个世纪以来，这在普罗旺斯已经成为一种无可置疑的说法。最近一位背负这个姓氏的人（指西比尔·德·米拉波）①，以其广受欢迎的笔名"Gyp"，用最简洁的语句亲自告诉我们，直到最近这一代，"所有米拉波家的人都有一种病态性格"。根据这位最近一代的米拉波家族成员"对其家族生活方式的深入研究"后发现，这种性格具有遗传性，在加布里埃尔·奥诺雷出生前就早已经产生了。

米拉波家族的领地位于迪朗斯河②畔，那是一条狂野之河。1686 年，原姓里克蒂的这个家族被晋封为侯爵，当时他们已经从佛罗伦萨移居法国很长时间了。很多历史学家——其中以路易·巴尔杜③先生最为成功——试图用泰纳④的遗传影响理论去分析米拉波，并为我们提供了对米拉波家族早期抑郁行为研究的结果。这些资料真是令人大吃一惊。事实上，这个

---

① 西比尔·艾梅·玛丽·安托瓦内特·加布里埃尔·德·里克蒂·德·米拉波（Sibylle Aimée Marie Antoinette Gabrielle de Riquetti de Mirabeau, 1849—1932）：一位著作颇丰的法国女作家。按照辈分，她是本章主人公奥诺雷·米拉波的曾侄孙女。——译者注

② 迪朗斯河（Durance）：法国东南部的一条主要河流，发源于阿尔卑斯山西南，是罗讷河的主要支流之一，在阿维尼翁附近流入罗讷河。——译者注

③ 让·路易·巴尔杜（Jean Louis Barthou, 1862—1934）：法兰西第三共和国政治家，同时在文学和历史学方面也颇有建树。1918 年 5 月入选法兰西学术院，1934 年在陪同来访的南斯拉夫国王亚历山大一世访问马赛时，被一名克罗地亚刺客打成重伤，一小时后在马赛医院离世。——译者注

④ 伊波利特·阿道尔夫·泰纳（Hippolyte Adolphe Taine, 1828—1893）：法国文学评论家、历史学家、实证主义哲学家，著有《拉封丹及其寓言》《英国文学史》《艺术哲学》《现代法国的由来》等。——译者注

家族的勇气和恶习、思想和行为，都是如此的多姿多彩。

爱惹是生非的加布里埃尔·奥诺雷天生就有些残疾，生了一副罗圈腿，嘴里长着两颗巨大白齿，还是短舌头①。这就是将来的人民领袖。他的监护人得负起怎样的责任啊，必须克服不安情绪，把他的舌头系带剪开，以免影响他说话。在他三岁那年，又得了一场大病，使情况变得更糟了——他脸上生了很多小麻点，如果他那宽阔的前额、锐利的眼睛和动人的双唇没有幸免的话，这会让他的相貌变得十分吓人。即使如此，他父亲还是在给任下级行政官的兄弟的信中写道："你侄子丑陋得就像撒旦。"

米拉波几乎无法控制他喜怒无常的情绪，但他拥有一个反应敏捷的聪明头脑，还有着惊人的记忆力。而他的导师们都为他那种独特的早熟才华震惊不已。"他尖锐，但心地善良。"卡斯特尼神父在他的报告中如是说道，"他想要粉碎生活中的一切，而在同时也准备好尽早宽待一切。"这就是米拉波所习惯的生活。但他对父亲而言，这是个过于沉重的负担；家族特征这么早就出现在他那可怕的儿子身上，当然会令侯爵害怕。他写道："我真正的十字架是我那个正在长大的儿子。"而到了约定俗成的年龄，他父亲就迫不及待地将这个小伙子送出家门去参加贝里的骑兵团。

米拉波和他所有的家族成员一样勇敢无畏——这个战士只是缺少一个战场。然而，他很快就由于劣迹斑斑，在雷岛②经历了他的首次牢狱之灾。米拉波从这个地方开始了他非同寻常的环游法国之旅——一次正规的监狱游览。一开始是雷岛，然后是伊夫堡③、茹城城堡④、第戎的城堡监狱，最后是万塞讷⑤的地牢。他确实非常适合写一本《我蹲过的监狱》。

---

① 即舌系带过短，会导致说话口齿不清。——译者注

② 雷岛（Île de Ré）：法国西部比斯开湾的一座小岛，距离滨海夏朗德省省会拉罗谢尔约两海里，在大革命时代交通非常不便，使用来关押犯人。——译者注

③ 伊夫堡（Château d'If）：位于法国南部马赛港外的岛屿伊夫岛上的一座小城堡，本是保护国家防止外敌入侵的堡垒，后来被改造成监狱，因大仲马的小说《基度山伯爵》而闻名。——译者注

④ 茹城城堡（Fort de Joux）：位于法国东部上杜省中心，从 18 世纪起，就因是与巴士底狱和伊夫堡齐名的国家监狱而为世人所知。——译者注

⑤ 万塞讷（Vincennes）：今属法国法兰西岛大区马恩河谷省的一个市镇，位于巴黎东部近郊。——译者注

在成为一名中尉后，米拉波被派往科西嘉岛，而当他从这个岛上带着满脑子的想法和理论回到家时，让他那位下级行政官叔叔大吃一惊。他叔叔对他评价道："他满脑子的思想就像风车的叶片那样转个不停，而所有这些想法当中有些肯定是他独有的新点子。"他父亲不为他的这些观点所动，仍将他视为一个祸害，管他叫"暴风"。

然而，米拉波想要改变了。他结了婚，生了一个儿子，但他甚至将这些人生大事当作进行新冒险的契机，结果严重扰乱了他父亲和岳父的生活，使他们联合起来对付这个挥金如土并已债台高筑的年轻成家男人。这还不算完，他和每个人吵架，很快他的家庭就因为纠纷而产生隔阂，进而由于相互不满而破裂。这导致他一开始被囚禁在伊夫堡，后来又关进茹城城堡。在那个专制年代，有些监禁是很松懈的，这在历史上有很多例子。但在这个事例当中，松懈的监禁造成的后果是不幸的，它使得这个年轻人能够经常去走访茹城城堡附近的蓬塔尔利耶镇（走访那里可干不出什么好事），而且结识了老镇长莫尼埃年轻的妻子索菲。米拉波带着这个迷人的女子一同私奔，逃到荷兰去了。他在荷兰以文学化的语言写下了自己的第一批文章，从整体上显示出了他对专制统治的强烈敌意。而这对爱侣的私奔丑闻引发了极为严重的后果。蓬塔尔利耶法院判决米拉波这个诱拐妇女的罪犯要接受极端严厉的惩罚，而在他能找到庇护以前，将会根据一份引渡令被移交给法国警方。他在阿姆斯特丹被捕，然后被囚禁在万塞讷的地牢里，在那里一蹲就是三年。

那是米拉波一生中最有用的几年。一个如此容易冲动的人被强行与人间的诱惑隔离，而且还要经受长期的管束，这真是一件不可思议的事情。在一间囚室里，一个人如果不看书还能做什么呢？于是他开始看书，并且写作。他的名著《敕令》就是从这个关押他的监狱里暗中流传到外面的——对他来说幸运的是，在紧锁的监狱大门里，还是有一些自由的。

一件奇怪的事情是，当时米拉波仍然背负着死刑判决。一个人已经被判死刑，却还活着，至少可以说，这是一种荒谬的情形。米拉波在一部已经出版的回忆录中重点提到了这一事实，从而使人们得以回顾这桩旧丑闻。索菲那受到伤害的丈夫尽管十分恼火，但更多的还是觉得丢脸，于是要求就此事进行协商。最后双方达成了妥协。诱拐索菲·德·莫尼埃的米拉波一直没有被执行死刑，后来被释放了，而索菲则被安置在一座修道院里了事。看来，有时一个女人被伟人爱上的话是很危险的！

等他的情妇戴起了修女面纱后，米拉波便一心希望能让妻子和他重归于好。他要求妻子和他在一起，由于妻子拒绝，他又发起了麻烦的法律诉讼，但这官司还是输了。后来，他和米拉波伯爵夫人的忠实追求者德·加里菲特侯爵决斗——这又是一桩丑闻。为摆脱一连串丑闻的影响，他逃离法国，去了日内瓦，后来又去了普鲁士。

在那个年代，欧洲的知识分子都非常渴望成为腓特烈二世的上宾。我们在前文已经看到拉法耶特在面对腓特烈不动声色的嘲讽时是如何表现的，但米拉波可不是拉法耶特，他对普鲁士国王和他的国家大肆讥讽嘲笑。不久，一部写满一系列宫廷丑闻的匿名著作《普鲁士宫廷秘史》问世了。这本书使两国的外交部门陷入骚乱，甚至发展到迫使普鲁士外交大臣采取法律行动的地步。

1787 年，是非不断的米拉波再次回到法国。当时法国正在召集"显贵会议"，尽管他非常渴望在这届大会中取得一席之地，却没能成功。这件事的直接后果是激起了他对政府的不满情绪，因此在走向大革命之际，他比同时代的人都更为激进。

米拉波对当时的偶像人物内克尔发起激烈抨击。他在一本小册子中写到政府对他施加的这种压力无法抑制他的灵魂："我蹲过很多监狱，但还没去过巴士底狱呢！"后来他成功逃出法国，而且在奥属尼德兰发出了他"给内克尔先生政府的第二封信"。

米拉波接着以小册子的形式写过十本较不重要的作品，都是关于应该如何处理当时各种事件的，但这些很快就被人遗忘了。而他在另一个完全不同的范畴——三卷本《普鲁士君主制》中的研究，显示出他是一位有深度的思想家，同时是一个伟大的文学批评家。仅仅只引用他著作中的某一句话是片面的，但有一句话确实是永恒的真理："军事是普鲁士的民族工业。"这部著作中有大量此类众所周知的常识，再加上其他一些评论，都将会打开那个世纪许多政治家的眼界。

与此同时，三级会议被召集：大局已定。但米拉波依然感到困惑，他不是一个情绪化的人，和其他这类感情主义者不同，并不渴望自由优先于任何一种美德降临。感情主义者通常无法预见每一种可能发生的后果。他是一个彻头彻尾的君主主义者，基于他的君主制主张，他才会呼吁一场革命。我们在以上内容中很少触及对大革命问题的研究，相对更多地关注了米拉波这位奇人的隐私。现在是时候回到大革命的话题了。在整个法国大革命的支持者和反对者，选民和代表，已获得和没有获得大臣职位的政治家、贵族和资产阶级之中，很可能只有米拉波一人，或几乎只有他一个人，对正在酝酿的大革命拥有清晰的认识。

我想补叙一笔，米拉波作为一个保皇党人，是以几个世纪以来我国国王的伟大名臣们为榜样的。几百年来，法国国王一直都试图将他自己从封建特权的枷锁中解脱出来。这种封建特权令国王不堪重负，而人民受到的压迫就更重了。长久以来，封建制度都允许这些特权存在，而这种特权几个世纪以来都威胁着王权的存亡，最终使王权四面受敌，并陷入极为严峻的困境之中。

几十年来，这个国家的政治家们对上述情形已经达成了共识。在1789年——我将在下文回到这一年——并不存在一种直接针对法国国王发动革命的想法：法国人民的脑海里根本没有这个念头。毫无疑问，专制制度受到了抨击，但是圣路易①的后人却没有被追究责任，抨击的理由总是"执政大臣的专制"，而对政府所有恼人的举措的责难都被归咎于内阁——客观地说，内阁成了替罪羊。事实上，波旁王朝非常受大众爱戴，

---

① 圣路易（St. Louis, 1214—1270）：即法国卡佩王朝第九任国王路易九世，十二岁登基，在位四十四年，因其文治武功给法国带来稳定繁荣，加强了法国王室的权威和地位，因而被视为中世纪法国乃至欧洲君主的模范，后被尊称为"圣路易"。——译者注

而路易十六比任何先王的声望都高。

法国只是想废除过时的封建制度，并且通过抑制"封建特权"，建立一种会使国王受益而不是受害的社会政治形态。

因而，最重要的就是，凡尔赛对这种新思潮不应产生误解。这种思潮不应被视为一种对抗君权的叛乱，而是一种倾向于让君权获得自由甚至加强君权的运动。

这些就是米拉波的主张。他确信没有一个革命领导者拥有这样清晰的见识。他不愿意接近他的敌人内克尔，于是在 12 月 28 日，给外交大臣蒙莫兰① 写了一封亲笔信，解释了他的主张，同时概述了一份宪法计划纲要。但令他非常失望的是，他没有得到任何回复。可是就在这个时候，他已经步入政坛，并引发了极大的轰动。

这就是普罗旺斯的贵族米拉波伯爵。他大胆而近乎自傲地要求获得当地贵族的提名。但是，唉！他受恶名所累：人们熟知他是一个不肖子，一个不忠的丈夫，一个麻烦的朋友，一个薄幸的情人——简单说来，他就是一个极为令人厌恶的人。人们记得他玩世不恭的恶行、他背弃的诺言、他近乎欺诈的行为和他那由于胡作非为而年复一年日益增加的债务。许多人都不敢读他的著作，觉得那像是要吞噬一个文明世纪的滚烫熔岩。一言以蔽之，他是一个让"正人君子"憎恶的候选人。甚至他的那张脸和可怕的充血双眼，以及时常吐着白沫的嘴巴，再加上他令人生畏的傲慢气质，就足以让任何人远离。米拉波的主张在这个时候已经众所周知了，却在普罗旺斯贵族之间备受厌恶，这些贵族还没有看到做出个人牺牲的必要性，尤其在这样一个他认为全体人民将要为国家和君主的共同利益牺牲他们的时

---

① 阿尔芒·马克，德·蒙莫兰·德·圣伊耶姆伯爵（Armand Marc, Comte de Montmorin de Saint Herem，1745—1792）：法国政治家，路易十六统治时期的外交大臣和海军大臣。他 1787 年出任外交大臣，是内克尔的忠实崇拜者。一开始因米拉波攻击内克尔，他拒绝与之合作，但随着革命的发展，态度有所转变。在米拉波去世、王室出逃的一连串打击下，他被迫辞职，1792 年死于大屠杀。——译者注

候。于是他被贵族派厌恶，而且遭到排挤。

其实在尚未决裂的时候，米拉波的怒火就能在这份用词夸张的信件中看出来："在每个时代，贵族们都对成为人民的朋友毫不动心，而一旦在某些令人愉快的环境下，他们中间产生了一位人民的朋友，就会被打倒。所以，格拉古①最后死在了贵族们手中。然而，格拉古在受了致命伤以后，呼喊复仇之神见证他的死期；就在这最痛苦的时刻，马略②出现了——就是那个人称辛布里人③毁灭者的马略，但他更著名的是成为罗马贵族统治的毁灭者。"这篇惊人的宣言对于当时的大多数法国人来说几乎难以理解，所以宁可将它看成是虚张声势。但是当年在罗讷河④流域，这片拥有对罗马军团的记忆和数不胜数的古代遗迹的土地上，这个宣言是多么具有挑战意义的号角啊！人民觉得这宣言仿佛如突然而至的北风般冲击着他们，而艾克斯和马赛已经在争取让这个贵族的叛逆者成为普罗旺斯普通民众代表的荣誉了。

米拉波的竞选开始了，多亏他的贴身男仆勒格兰保留的日记，我们可以了解这次竞选的一举一动。哦，这些男仆对历史学家来说经常都是如此有用！

1789 年 3 月 6 日，米拉波来到艾克斯。这个城镇顿时熠熠生辉，人们向他献上了花束。他进行了一次演讲，民众对他的怒吼报以雷鸣般的掌

---

① 格拉古（Gracchi）：指提比略·格拉古（前168—前133）和盖乌斯·格拉古（前154—前121）兄弟，他们是公元前 2 世纪的罗马政治家、平民派领袖。他们先后担任过公元前133 年及前123 年、前122 年的罗马保民官，都推行过限制贵族特权、倾向平民的改革。由于触犯了贵族保守势力，哥哥提比略被元老院活活打死。十二年后，弟弟盖乌斯也被元老院的军队逼迫而死。——译者注

② 盖乌斯·马略（Gaius Marius，前157—前86）：古罗马著名的军事统帅和政治家。他以平民领袖的身份，在一定程度上继承了格拉古兄弟的改革措施，推行军制改革，实行募兵制，取得了一系列军事胜利，但也使军队逐渐依附军事首领个人，是罗马从共和制转向帝制的关键人物之一。——译者注

③ 辛布里人（Cimbri）：早期日耳曼民族的一支，公元前120 年左右开始南迁，曾经侵入高卢和意大利北部，公元前101 年被罗马人消灭。马略在赢得朱古达战争的胜利后，曾多次击败辛布里人和其他部族的日耳曼人入侵，使辛布里人一蹶不振。——译者注

④ 罗讷河（Rhône）：发源于瑞士境内的罗讷冰川，是流经瑞士和法国的大河，欧洲的主要河流之一，流往地中海的除非洲的尼罗河以外的第二大河流。——译者注

声。"我是一条疯狗，是吗？没错！那就选我吧！专制主义和特权将会被我咬死！"当他离开庄严的会场时，他谈论过这些人："如果我不够留神的话，他们就会违背我自己的意愿，把我变成一个人民领袖。"他很少留神或者说根本没留过神，而且"违背自己的意愿"成了一名人民领袖，一场他几乎完全不赞成的大革命领袖之一。

与此同时，人民沉醉于他的演讲。勒格兰写道："他像一位国王一样受到崇敬。"米拉波对群众拥有巨大的影响力，尽管他能够唤起狂热情绪，但他也能够平息马赛的一场动乱，打个比方来说，动动小手指就可以。群众用鲜花装扮他的马车，而且去亲吻刚留下的车轮印，而他在陶醉于成功之余，却有些害怕。他哽咽着说："我现在发现人们是怎样变成奴隶的了，谢恩是专制之父。"4月4日，他在马赛当选，6日来到艾克斯，在竞选结束后，就从这个城镇出发，前往巴黎。一直到阿维尼翁，他都沉浸在胜利之中，往后的旅程将见证他真正的巅峰——努马·卢梅斯当①式的巅峰——终点会在教皇们的城堡里。

米拉波内心充满了对那些和他断绝关系的贵族、那些拒绝聆听他意见的大臣们的怨恨，但他仍是一个热忱的保皇党。他写道："我深深地感到，我们有多么需要废除大臣专制和再度伸张君主的权威。"这位伟大人民领袖的所有政治信念都包含在这个句子里。根据他的理解，君王应当在法国各民意代表的帮助下，和垂死的封建制度进行最终决战。没过多久，他就看到，内阁并没有明确的计划，而宫廷因为被大量特权阶级占据，反而在说服国王去保护这些受到威胁的特权。尽管这种情况还不是很清晰，只能看到大概情形，但他已经因焦虑而颤抖。这场他如此心爱的革命，难道从一开始就会因为国王的愚蠢而让他受挫？难道这场革命注定最后会反过来针对他自己吗？

---

① 努马·卢梅斯当（Numa Roumestan）：法国著名作家都德同名小说中虚构的主人公，是一位善于钻营的资产阶级政客。——译者注

这是无能的家伙内克尔的错。5 月 2 日，米拉波创办了《三级会议专刊》，这份刊物在 7 日被最高行政法院的一项法令禁止，因为它对内阁进行了几次充满敌意的抨击。如果说贵族畏惧他的毒舌，与他保持着一定距离，那么三级会议也不像普罗旺斯人民那样倾心于他们这位怪异的同僚。他们不能理解他对内克尔的抨击，当时内克尔被资产阶级视为偶像。某些持清教徒式观念的资产阶级因为米拉波过去的堕落经历，反而对他持怀疑态度，而且认为他已经被某些政治派别收买。马鲁埃曾写道："我确实将他视为一个阴谋家，因为在那个时候，我和每个人都一样相信，有人在酝酿一个大阴谋。"而第三等级最典型的温和派，穆尼埃，则使他这位麻烦的同僚陷入了孤立。

这就是当加布里埃尔·里克蒂·德·米拉波两眼充满战斗的光芒穿过他的同僚代表们时，人群中间会产生喧闹和恶意称奇声的原因。

第三等级的首次辩论涉及联合各社会阶层的问题，米拉波在发言中对特权阶层充满了强烈的敌视态度。这是因为他发现王权在特权阶层的影响下日益衰落，为此他极为焦虑。这种焦虑提醒他去发现国王会介入一桩肯定会伤害他的争端。而他的梦想是看到他的君王能勇敢地站在人民一边去对抗"特权"。

米拉波想给他的国王发一封振聋发聩的警讯，将君王从宫廷的控制当中解脱出来。问题在于，国王究竟是会下命令或简单地授权召开三级联席会议——在这种情况下，他就会成为国家的一部分；还是会向反方向发展，绝对禁止召开三级联席会议——在这种情况下，他会在很大程度上与特权阶层联系在一起。

一连六个星期都没有发生一件有实质性的事情，但到 6 月 23 日，政府决定召集三个等级的代表举行一次被称为"皇家会议"的联席会议，而且国王将在这次会议的最后阶段阐述自己的意愿。在联席会议上，路易十六命令三个等级——教士、贵族和平民——分别在自己的会议室投票。然后他离开了会场，满意的贵族们和犹豫不决的教士们先后跟了出去；但第三等级则陷入了沉默和深思，留在了会场里。他们有勇气违背国王的命令，但还不足以去勇敢地对抗它。然后，大司礼官德·布雷泽侯爵①出现在会场，以国王的名义召集各位代表离开这个会议室。黑压压一片的平民代表们动摇了。他们嘴巴里没有吐出一个字，也没有发出一声喊叫；他们的悲痛只表现在愁苦的脸上，而且根据他们中的一些人那绝望的手势来判断，当时甚至已经准备屈服。

忽然，有一个人从这一大群踌躇不决的人当中走上前来——那个我们已经知道的狠角色。他迈步走向布雷泽，黑炭般的眼睛里闪着火光，衣冠杂乱，以一种狂怒的姿势甩动着手臂。这一事件的目击者描述各不相同，有些说法夸张，有些说法相当粗糙，而口口相传至今的说法如下："去告诉你的主子，我们因人民的意愿留在这里。除非用刺刀指着，我们绝不会从这里出去！"这段话后来被铭刻在了他的半身雕像上。

历史告诉了我们国王是如何屈服的，三个等级的代表们是如何齐聚一堂，召开国民议会，启动这个国家的改革任务的。但米拉波并不满意，他希望国王能领导这场大革命，而不是像在这次事件中那样，尾随革命的浪潮，容许反对革命。国王，通过他对这场运动的态度，证明他自己会因他丢脸的行为而受人轻蔑，也会因他的不诚实而无足轻重。这种态度严重伤害了米拉波的耿耿忠心，而且令他无比忧虑。

从6月23日起，米拉波就陷入一个困难的处境。他向德·布雷泽侯爵怒吼的著名宣言成了传奇故事，也使他看起来变成了王权的对手。从那一刻起，宫廷、诸大臣和国王将他视为敌人；议会尊称他是他们的保卫者，因为他对抗了专制统治的一次可能实现的反扑；人民欢迎他，视他为领袖。他立即成为一名公认的革命领导人，这场革命因为早期一度受阻而不再与国王同行；相反，没有国王的合作，这场革命也在前进，而且在等待一个机会，当宫廷的一些最新的不端行为给予口实时，就会攻击国王。

---

① 亨利·埃弗拉德，德·德勒-布雷泽侯爵 (Henri Evrard, Marquis de Dreux-Brézé, 1762—1829)：1781 年起子承父业，出任路易十六的大司礼官。——译者注

米拉波在 6 月 23 日的态度所获得的声誉使他得到左派的奉承，他突然广受有时会骚扰他的暴民的欢迎，但他为自己待遇的逆转、王室的痛苦和右派的不信任而极为苦恼。尽管他珍视自己的信念和主张，但他的行动却走到了它们的反面。如果宫廷试图对抗议会，到时他将会被迫以新生的人民英雄身份，让自己沿着一条令人不快的行动轨迹走下去，并且会违背他自身对事态的感受，成为一场在他看来已经渐行渐远的运动的领导人。

另外，他似乎已被恶鬼缠身了，他杰出的雄辩才能对他成了一种折磨，而且使他走得比他能沉溺于思考时曾设想要到达的目标更远。但他总是受制于这个缺点。于是，保皇党人德·米拉波伯爵迫于形势，显然会成为国王的对手，所以他不仅是一个革命者，而且是人尽皆知最具敌意的那一个。在这短短几个月间，米拉波呈现出一种特别有趣的心理特征：在面对公众的宏大戏剧上演时，另一出类型怪异的戏剧也在以热烈的方式上演。在他漆黑的浓眉后面，有着成千个想法在相互搏斗。

7 月 12 日，国王罢免了所有被认为同情新思想的大臣们，这使每个人都担心会对议会发动突然袭击。米拉波沉默了。他乐于看到他的敌人内克尔被罢免，但同时害怕反革命措施会威胁到自己。他一连三天都保持沉默，而且为保证安全起见，7 月 14 日他没有在议会现身。但是到了 15 日，巴黎发生的各种事件所引发的混乱局面，再一次让他无法继续迟疑下去。他走进议会会场发表了重要演讲。当时议会已经决定派一个代表团去请求国王撤回看起来会威胁到议会的军队，并且召回那些被罢免的爱国大臣们。但是，正当代表团准备离开的时候，米拉波突然出现了。他的演讲如同火山爆发，是一种令人生畏的痛斥，其矛头与其说是指向宫廷，不如说是对准了曾软弱地向议会屈服的国王，而且他还大胆地谴责了王后。一些议员怀着狂热的情绪接受了他这番慷慨激昂的迸发，另一些人则万分恐慌。

而且米拉波一再重复了他的演讲。当有人宣布国王即将驾到时，他呼喊道："现在，我们兄弟的鲜血正在巴黎流淌。让一群不幸的人民代表首先用最沉痛的哀悼来欢迎国王。国民的沉默是给国王的一个教训。"

　　结果，国王再度向议会屈服。他去了巴黎，在那里引人注目地顺从民意，而他大错特错的是更深地陷入了一种政策——在屈服之后接着三心二意地阻挠革命。他所能选择的政策当中再没有比这更糟糕的了。甚至连米拉波自己，这个因为可怕的动荡局势正变得狂怒的人，也插了一手使得这个悲剧性的误解更为彻底。他似乎在采取一种日甚一日地违背他初衷的政策。王后一党现在非常痛恨他；而另一方面，雅各宾派则向他欢呼。宫廷的仇恨和众人的喝彩使他变得几乎要绝望了。

　　米拉波是个现实主义者。而议会和它那不可信的理想主义却与他的意识情感相违背。8月4日晚上，一项狂热的法案在几个小时以内通过，没有经过任何形式的准备工作，就废除了整个封建制度。米拉波对此不会不悦，从感情上来说，他参加这场大革命正是为了这个目的。但这种极度冒进的做法却违背了他的心意。这不是一种在这个国家实现改革的方式。在经过仅仅持续了八小时并夹杂着哭喊拥抱的煽情辩论后，就抛弃一个已存在了十个世纪之久的制度，那是不慎重的。他不由自主地对这种疯狂的行为耸起肩膀，而这既让他高兴，同时也使他焦虑不安。

　　面对一个由形而上的学者们组成的议会，他回到对国家的最初构想；受到国家陷入无政府状态景象的触动，他无法抑制自己恢复秩序的心愿。

　　议会已经决定起草一份《人权宣言》，我在后面将会叙述这一宣言，它是如此具有理想主义色彩，而米拉波则憎恶这种特征。他总是在不厌其烦地重复这一点：当一个国家陷入无政府状态时，需要的不是一份权利宣言，而是一份责任宣言。在积极的理想事物成为现实后，而后来却必须被改变或者部分被摧毁的时候，该如何为一部理性的宪法投票呢？"我们不是一群在奥里诺科河岸①登陆准备去组建一个社会的野蛮人，我们有古老的传统，政府和国王已经存在了很长时间。这些事物必须尽可能地和大革

---

　　① 奥里诺科河（Orinoco）：南美洲的第三大河，发源于委内瑞拉南部靠近巴西的帕里马山脉，流经委内瑞拉和哥伦比亚，最终在加勒比海的帕里亚湾注入大西洋。——译者注

命结合起来，而仓促的剧变则应当避免。"

简而言之，他认为议会已经误入歧途。摧毁封建制度，这已经足够了。1789 年革命应当走向终点了。现在议会正随波逐流，在摧毁了一个过时的社会体制后，又想要摧毁法国的一切，却没有产生任何合理的重建计划。而与此同时，整个国家由于巴黎发生的种种事件，正在分崩离析；这个国家正在崩溃，而所有关于法律和秩序的观念也在一同垮塌。时间已到，米拉波必须明确表态自己到底站在哪一边。

米拉波的性格有许多不同的侧面，而这是他的弱点。

这位人民领袖对他的设想进行了全盘控制。他已经知道他的演讲是多么强大的武器，他令人生畏的外表有助于提高他的声望。他说："他们不知道，强大在于我丑陋的外表。"当这位长相奇特的人物出现时，听众最初的感觉是有些排斥。他的脑袋巨大，长满了浓密而扭结的头发，这使它看起来甚至变得更大；他的面容扭曲、苍白，而且满是麻点；他眉宇间透着傲慢，有人说那是"叛逆"，他的眼睛如火焰般发光，而当他被粗暴反驳的时候，会开始充血；他的嘴巴是个突出的特征，给人的感觉依次是苦涩、有趣和专横；尽管他跛足，但他粗壮的身材使他的身体看起来在遇到障碍时能屹立不倒，而且能把障碍碾碎；还有他迫使对手受到嘲笑和当众出丑时的攻击性手势，所有这些都告诉所有人：这就是米拉波。人民乍一见到他，都会对他的这些外形特征留下负面却很深刻的印象。

因为这副尊容，他通常不被人信任。右派视他为最可怕的煽动者；而对左派来说，他往往是一个已经脱离常规的贵族，而且在一副理想主义者的面具下，郁积着令人不安的野心。一位年老的第三等级成员写道："这个人是一头猛兽，一个疯子。他有一副老虎般的长相。他不抽搐都说不了一句话。"

在日常生活中，米拉波是个好伙伴，亲切、快乐，而且对各种不同的话题妙语如珠。有时，他语不惊人死不休的冷嘲热讽会令人愉快。名誉是他的目标，爱听奉承显然是他的弱点之一，而另一个更严重的弱点，众所

加布里埃尔·奥诺雷·德·里克蒂，德·米拉波伯爵

周知，他挥金如土。据说任何人向他提供资助，他都会毫无顾忌地接受。有人认为他唯利是图，他对这种指控的辩护苍白无力，只给出了这样一个理由：如果他接受了所有那些据说已经收买他的人提供的金钱，"他早就能够成为全世界的王者了"。

但是在听他演讲五分钟后，所有这些身体缺陷和道德问题就都被遗忘了。

尽管米拉波极富才智，而且在许多学科都具有相当程度的知识素养，但他在准备自己的演讲时实在太过懒散。众所周知，无论必要的注释，还是演讲稿，都是一支正规的助手团队为他提供的。里瓦罗尔写道："米拉波的公文包，就像宫廷大臣们的一样，装满了属于其他人的东西！"他的十位助手成员的名字已广为人知。当其助手之一吉尼瓦·雷巴茨的文稿在1874年出版时，任何对这一事实的怀疑，都烟消云散了。在这些文稿中，人民领袖看起来要求这位助手去写他演讲稿中的所有段落，而且似乎甚至还恳求他进行和演讲密切相关的辩论，以便他在回答问题时能应对得体。"我恳请你尝试找到一些高尚得体的应答，来应对关于我背离自己原则的责难。"而他的天赋能使他去采用别人的想法，并将这些想法纳入他的计划之中，总是会赋予它们一种个人风格。因此，尽管他在用尖锐的话语和炽烈的措辞给属于别人的东西加工润色，但只有他的声音才能够给予他的演讲一种感染力和属于它本身的冲击力。"他的声音饱满、阳刚而高亢，"一位和他同时代的人说道，"这种声音特征一直保持着，但同时又很灵活。它令人满意又悦耳动听。"

在演讲的开始阶段，他会紧张，而且经常会结结巴巴，但这是一种唤起听众兴趣的方式。他似乎在寻求最强的表达效果，抛弃不合适的词汇，而且在选择和仔细斟酌用词，"直到他的演讲活跃动人，而他体内的'锻炉风箱'开始工作为止。"一位目击者写道。而且，他甚至能将听众中的很多敌人都拉到他这一边。对他的滔滔雄辩只有众口一词的同一种看法。"那乍看上去如此令人厌恶的表情，后来看上去是那样魅力十足，那样富于表现力！"有人这样赞叹道。有人听到憎恨他却不得不佩服他的右派政敌罗兰夫人赞叹道："哦，那真是一头野兽！但又是如此杰出的人物！"后来，德穆兰称他为"雷神米拉波"，而这个称呼就成了他的代号。

米拉波被称为是一个多才多艺而敏感的人，尽管他看似会动摇，但他的主要想法确实依然如故。这就是他所说的他接受报酬却从未玷污他的想法而只是去巩固这些想法的原因。而拉法耶特承认："除非与他的信念一致，否则他（米拉波）不会接受任何报酬。"

我们知道他的信念是什么，而我不会再次重复那是什么，他保持着那些信念依然如故。大革命需要使国王得以自由行使他的权威，而不是去摧毁它。他不是德·雷兹红衣主教①式的人物，那个人唯一的天资就是为了

---

① 让·弗朗索瓦·保罗·德·贡迪，德·雷兹红衣主教（Jean François Paul de Gondi, Cardinal de Retz, 1613—1679）：法国天主教士和投石党之乱的煽动者。——译者注

给自己谋求一席之地而给国家添乱，他的倾向反而是使自己成为将君权从束缚中解放出来的黎塞留。黎塞留——这位伟大政治家的名字在他的著作和讲稿当中不知出现了多少次！

对米拉波来说，当封建特权被废除的时候，大革命似乎就该结束了。按照他的理解，今后要做的是，抵御任何复辟旧秩序的企图，也要防范那些希望通过持续动乱而获得不法利益的人使国家全面崩溃的图谋。

早在 1789 年秋，他就已经很清楚，他自己是唯一能够得到一位开明君主准许，并且取得已经压倒政府的议会支持，能够牢牢控制住大革命，从而将它安置在一个稳固基础上的人。只有他一人能够建立一个新国家，而且像第二个黎塞留那样辅佐第二个路易十三，让国家归于平静，并且胜利地恢复君主的统治。

但随着时间的推移，宫廷对米拉波的恨意大增，而经常被他制服的议会也开始畏惧他。所以他想重获王室的支持，同时也要赢得议会对他观点的认同。他有一位显赫的比利时贵族朋友——德·拉马克伯爵①，能够和玛丽·安托瓦内特皇后说得上话。有一天，米拉波把拉马克拉到一边，对他说："你去让王宫里的人知道，我站在他们一边，而不是在对付他们。"事实上，早在 1789 年 9 月，他除了在当时正在讨论的新宪法当中维护国王的特权之外，都尽量不在议会出现。而他坚持国王否决权必要性的原因正如他所宣称的那样："我无法想象会有比六百人组成的贵族统治更可怕的事情。"这个国家当然必须要得到一定的控制，而一个不受任何约束的、违宪的议会政体是不可想象的。他演说的权威性现在与日俱增。他经常能

---

① 奥古斯特·马里·雷蒙德·德阿伦伯格，德·拉马克伯爵（Auguste Marie Raymond d'Arenberg, Count de Lamarck, 1753—1833）：当时的欧洲显赫贵族之一，德阿伦伯格家族拥有世袭公爵爵位，他是家中次子。其父五代公爵查理在七年战争中为奥地利陆军服役，获得陆军元帅衔和亲王头衔。因此，他与出身奥地利皇室的法国王后玛丽·安托瓦内特关系密切。1789 年，德·拉马克结识米拉波，此后一直在他和王室之间努力斡旋。在法国王室彻底失势后，他离开法国，前往奥地利陆军，以少将军衔服役，但实际上一直在充当外交官的角色。他在维也纳一直滞留到 1814 年为止，后来返回布鲁塞尔，又被荷兰新国王授予陆军中将军衔。1830 年革命爆发后，他离开荷兰陆军，三年后逝世。——译者注

带动他的听众；他关于"可怕的破产"的演讲仍然著名；他使那些胆战心惊的议员们都站了起来，仿佛在他们眼皮底下，有一头自行饲养的怪兽正要蹿起来。但当他回到座席上时，他的同僚们就恢复了自我意识，除了他那怪异的性情之外无视他身上的任何品质，甚至会夸大他非凡的雄辩才能所带来的危险。一旦这样的一个人应召来治理国家，那么议会会变成什么样子呢？

那时，由于这些"红色傻瓜"的阻挠，他绝望地去努力迫使自己制服难以驾驭的议会，并且试图获得君王的接见，希望他能够帮助他达到这个目的。但王后对他极为恐惧，而且让国王拒绝安排任何接见他的建议。现在一切都让米拉波感到气馁。大革命正在迅速前进，没有一天时间可以浪费。米拉波快要气疯了。"国王和王后将会惨死，"他哭喊着预言道，"而人民会将他们碎尸万段。"

然而，他没有因为绝望而迫使自己停止前进。宪法投票通过了，而国家在一个最不安全的基础上进行了改组。宪法通过后，虽然迫使国王不得不选择那些参加大革命的人物来组成他的内阁，但也宣布将重建法律与秩序。米拉波孤军奋战不可能成功，所以他试图建立一个在制宪议会拥有一定影响力的成员共同参与的政治联盟。如我们所知，他和平庸的拉法耶特以及对他持怀疑态度的塔列朗进行了接触，他们害怕会被他欺骗，因而对他的这些示好举动嗤之以鼻。一天，当米拉波对未来的议长——欧坦教区主教（塔列朗）大加赞赏时，塔列朗一脸坏笑地说道："米拉波先生在刚才的演讲中仅仅漏掉了一件事，那就是议长必须长着一张麻子脸。"

米拉波被迫在这些极不信任他的政治家们不支持的情况下奋斗，因为他无法觐见并且当面说服国王和王后，他只得给他们发去一连串的信件。这些信件的内容确实令人钦佩，非常有说服力，诙谐风趣，雄辩滔滔，而且具有非常清晰的洞察力。米拉波首先试图获得玛丽·安托瓦内特的支持，拉马克将这些信送到了她手中。"只有一个人站在国王一边，那就是他的妻子。"他总是老调重弹地写道，"我的想法和您一样，君主制是国家这艘大船唯一的备用锚。"

"王室害怕出现雅各宾派大臣掌权的局面。"拉马克对米拉波说道。

"难道这不是众所周知的吗？一个人一旦成为大臣，他就会成为一个完全不同的人。"米拉波回答道，"雅各宾大臣进入内阁就不再是雅各宾派了。"

因为看来依然不可能从杜伊勒里宫得到回音，米拉波将目标转向了议会。议会已经开始失去声望，而且要求议会解散的呼声日渐高涨，议员们陷入巨大的焦虑状态之中，似乎正趋于瓦解。米拉波的意图是通过一种令人安心的态度来赢得众望。他和他的同僚们毫无顾忌地延长会期。他呼喊道："我郑重声明，你们已经拯救了这个国家。"任何年龄段的议员都会乐于踌躇满志地聆听这样的讲话，而且会发现不难为听到这些内容喝彩。但这一次，掌声的持续时间没有超过一分钟。

总而言之，米拉波被制宪议会无可挽回的不信任孤立了，而他意识到了这一点。如果有人相信一个代表在 1790 年 2 月 18 日的声明的话，米拉波说："没有一个党派喜欢我，甚至也没有一个党派让我乐于为之略尽绵力。"现实是，议会服从他的行动，但怀有将他裹挟为人质的意图，并且将他永远攥在他们的掌心里，以防止他得势掌权。然而，他发现了来自杜伊勒里宫的最后的一线希望，让他所有其他的希望骤然破灭。

米拉波打算尽快解决问题。为了让国王任用他，他坚称大臣们应当被传召到议会来。他打算在那里驳倒他们，并且迫使他们辞职。这步棋走错了。议会识破了他隐藏的图谋，并且拒绝了他的提议。"他的建议完全地归纳了他的全部野心"，并且使他的敌人无法采取攻势。米拉波若成为国王的一名大臣，就将会成为一名彻头彻尾的暴君。他从前经常赞赏有加的议会，立即与他发生了冲突。11 月 7 日，当时的雅各宾派成员、年轻的布列塔尼议员代表朗瑞内，提交了他的著名提案。这一提案后来成为未来宪法的一项基本条款。提案宣布现任议员不得出任内阁大臣职务，甚至还进一步规定一位议员在辞职后三年之内都不得入阁。这位来自南特的议员毫不掩饰他的提案的个人动机："一位雄辩滔滔的天才正将你们拉到他一边，而且让你们顺从他的个人意愿。这份提案就是为了不让他成为一名大臣。"

这项提案原则上是不祥的、荒唐的。通过阻止国王直接从议会挑选他的大臣，使得新的行政机关和立法机关之间形成了一道过于泾渭分明的界限，而这会在以后使它们日益疏离。而且，这项提案还使那些最适合入阁的议员们陷入英雄无用武之地的尴尬境地。此外，这项提案还通过剥夺国王解除其反对派武装的自由使国王无力化。右派并没有人真正对这项提案感兴趣，但右派和左派在仅有的一个想法上是一致的，那就是要毁掉一位被一个党派憎恨而另一个党派畏惧的人民领袖的希望。因此，右派支持左派为这项提案投票的动议。米拉波采取了一种绝望的举动来阻止"他愚蠢的敌人"采取的敌对行动。他变得尖酸刻薄起来，而他在最艰难的时刻一直都那样。他宣称这项提案就它本身而言就足以致命。"我要提出一项修正案。根据建议的排斥性，艾克斯塞内沙勒区议员团代表议员米拉波先生被排除出这次投票。"人们都笑了，但朗瑞内的提案以巨大的多数优势投票通过。

这一事件是米拉波人生的一个重要标志，而且很可能在大革命历史上也非常重要。右派对这位人民领袖的盲目憎恶，使得米拉波肯定无法进入政府。对米拉波来说，他对右派的憎恨甚至超过提出这一提案的左派。他对那个软弱政党十分厌恶，他们不明白他在寻求结束大革命的唯一机会。挫败感导致的愤愤不平和对个人地位的担忧，使他对那些"该死的赌场"里的议员们满腔怒火。他大发雷霆，国王在议会的朋友们都成了他的出气筒。左派向未来的暴君关闭了入阁大门，而且使得他们的人民领袖再度对他们的力量折服，他们为自己的这一双重胜利欢欣鼓舞，现在正为妙计得售而鼓掌欢呼。

尽管如此，米拉波也不允许自己为此事变得极度消沉，因为他比以往更加希望变得强大，所以他加倍努力使自己对杜伊勒里宫表达善意。因为，一旦他和他的统治者们协调一致，他就能要求他们对议会里的朋友们施加影响，以使"那愚蠢的法令"能够被废除。

另一方面，他继续向国王解释王权如何能够通过推翻封建制度来摆脱束缚，因为"自由在一年之内制伏的对王权不利的人要比王室权威在几个世纪里制伏得还要多"。随后，为了证明他支持王权的意愿，他勇敢地介入了一场关于一位王公是否有权单独宣战和议和的辩论，而他随即遭到左派的攻击。左派非常害怕地发现"塔尔皮亚岩石①距离议会厅如此之近"。他的辩论进行了一天。他的辩论对手巴纳夫——这个人我们会在下文介绍——开始感受到赢得声望的醉人效果，他说出了这样的名言："我已经看到了他们希望我在辩论中取胜的日子！而且现在在各条街道上，人民都在大声高呼米拉波伯爵是两面派。"

没有确切的证据证明米拉波对王室有任何背叛行为。他一直都在维护王室权威，但当王权在他看来以一种会引起麻烦的非正当手段保护两个高级阶层的特权而导致王权自身受损的时候除外。所以，现在他为了抵御立法机关可能对王权的侵害而去维护它。

最终王室意识到米拉波是倾向自己一边的，于是在1790年7月3日，他与国王和王后的著名会晤发生了。他为这次会面已经期盼并等待了整整一年。米拉波极为干练，诚恳谦虚，毫不退缩地直陈己见；他能以一种旁敲侧击且有说服力的论调，令人心悦诚服。据拉马克所说，国王和王后"曾视米拉波为怪兽"，但对这次会见却满怀惊喜，似乎非常满意。而米拉波在离开宫廷时满怀喜悦，并且真诚地愿意为国王和王后效劳。"什么都无法阻止我。"他写道，"若要我背弃承诺的话，那我宁可去死。"

但米拉波再次被欺骗了。国王和王后可以在杜伊勒里宫聆听他讲话，但无意让他掌权。在国王和王后眼中，当前的时局使他的声望受损，所以

---

① 塔尔皮亚岩石（Tarpeian Rock）：卡比托利欧山南峰的一道悬崖，在古罗马时期，对犯盗窃罪的奴隶和叛国投敌的自由民等都是在那里执行死刑，死刑犯会被直接推下悬崖。——译者注

他才会成为他们的顾问。作为米拉波承诺帮助王室的条件，国王曾提出为这位人民领袖承担债务，但米拉波宣称他自己都不知道债务的数额达到了多少，而且表示他会对一份月薪一百路易^①的报酬感到满意。路易十六慷慨地给了米拉波三百个路易，而且主动承诺会在他议员任期结束后另外支付一百万路易。在我们看来，可能很奇怪的是米拉波并不认为他已经出卖了自己。而这类退休金在那个年代很常见。而看上去更令人反感的是，当他得知这些财务协议时表现出的愉悦之情。事实上，这么多年以来，他从未从一种持续的焦虑当中解脱过，而这种焦虑主要是因为他没有偿还的债务造成的，他原以为这些债务根本就还不清，可是因为国王的安排，他现在有希望很快就从债务中解脱了。看来，在他脑海里从来没有过他成为统治者工具的想法。"他接受他们的金钱是为了支配他们，而不是去被他们支配。"他信任的一位朋友这样描述，而这种说法正好道出了他的感觉。

去支配他们！然而，米拉波一直没能获得一个职位去做这件事。他要求国王在一切可能的场合坚定地去取得大革命的领导权，他认为他已经清楚地表达了自己的意愿。但无论是路易十六还是玛丽·安托瓦内特，都没有听从这个必要的建议。无论是宫廷还是议会中的右派，都没能理解米拉波的想法。杜伊勒里宫的主要希望是通过展现出一种强大的力量来瓦解大革命。而每当这位人民领袖支持左派时，右派就会咒骂他"叛变"。他对此进行了开诚布公的解释："我赞成重建法律与秩序，但并不赞同恢复旧秩序。"有时在议会里，当他面对右派无法抑制的敌意时，他会让自己沉迷于激烈的辩论，并且偏离自己的初衷。这样的事情日益增加，结果使得米拉波变成在对抗甚至触怒宫廷，而他却是宫廷的秘密顾问！而且，为了获得一个让他看上去背信弃义的借口，他变得与宫廷和右派越发疏远。他后来向马鲁埃承认，有一天，当他想正式表态支持右派时，却遭到了他们的恶劣回应，于是他陡然改变立场，对准右派开火。"我能怎么办呢？我不能愉快地站在只想看到我被绞死的那些人一边战斗。"他以一种相当暧

---

① 路易：一种面值 20 法郎的法国金币。——译者注

昧不清的方式产生了一种想法，而这种想法一度是完全错误的：那就是凭借一种比左派更佳的方案，获得普遍认可，而他会凭借声望来掌权。然后他会毁掉整个革命事业，在一个新基础上建立起王室的权威。

米拉波是如此真心实意地投入到这个巨大的错误想法之中，但这项愚蠢事业的各种自相矛盾的危机从各个方向产生了压力，使得他精疲力竭。与他在公众面前的表现相随相伴的是，他继续沉溺于各种不良嗜好组成的放荡私生活。当蜡烛两头烧的时候，必然会很快烧尽。

虽然米拉波痛斥自己的"放荡生活"，但他并没有意识到这种生活对他的影响。他认为现在正在接近他的目标。他的君主夫妇在接见他之后显示出的日益亲切的态度迷惑了他，而且到 1790 年底，他的声望使他远离了塔尔皮亚岩石，看上去正让他更靠近议会厅。他的演讲稿被人们热情地阅读，激发了人民的狂热情绪，而且使他在首都就像在外省一样广受爱戴。在这个时候，大革命的其他领导人，甚至连拉法耶特似乎都失去了威信，大家都聚集起来听米拉波演讲。在一场布鲁图斯①式的演出当中，米拉波被送上了舞台，在台上被宣布成为人民的保护者，戴上了月桂冠。他被选入巴黎省行政委员会，然后成为他所在地区国民自卫军的指挥官，最终成为雅各宾俱乐部主席。而且人民为了表达对他的最高敬意，在他一度极其渴望成为议长后，让他在 1790 年 11 月 29 日如愿登上了这一宝座——尽管和每次扭转局面时一样，他又声称"我不在乎"。在这个较高的职位上，他显示出了依然非同寻常的诸多品质，而这些品质与他的火爆脾气相映成趣。

米拉波全心全意地推崇自己。最后他能成功地让国王和议会废除那项致命的、把他铆在冷板凳上的法令吗？他相信自己可以做到。他已经在着手安排一些温和的共和派和国王的一些朋友会面，在会谈中，他们将讨

---

① 卢修斯·朱尼厄斯·布鲁图斯（Lucius Junius Brutus）：罗马共和国的缔造者，传统上被认为在公元前 509 年出任罗马共和国首任执政官。——译者注

论著名的恢复秩序方案，这将会有一段很长的路要走，以便让他最终在议会取得完胜。他能够完成这一使命吗？而一旦掌权，他真能像他渴望的那样，成为第二个黎塞留吗？

大革命让米拉波与之相生相伴，但要将革命终结得把这个人彻底榨干。米拉波拥有太多各不相同的忧虑，太多的矛盾心理，只有部分雄心得以实现，他对此很失望。他有太多的希望源于疯狂，而弃于绝望。他的妒羡和义愤激荡满怀。数以百万计的主张和想法在他的脑海中推挤冲撞，而他焦躁不安的内心充斥着狂热情绪。除此以外，他那充斥着无尽娱乐和无休止宴饮的生活，实在是一种失控而耽于逸乐旋涡的荒唐生活方式。

在米拉波和右派领导人的一次会面中，马鲁埃对他那饱受摧残的面孔印象深刻："他那布满血丝的眼珠像是要从脸上弹出，他看上去如此可怕，但我从未见过他如此充满活力，如此能言善辩。"

1791 年 1 月，米拉波病了。化脓性眼部炎症迫使他有一天得用绷带缠着患病的双眼来到议会。3 月 26 日，他受到严重的肾病折磨，但还是在议会发了言，尽管表情非常痛苦。他和病魔斗争了三天，但到了第三天，他已面如死灰，大限将至。"厄运在我身上包上了铁板，刺激着我，而且把我架在火上烤。"他写信给一位朋友说道，"而我仍在被炙烤，现在只剩下烤剩的灰烬了。"

塔列朗拜访了他。我们稍后就会谈到这位已经被解除神职并且生活奢华、放荡成性的神父。这位不敬神明的高级教士，是米拉波临终前想要见的人，他还要求他送来鲜花。人民领袖交给塔列朗一份他已经准备好的、关于继承权问题的演讲稿。米拉波突然用绝望的眼神注视着塔列朗，说道："我的朋友，我正在带走君主制的最后一线希望！"这句话被报告给了杜伊勒里宫，但是太迟了。国王夫妇得知他的情况后焦虑不安。宫廷对此的声明是"这将会是一个巨大的不幸"。国王的信使在门前的台阶上碰到了雅各宾派的特使，这导致米拉波死亡的悲剧性误解仍然存在。

4月2日，米拉波意识到末日将临。他对卡巴尼斯[①]说："我的朋友，我将在今天死去。而在此时此刻只有一件事要做——洒上香水，铺好鲜花，让悦耳动听的音乐包围着我，这样我就能在平静中进入永恒的安眠。"

我并非胸襟狭窄，但在"此时此刻"似乎还有其他事情有待解决。米拉波从古人那里剽窃来的临终遗言并不包含真正的勇气。在这样的时刻，真正的伟人会留下其他的慰藉，而不是像一位等着听观众鼓掌直到谢幕的演员那样空洞地夸夸其谈。

然而我们决不能不公平地看待问题。米拉波这个人是他那个年代的病态产物，不相信灵魂不朽，但他并非没有高尚情操，他始终无私地关怀着平民。他的死，部分是由于他曾大力帮助其摆脱束缚的大革命造成的：现在他比其他任何人都更加清楚地看到，革命将会毁掉他看上去非常热爱的国家。"我看得非常清楚，我们正被无政府状态控制，而且每一天我们都更加难以自拔。"这是他一年前就写给国王的话，而且还写了以下内容，"我只带来了一场巨大的破坏，这种想法让我愤怒。"

他确实什么也没做到，而只是共同造成了"这巨大的破坏"；但他至少有认识和承认自己错误的优点，甚至希望能弥补错误。

下面我将撇开道德评价，因为历史并非布道说教。以下是对米拉波的评价。

米拉波这个人非常近似天才。但这位天才真的足够强大到——如果能活得够长——如他所愿那样去控制住大革命吗？即使一群最强大的人物，在这样的革命运动倾尽其流毒之前，也很少能够让它停止。如果一个人的意见能够在洪水源头的一段距离之外使第一波充满力量的汹涌激流逆转，那也许只有超人能做到。

---

① 皮埃尔·让·乔治·卡巴尼斯（Pierre Jean George Cabanis, 1757—1808）：法国生理学家和现实主义哲学家。在米拉波生命的最后两年，卡巴尼斯悉心照料他的病体，留下了关于米拉波临终情形的4页手稿，后来得以公开出版。晢政府时期，他先后成为议会两院的议员，提议最终解散腐败的晢政府。他反对拿破仑的政策，拒绝在帝国政府出任任何公职。1808年，他在法国伊夫林省的密乌兰逝世。——译者注

在米拉波死去的傍晚，路易十六的大臣蒙莫兰对马鲁埃说："我已经绝望了。我们都会被屠杀的。"而后来他们确实都被杀了。

我确信米拉波如果还活着，也会和他们一起被屠杀。但我会同意一位非常了解他的人所说的话："他是唯一当得起这一番敬意的人——相信如果他还活着的话，法兰西的命运将会发生改变。"

而这种荣誉确实只有加布里埃尔·奥诺雷·德·里克蒂，德·米拉波伯爵才配得上。

第三章　革命者塔列朗

　　五十年间，夏尔·莫里斯·德·塔列朗-佩里戈尔都是法国政治生活中的一位显赫人物。他的政治生涯开始时，只是个小小的佩里戈尔神父；1788年他得到教士阶层信任，被委任为法国教会总代表①，负责维护他们的利益；而1840年则是他政治生涯结束的标志。整个欧洲都为这位年迈的德·塔列朗亲王的过世而欣喜若狂，就像他当初成为亲王时那样。他曾五度出任内阁大臣，而且几乎到临终依然还是七月王朝的驻伦敦特使。最初是佩里戈尔神父，后来相继成为欧坦教区主教阁下、公民莫里斯·塔列朗-佩里戈尔、贝内文托亲王殿下，最后成为德·塔列朗亲王，他的名望令人难以置信。他在大革命的历史舞台上参与了多次演出，在某些场景还成了主角。他是三级会议和制宪议会的一名代表和议员，《教士公民组织法》的真正起草者——因为这一法案是他独自一人提出开始的；后来他在路易十六统治的最后一年成为巴黎省政务委员，新生的共和国驻伦敦宣传特使，并且在经过一次不可思议的赴美访问后，他先后在督政府和执政府成为一名（预定的）雅各宾派部长。这还不是全部：他是第一帝国的一位大臣和显贵，1814年任临时政府总理大臣，又再度在第一次波旁王朝复辟时期出任大臣，第二次复辟时期出任总理大臣，在两次复辟的间歇期，他是维也纳会议上大多数新教国王的全权代表。最终，在一度成为郁郁不

---

　　① 罗马教廷的法国代理人。——译者注

乐的反对派后，他又得到法国国王路易·菲利普的委任，取得了圣詹姆斯宫廷①对三色旗王朝②的承认。一段出色的政治生涯！这段生涯几乎没有间歇期。而塔列朗还瘸了一条腿！

夏尔·莫里斯·德·塔列朗-佩里戈尔

① 即英国宫廷。——译者注
② 即七月王朝。——译者注

在塔列朗蔚为壮观的政治生涯中最重要的三年，是这位天才演员在首届议会度过的三年，而这也是一段至关重要的历史时期。我将会把本章的内容限定在这位伟大政治家的这一段生涯，如果不进行过于深入的探讨，本章有可能触及这样一个问题，那就是神职人员在大革命早期的舞台上究竟扮演了什么样的角色。事实上，欧坦教区主教的名字和两起突出事件紧密相连，那就是教会财产的国有化，及其同国家政治生活的分离。而当他完成了这一任务后，又匆匆地在大革命的舞台上消失了好几年。

为了能清楚地了解塔列朗在大革命中扮演的角色，我们必须先看看他究竟是怎样一个人，以及他是在怎样的情况下开始投身于反教权运动的，而反教权运动将会对改变大革命的进程甚至进而改变整个历史进程负主要责任。

几乎所有在这场大革命中出场的那些人都可以说他们的命运被革命突然改变了。他们经常会被人从了无新意的生活当中拖出来，丢到讲坛上演讲，介入政治斗争，介入战争，从而被引向名望、权力、荣誉，而有时则被引向死亡。

我无意讲述夏尔·莫里斯·德·塔列朗-佩里戈尔的所有事迹。这当然绝不代表他不会成为大使、大臣、身价两千万的富翁，或者没有参加"网球场宣誓"①和攻占巴士底狱的亲王。伯纳德·德·拉孔布在他非常有意思的著作里为我们列举了非常详细的塔列朗在 1789 年之前的事迹，我在其他作品当中也介绍过"走上历史舞台以前的塔列朗"。看上去他之前的所有经历好像都是为他将来施展重大阴谋和获取巨大成功预做的铺垫。

毫无疑问，塔列朗出生在一个对他有利的时代：在旧制度时代，利益都会落到最显赫的贵族头上。他来自一个古老而几乎是令人生畏的家族，因为在 10 世纪不止一位佩里戈尔家族成员向初代卡佩王朝君主提出挑战

---

① 1789 年 7 月 20 日，第三等级代表进行的著名的网球场宣誓，声明在他们为国家制定完成一部宪法以前，绝不解散。路易十六拒绝让他们在他们的会议厅里开会。——作者注

说："谁立你为国王的？"

或多或少源自狂暴的贵族祖先，佩里戈尔家的后人一直显示出一种极强的不安分性，他们的血液中有着叛逆和阴谋的因子。我们在此只提及一位佩里戈尔——这位距离我们英雄的时代并不遥远，他就是亨利·德·塔列朗，德·沙莱伯爵 [①]——这个人因被指控玩弄阴谋，而被伟大的红衣主教 [②] 下令处决。但如果说阴谋有时会将人推上断头台的话，它也能成为一条通往至高荣誉的途径。以埃利·德·佩里戈尔红衣主教 [③] 为例，他是个大阴谋家，也是彼特拉克 [④] 的朋友，曾在罗马和阿维尼翁都被称为"成就教皇的人"，这留给人们的印象是他或许也可以毁了教皇。杜邦禄 [⑤] 主教，负责管理关于显赫叛教者的最后圣礼，他对塔列朗家族怀有兴趣，在罗马发现了埃利红衣主教的墓。墓志铭以极其坦率的文字宣称"religione tenuis terrena sequendo"，意思是他因为"寻求现实世界的物质利益，对宗教不冷不热"。这一先例可以说明，如果我们这位塔列朗早生三十年的话，他很可能会在很短的时间内成为一名红衣主教，而我们可以大胆假设他在任何情况下都会"寻求现实世界的物质利益"，而"对宗教不冷不热"。

塔列朗家族肯定还有其他非常有意思的神职人员。但是，由于一些未知原因，这些虔诚的人看来在整体上比起其他人来，很难引起历史学家及其读者的兴趣。这个家族还出了不少为国王服务的优秀军官，而塔列朗如果没有在孩提时代因为摔伤而导致瘸腿的话，很可能会成为这些军官中的一员。根据那个时代的普遍观念，我们这位伤残英雄被认为不适合为国王

---

① 亨利·德·塔列朗 - 佩里戈尔，德·沙莱伯爵 (Henri de Talleyrand-Périgord, Comte de Chalais, 1599—1626)：莫里斯·德·塔列朗的一位远祖。——译者注

② 即黎塞留。——译者注

③ 埃利·德·塔列朗 - 佩里戈尔红衣主教 (Cardinal Hélie de Talleyrand-Périgord, 1301—1364)：莫里斯·德·塔列朗的一位著名远祖，阿维尼翁教廷的一位重要人物，曾以外交官身份参与过百年战争的谈判。他同时也是一位文学赞助人，资助过彼特拉克的文学事业。——译者注

④ 弗朗切斯科·彼特拉克 (Francesco Petrarch, 1304—1374)：也被称为"彼特拉奇"(Petrarch)，意大利学者、诗人、早期的人文主义者，被称为"人文主义之父"，代表作为爱情诗集《歌集》。——译者注

⑤ 1802—1878。——作者注

服务，但适合为他的上帝献身。他对成为教士并不领情，有时会咒骂那使他成为神父的瘸腿。但他错了。他残疾的身体使他成了一名神父，然后成为主教，后来又成为教士阶层的代表，而且最终使他成为一名亲王。

1754 年 2 月 2 日，塔列朗生于加朗西埃街的一座公馆里。他的父亲，陆军中将夏尔·丹尼尔·德·塔列朗伯爵，出身于一个庞大的军人世家，效命于路易十五。塔列朗家族是个出色的家族，他们不仅拥有不屈不挠的灵魂，而且他们的双腿也从没有罹患过疾病！不幸的是，莫里斯的情况并非如此，他瘸了。我重复一遍，当他残疾之后，立即就被家人决定将来成为神职人员，但任何人都没考虑过有必要倾听他的心声或者他本人对此事的看法，而这成为他此后行为的缘由。如果我们要准确地了解这个不幸的人，这些是我们必须要记住的情况。在众人眼中，这个人是如此受到命运的眷顾；然而在上帝的眼中，所有人都只是平等的众生。

就像舍瓦利耶·德·格里厄①那样，他开始到令人抑郁的圣叙尔皮斯神学院②进修。但他同时也认识了毗邻圣叙尔皮斯的费罗街，因为一位年轻女演员住在那里。她会在这条街上定居，就肯定不同于一般的女演员，而是喜欢阴郁而低调的生活。圣叙尔皮斯此时对他来说似乎变成了一个宜人的地方，因为它是如此靠近那样一条被一个如此迷人的女性奇迹般"点亮"的街道。恐怕这位迷人的玛侬都不必去将他高贵的德·格里厄引出学校的厅堂！当然，莫里斯瘸了一条腿，而他必定要明白的是，他的旅程比圣叙尔皮斯到费罗街的距离要遥远得多。

人是一种复杂的生物，这位出身于一个不安分的家族，却被赋予了一个缺乏朴素情感的心灵，而且在人生早期就能体会许多种不同感受的人，便更为特殊。根据伯纳德·德·拉孔布先生关于塔列朗的记载来判断，总

----

① 舍瓦利耶·德·格里厄 (Chevalier de Grieux)：儒勒·马斯内歌剧作品《玛侬》中玛侬的情人。——作者注

② 圣叙尔皮斯神学院 (Saint-Sulpice College)：圣叙尔皮斯教堂位于巴黎第六区，始建于13 世纪，后于 1646 年重建。神学院就位于教堂建筑区内。——译者注

体上来说，他在神学院的时候不是个坏孩子。他与坏孩子的形象相去甚远。而这一点似乎还能通过这一事实证明，那就是他终其一生都对圣叙尔皮斯赞赏有加，因此，即便在他已经离开圣叙尔皮斯的时候，那里对他来说肯定仍是一个非常有吸引力的地方。

下一次见到这位小小的佩里戈尔神父（他总是被这样称呼），是在索邦学院①。他在那里准备他的论文，后来论文通过了。但对他来说，比起论文来，最棒的事情还是能够在黎塞留墓前沉思冥想。尽管事实上几乎可以肯定，黎塞留遇上任何一个塔列朗家族的成员都会将其斩首，但对莫里斯来说，他始终是个理想的政治家。我推测这位小修士走进了索邦学院的教堂，在那里，他很可能伫立在雄伟的陵墓前，其心情与后来莫里斯·巴雷斯的英雄们②一样，书中人物在残疾军人院他们的"精神导师"长眠的地方，将手肘倚在大理石墓碑的正面沉思。他对"这个地球上的事物"的想法肯定更为执着（就像他那位红衣主教祖先），而他对生活的沉思一定比死亡要多。

如果塔列朗觉得自己有政治家气质的话，他也没有去谈论过这些，因为他为人谨慎。尽管他或许有治理国家的计划，但当时他也仅立志去管理一个教区。而且他开始不计后果地去某些特定的社会场所，尽管那是个放纵的时代，即使教会权贵也不免有污点，但他在那种地方出现仍然成为一桩丑闻。1779 年 12 月 18 日，他被任命为神父，1785 年当选神职人员公会秘书，而且拜他的伟大天资所赐，当时他已经确定无疑会在将来继任法国教区总代表这一极其重要的教职。但在 1788 年，佩里戈尔神父花花公子的名声要比教士的名声更响亮。一位主教宝座的候选人，而且是个（甚至到了这个时候）该为红衣主教地位奋斗的人，年轻的神父却将时间都花

---

① 索邦学院（Sorbonne）：巴黎大学的前身，欧洲历史最悠久的高等学府之一。1257 年，法国国王路易九世的私人神学顾问罗贝尔·德·索邦设立索邦学院，后来逐步发展扩大为巴黎大学。1968 年，巴黎大学拆分为十三座独立大学之后，仍有三所大学沿用"索邦"称谓。——译者注

② 莫里斯·巴雷斯的《背井离乡》一书中涉及主角们的一个场景。——作者注

费在放荡的生活之中，债务缠身，并认为这样的生活非常愉快。他经常光顾著名沙龙，根据许多先例来判断，他希望在那里找到甚至能通往最高神职荣誉捷径的想法是正确的。

然而，他不指望能在现任君主统治时期得到升迁，因为路易十六是一位最虔诚的国王，憎恨任命他那样的人为主教，他说，圣灵只有用灵魂才能感知。国王面对提名丑闻缠身的洛梅尼·德·布里安①（他在成为一名红衣主教后，放弃神职人员的召唤，而是主持雅各宾俱乐部，在他的红色法冠上面戴上了一顶自由的帽子）为巴黎大主教的强烈呼声，非常慎重，他叫喊道："我无论如何都想要一个信奉上帝的巴黎大主教。"

事实上，这位虔诚的国王对佩里戈尔神父的信仰甚至道德水准，并不比对其他教士更有信心。整整五年，路易十六对给予塔列朗主教头衔的持续请求都置之不理。然而，在 1788 年底，国王很勉强地做出让步，任命他为欧坦教区主教。佩里戈尔神父由此成为根据《教务协定》②戴上主教法冠的最后一批主教之一，和其他任何主教不同的是，他将会为废止《教务协定》发挥作用。十二年后，出现了一个惊人的巧合，这位被除名的欧坦教区主教，成为法国新《教务协定》谈判代表团的成员之一。

和欧坦教区主教冠冕堂皇的头衔相比，这个教职的收入实在太少。根据那个时代的实际情况，一个富有的修道院能带来一种额外的辅助收入来源。因此，我们必须承认，在这样的大环境下，整个宗教体制是不健全的，而且经过仔细核查，教会并不是被大革命推翻的机构当中最委屈的那一个。

---

① 艾蒂安·夏尔·德·洛梅尼·德·布里安（Étienne Charles de Loménie de Brienne，1727—1794）：法国大革命前夕的高级教士，在内克尔之前，曾短暂出任法国财政大臣。1788 年 12 月 15 日成为红衣主教，大革命爆发后回到法国。1790 年是少数赞成《教士公民组织法》的高级教士之一，次年与罗马教廷决裂，放弃红衣主教法冠。恐怖统治时期，由于他从前与宫廷的密切关系，而受到怀疑并在桑斯被捕，1793 年 11 月在狱中死去，死因有中风和服毒两说。——译者注

② 法国国王和罗马教廷就宗教事务签署的一份条约。1801 年，拿破仑·波拿巴和教皇庇护七世又签署了另一份《教务协定》，在法国重建罗马天主教会，这份协定一直延续到 1905 年为止。——作者注

人们都说，这样的薪俸水平只会鼓励当选主教比以往更热情地耽于逸乐，为此很多人对这位新高卢使徒非常不信任。

而这些人是正确的。巴黎有太多吸引人的事物和太多的机会，使得这位欧坦教区主教很难放弃。他发现要离开那些沙龙里的贤德淑女和其他女性，退出大臣们的会议室以及临近凡尔赛宫的套房，都太困难了。这个不知感恩的家伙丝毫都不急于前往他的教区上任，而那个教区是圣塞格略①在遥远的过去，以其卓越品格立下殊勋并留下美好回忆的地方。

莫里斯的确一直逗留在巴黎，而且他看上去并不想把时间花在使塞格略感到幸福的事情上去。但他肯定写了不少动人的教区公开信，因为如众所周知的那样，他既不是个傻瓜，也并非浑噩无知。他在给教区的信中写道，将来，他会以波舒哀②和费奈隆③为榜样。其实他只要一个榜样就够了。他和前者基本上没有共同点，至于后者，相同的仅仅是他也拥有成为一名大臣的强烈愿望。实际上，他更专注于政治，而不是纯粹的娱乐。如果他的注意力有时会在拜访迷人的德·弗拉奥伯爵夫人的间隙转移到欧坦，在我看来那并不是因为他停下来反思，想到了令人尊敬的塞格略，而是正好相反，他想起了另一位前欧坦主教莱杰，这个人在7世纪的墨洛温王朝时代成为"宫相"④，可以废立国王。后来变成"前欧坦主教"的塔列

---

① 圣塞格略（Saint Syagrius，？—600）：从560年左右开始担任欧坦地区主教，成绩斐然，得到教皇格列高利一世赐予的披带。——译者注

② 雅克·贝尼涅·波舒哀（Jacques-Bénigne Bossuet，1627—1704）：法国天主教主教、神学家，有史以来最出色的演说家之一，以出色的布道和演说才能闻名。他拥护路易十四关于君权神授和绝对君主制的主张，支持法国教会独立于罗马教廷。有《哲学入门》和《世界史叙说》等作品传世。——译者注

③ 弗朗索瓦·德·萨利尼亚克·德·拉莫特-费奈隆（François de Salignac de la Mothe-Fénelon，1651—1715）：法国天主教大主教、神学家、诗人和作家，寂静主义神学的代表人物。他是一位反对一切战争的和平主义者。著有《死人对话》《泰雷马克历险记》等作品。——译者注

④ 宫相（Maire du Palais）：欧洲中世纪初的一个重要官职，法兰克王国墨洛温王朝时期设有这一职位，6世纪始设，最初只是国王的宫廷总管，到了7世纪已经掌握了王国大权，后来这一官职成为世袭职务，权柄更为巩固。751年，宫相"矮子丕平"取代墨洛温王朝末代国王希尔德里克三世，开创加洛林王朝。——译者注

朗，也同样可以废立国王。

1789年3月12日，塔列朗突然在欧坦出现。这件事情说明了什么呢？为此能说他并不是不理会他的教区吗？他对他的教士们如此钟爱，一到欧坦就去拥抱他们。还是让我们打开天窗说亮话吧，他这么做是为了成为教士们推选的候选人。三级会议行将召开，教士们在这个时候聚集一堂，莫里斯·德·塔列朗希望来到这里能成为他们的代表。1614年，在类似的情况下，阿芒·杜·普莱西·黎塞留成为卢康教区代表开始其政治生涯时，非常迫切地离开了那个"肮脏的地方"。

欧坦就这样被年轻的主教掌握，他给他的教士们写了如此有教益的信件，使得他的政治方案至今依然留存。他是个"保守派"，这种伪装证明他早就是个机会主义者，因为他和欧坦教区的许多教士不同，他们既不了解卢梭，也不了解伏尔泰。

塔列朗在4月2日以巨大的多数优势当选。欧坦的神职人员怎么都无法理解，为何在一年之后，他那一度如黄金般的承诺，就黯然无光了。事实是，那黄金从一开始就不纯，而且还在大革命的坩埚里和其他合金金属一同烧炼，那就肯定会被熔合在一起，从而进一步降低了纯度。在这一历史进程的这个阶段，一位代表如果在他的选民眼中从未做出欺骗行为的话，那我们得赶紧找出来。老天知道是不是真有这么一个特立独行的案例。

因为一个尽职的代表将在巴黎生活，欧坦主教在他的教区逗留的时间都没超过两周。4月12日，塔列朗离开了这座塞格略曾寻找到幸福的城镇，而且已经脱下了他当初认为有必要戴着的面具。他注定永远不会再回到这里。

无法想象塔列朗在他得到议会的一席之地后会固守阵地，在教士会议也是一样。他的代表地位并没有使他感受到重重压力，因为神职人员本身就有分歧，而且没有人能在那个关键时刻有任何把握预测出两派中的哪一派能获胜。

　　教士阶层确实分裂了。事实上，很多比欧坦主教略不走运或天赋略少的高级教士，为了当选都被迫放弃了能站稳立场的任何主张；他们为代表全体教士，将他们的精神信仰都抛在了一边，走上前台，手持令状，去代表法国教士。而教士阶层的这部分成员似乎倾向于与第三等级联合起来，并且通过合作废除"封建特权"。

　　不可想象的是，宗教界（尤其是那些受到宗教演说家鼓动的教士和某些神职人员）以极大的热情欢迎大革命。对宗教记录和1789年竞选发生的事件进行仔细阅读后，宗教界内对新思想几乎众口一词的称赞令我惊诧莫名——那可是有朝一日注定会让他们毁灭的思想。

　　值得注意的是，在整个竞选过程中，宗教人士代表团都一直处于极度混乱中，而且在许多场合，教士们都迫使他们的主教陷入一种十分屈辱的处境，在遭到教士们侮辱后，主教不得不离开会场。神职人员代表们受到如此侮辱，安特雷格伯爵 ① 听说以后惊呼道："这些教士会让我们灭亡的。"而他的判断是有一定价值的。

　　但这没什么不寻常的。大多数上层神职人员之间存在着难以置信的财富不平等，即使他们在教士中间最有名望，但教士阶层中的贫富分化比社会上其他各阶层都更加厉害，这些高级教士在广大可怜教士的头上建立了一个拥有巨大特权的阶级。

　　而为了证实我的论述的准确性，我不会仅仅依靠数字，而是会选用马蒂厄红衣主教 ② 在他的第一部著作《洛林的旧制度》中的证据。马蒂厄的著作比任何其他著作都更优秀，陈述了而并非以不确定的方式去指责一种

---

　　① 伊曼纽尔·亨利·路易 - 亚历山大·德·洛奈，安特雷格伯爵（Emmanuel Henri Louis-Alexandre de Launay, Comte d'Antraigues, 1753—1812）：法国大革命和拿破仑时代的小册子撰稿人、外交官、间谍和政治冒险家。他十四岁从军，青年时代先后结识卢梭和伏尔泰。在接受启蒙思想家关于民主的观念后，他在二十五岁那年辞去军职，并开始走访欧洲各国。大革命爆发后，他最初坚决支持革命，但在发生巴黎暴民冲击凡尔赛事件后，转而开始积极维护波旁王朝。1789年底，他在协助王室逃出杜伊勒里宫未遂后逃亡，次年离开法国，开始了长达二十二年的流亡生涯。——译者注

　　② 弗朗索瓦 - 德西雷·马蒂厄红衣主教（Cardinal François-Désiré Mathieu, 1839—1908）：法国主教，同时也是一位学者，编撰和著述了多部非常有价值的学术著作。——译者注

非常严重甚至危机四伏的情形。

一个非常典型的不平等案例是，一位德·罗恩红衣主教在萨韦尔恩城堡①一掷千金的时候，他的一名教士却几乎入不敷出。这样的贫富差距会令人产生一种不满的感觉。这种感觉由于相当多的主教在他们的教士眼皮底下过于频繁地露富而加剧，这些主教大部分是杰出人物，拥有诚实的灵魂，但性格方面的世俗性成分比精神性更强。

因此，普通神职人员早已充分地准备好欢迎平等主张。三十年来，他们一直都在通过阅读启蒙哲学著作而形成自己的世界观。从广受尊敬的客观公允的作家佩雷·德·拉戈斯的《大革命时期的宗教史》一书中，我引述了这样一个事实：在佩里戈尔地区发现的《百科全书》的两份署名名单中，四十个签名中有二十四个属于教士。而在这二十四个人当中，没有一个出现在这名单中的人是比优秀教士巴伯丁更加说明问题的了。巴伯丁的书信集已经出版，而且他声称他最喜欢的作家是马布利②和其他哲学家。但卢梭的著作会令他们像每一个读者那样流泪。我愿意打赌，1789年的相当一部分教士会接受让·雅克（卢梭）给他们取的萨瓦语③绰号——"口袋里的神父"。

5月5日以后，三级会议对究竟是一人一票还是按等级投票发生了分歧，而且这使得国家改革派与其对手之间剑拔弩张，不足为奇的是第三等级一致要求一人一票。另一方面，大多数贵族反对一人一票，而教士阶层因此分裂为人数差不多的两派。事实是，在二百四十七名教士代表中，一百一十四人赞成一人一票提案，而包括几乎所有主教在内的一百三十三

---

① 萨韦尔恩城堡 (Château de Saverne)：如今被称为罗汉堡，是位于今法国东北边境阿尔萨斯大区下莱茵省萨韦尔恩市的一座山城。——译者注

② 加布里埃尔·博诺·德·马布利 (Gabriel Bonnot de Mably, 1709—1785)：法国哲学家和作家，曾做过外交官。有《法国史》等著作传世，主张废除私有财产，同时具有共产和共和倾向。——译者注

③ 萨瓦语 (Savoyard)：欧洲拉丁语系的一种方言，属于法兰克-普罗旺斯语，今法国萨瓦省和上萨瓦省、瑞士瓦莱州、意大利瓦莱达奥斯塔大区的奥斯塔等仍有人使用这种语言。——译者注

人则反对。但之后几天，在教士会议厅出现了暴力事件，因而导致普通教士和高级教士之间发生尖锐对立。当一位著名的高级教士严厉斥责第三等级时，我们看看都发生了什么吧！一位普通教士喊道："管好你的舌头！"而另一位名叫雅莱的普通教士粗鲁地指责主教们，说道："我的大人们，在这里我们都是平等的！"6月13日，在经过一个月的喧嚣会议后，三名普通教士转而支持第三等级，置身于狂热的氛围当中；后来，又有九位普通教士跟着他们一起支持第三等级。最后，到了19日，教士会议以一百四十九票压倒多数的投票，决定去跟随那些勇敢无畏的先行者，并且在五位主教带领下，加入了第三等级的行列，而其他主教则都跑去恳求国王阻止这个政治联盟。

欧坦主教并非那五位主教之一。我已经说过他总是仔细地察看风向，而到6月24日为止，他的猜测还非常不着边际。在他看来，很明显的是，一旦三级会议要否决政府，政府就绝不可能允许三个等级团结起来。一旦政府反击（当时他认为这不可避免），他会脸不红心不跳地让自己妥协以成为宗教界的先锋带头人之一。他在他的回忆录中吹嘘，在"网球场会议"的当晚，他曾劝说国王出动军队。但当他看到国王那绝望的神态时，脑海中仿佛劈过一道闪电，所有观点都改变了。他从旧制度获得了如此之多的不当利益，但他对这个制度而言，坦率地说，就是"活生生的弊端"之一。在他看来，这个制度从此将注定踏入毁灭的厄运，而他并不是一个会紧抱着毁灭的旧制度残骸不放的人。6月26日，他坐到了第三等级一边，但没有得到任何欢呼，任何掌声都只会成为他姗姗来迟的标记，对他有可能弊大于利。没有人注意到这位瘦削的主教坐到了资产阶级中间。在他的观念里，贵族的心胸已经无法拓宽，让人感受到温情了，他恨贵族，看不起贵族，而且几乎鄙视着贵族。

当塔列朗走这步棋时，心里就打算靠这一步获益。靠着冰冷的厚脸皮，他会把握住未来的机会。大革命在一开始的时候，就没有受到约束，所以必然会毫无疑问地走得非常远，远到任何结局都可以接受，而任何推测都有鼻子有眼。毫无疑问，从大革命中，塔列朗首次看到了一种与他梦想的完全不同的政治生涯。得到一顶红衣主教的法冠，甚至拥有雷兹或者黎塞留那样的政治生涯与之相称是他的梦想，而他现在能做什么呢？在过去十年间，最不同寻常的命运转折让他穿上了一件可恶的法衣，他打算尽可能最大限度地利用教士这个身份。而现在，他担心这件法衣会成为他的绊脚石。所以他在等待一个时机，可以让他摆脱这件涅索斯的斗篷①，他肯定不想被这件法衣束缚。这就是为什么这位高级教士，不久前还在反对大革命的人——对这位优雅的贵族来说，民主理想后来完全是令人厌烦的——突然取得这项运动即将形成的联盟领导权的原因，教士们已经加入了这个联盟，但计划还只有一个轮廓而已。此外，他还产生了将自己完全从欧坦教区解放出来的想法，虽然那个教区的人希望他采取的是一种完全不同的态度。塔列朗在一份明智的演讲中，比其他任何人都更加确保不会让代表们受到其选民的约束。引用马鲁埃的话来说："从此以后，对议会行动影响最大的人就成了欧坦教区主教。"我认为这肯定是真的，他使议会代表们从选区选民的控制中解放了出来，对于当时公众舆论的观点，我仍然坚持认为只是略微倾向于改革，但议会将走向一场彻底的革命。

将来这位欧坦主教，不仅会出现在那些不久就会破坏教权且后来会企图背叛教权的人中间，而且会更加经常性地出现在这些人的前列。没有哪个国家的教士能比法国教士更有权说"家贼难防"这句话了。

1789 年 8 月 11 日，议会使出了它的第一记重拳——禁止教士向贵族支付什一税。这是沙塞特代表强烈要求提出的法案。

这个时候，法国教士们投身革命运动的热情仍方兴未艾。在值得纪念的 8 月 4 日之夜后，凡尔赛天方破晓，在昨天晚上没有造成任何其他牺

---

① 涅索斯是希腊神话传说中的半人马族，因为意图绑架赫拉克勒斯的妻子得伊阿尼拉，被赫拉克勒斯用一支在九头蛇的毒血中浸泡过的箭射中，受了致命伤。临终前，他将自己的斗篷送给得伊阿尼拉辟邪，说一旦她发现自己的丈夫不忠，让他穿上这件斗篷就能回心转意。受骗的得伊阿尼拉照他的话做了，最终导致了赫拉克勒斯的死亡。——作者注

牲的南锡主教拉法尔，就出现在他过去的等级成员面前，放弃了他的封建特权，甚至连主教们都受到那种崭新的慈悲和善良情感的感化，唱起了赞美诗。

在这种"崭新的慈悲"影响下，巴黎大主教德·儒尼①阁下察觉到议会准备废除什一税，于是以全体神职人员的名义，在 8 月 11 日会议一开始就彻底放弃了这项特权。

而今后那位苍白瘦削的欧坦主教将在议会中扮演什么样的角色呢？在取得议会的一席之地后，塔列朗非常小心地在自己和教士同僚之间画上了一道界线。后者"放弃"了征收什一税，而对左派致以纤弱的恭维，尽管如此，塔列朗希望国家能"接受教士们回头"，而不是"接纳"他们。他重提沙塞特的修正案，提请进行投票。左派因此认为欧坦主教是一个超级爱国者。我们看到，从那时起，他得到了左派的认可。

这是塔列朗叛教之路的第一步。但这与他后来施展的"雅尔纳克的一击"②相比，实在微不足道，后来使出的那一手解决了他所属的教士阶层。

塔列朗似乎有意识地想通过快刀斩乱麻解决法国一直面临的最令人困扰的问题，来赢得议会的青睐。那就是财政问题。

一种普遍的假设是财政问题从来不是致命的原因，但很多人不同意这个观点。在任何情况下，即使财政问题不会杀人，也肯定会造成巨大的痛苦，正如我们在当代所熟知的那样。

然而，毕竟召开三级会议的唯一原因是君主政体面临破产的威胁，而

---

① 安托万 - 艾莱诺 - 莱昂·勒克莱尔·德·儒尼（Antoine-Éléonor-Léon Leclerc de Juigné，1728—1811）：法国教士，1781 年当选巴黎大主教，1789 年以巴黎教士代表的身份进入三级会议，谋求让教士与第三等级结盟，后来进入制宪议会。但 1791 年，《教士公民组织法》颁布后，他坚决反对，拒不承认选举产生的大主教戈培尔。1794 年，他跟随波旁王室的幸存者流亡德意志。1801 年，在拿破仑执政府签署新的《教务协定》后，他返回巴黎。次年，他听从教皇庇护七世的要求，辞去大主教一职，同家人一同过着平静的隐居生活。1808 年，拿破仑封他为帝国伯爵。——译者注

② 雅尔纳克是一名法军上尉，在 1547 年的一次决斗当中用最为意想不到的一击杀死了拉沙塔尤赫。他用背身的反手一刀切开了对手的小腿肚。从此以后就出现了"雅尔纳克的一击"这句谚语，用于形容决定性的但出乎意外的打击。——作者注

且打算向国家寻求财政援助。接下来在会议召开的五个月间，国家的议员代表们一直在用动人的语言宣讲"人权"，以及这个国家需要一部宪法，但他们没能为空空如也的国库筹到一个子儿。而真实情况正好相反，因为国家目前正处于混乱之中，而且纳税人在停止支付税款——这是国家面临危机时，纳税人一直都会做的第一件事。甚至连旧税都收不上来的时候，征收附加税真有好处吗？政府也曾尝试过借贷，但让人民把钱借给一个病夫可没那么容易，而法国毫无疑问看上去正在患病。然后又出现了爱国募捐：议员们为了树立一个好榜样，选好了日子来到议会，捐出了他们的银鞋扣；在部分议员的犀利"温情"攻势下，有些灵魂高贵的人捐出了一些自己的银盘子；其他一些人适中地每人捐出五克朗，但募捐总数都不到七百万克朗。内克尔，仍将会继续出任一段时间的财政大臣，正在同这些财政困境进行斗争。他曾经考虑过组建一家全国性银行，但在革命期间这么做要比在王政复辟期间困难得多。每天都会冒出个新主意，然后就是失望。议员们都满脸堆笑，而且提出了非常巧妙的建议。"先生们，请给我二十分钟，"一位名叫维姆芬的议员喊道，"我会给你们找到六个亿！"二十分钟的讲话变成了六十分钟，一英镑的希望都看不到，而内克尔宣布国库里几乎都不剩一个苏①了。由于内克尔生财乏术，就此失去了支持。过去几百年间，甚至就在最近，我们已经看到过不止一个内克尔式的人物任期不满一个月就从塔尔皮亚岩石坠落，仅仅因为他没有发现"炼金的魔法石"。

在这样的环境下，不少候补都在留意财政大臣的职务，但这个空缺很难填补。米拉波谴责"可怕的财政破产"，只是为了推动他自己的主张，而塔列朗略微低调地在为达到他自己的目的工作着。

终其一生，塔列朗都表现出了其对金钱事务的热爱。事实上，金融业才是我们这位高级教士的真正职业，过去几个星期里，他只谈钱。如果他恰好能一举解决财政问题，那将会赋予他对所有事务的最高控制权。也就

---

① 古时法国的一种铜币。——译者注

是说，他很有可能成为内克尔的继任者。塔列朗，一位天主教徒、教士、主教，提出了一个明确的议案——让国家收回教会财产。这是内克尔，一个日内瓦人、新教徒，受阻于他的出身背景，并且因为有所顾忌隐而不发、不敢去做的一件事。

在很多不承认教会财产的人眼中，这是一个解决财政困境的办法，而这个主意并不是一种新想法。路易十六在回忆录中写道："国王们对世俗财产和教会财产同样拥有完全的控制权，这是为了让他们可以根据国家的需要，审慎而经济地使用这些财产。"

法国教会的财产数量巨大，将近三十亿。过去一个世纪以来，许多守着一个空国库的财政大臣都为这笔财产的诱惑而苦恼。有充分的理论基础可以驳倒任何对攫取这笔教会财产的顾忌。根据遗产应由私人继承这一点来看，这笔财产不应当在教会控制下大量保留。引用一位演说家的话来说："教会是所有信徒组成的团体，并非只有教士组成。"而除了法国人自己之外，还有谁是信徒呢？这显然是一个巧妙的推论。而实际上，现在迫切需要钱。因此一位议员在他的私人日记里写道，当议案提出，遭到强烈反对时会问："这些人想怎样去清偿国家债务呢？"这是个非常简洁而有力的论点。我要补充的一点是，有一个规模虽小但坚决反对教权的派别，而新教徒在这个派别当中表现突出。过去的宿怨才是他们发牢骚的真实理由，像拉博·圣艾蒂安牧师[1]的情况就是这样。这个团体认为这是一个洗劫天主教教士的大好机会，同时还有一个次要目的，那就是激怒天主教教士脱离大革命。尽管如此，没有财迷心窍的"资产阶级"，没有高贵的伏尔泰式的演说家，没有新教议员——实际上，没有任何人发言——那还有谁敢公开地将这个愿望说出来？当时到底是哪个家伙那么大胆呢？

---

[1] 让-保罗·拉博·圣艾蒂安（Jean-Paul Rabaut Saint-Étienne, 1743—1793）：法国新教徒领袖和温和革命派。他在制宪议会反对共和派的主张，在国民公会加入吉伦特派，反对审判路易十六。吉伦特派垮台后，他躲藏了一段时间，但仍于1793年12月被推上断头台。——译者注

　　就在这个节骨眼儿上，1789 年 10 月 10 日，欧坦主教走上了讲坛。他最近放弃了获得一顶红衣主教法冠以便成为一名大臣的想法。

　　尽管如此，人们发现，他上前提出了人们最不敢触碰的提案。他的举动是一种呆板式的温和，但经常会让他变得近似和蔼可亲。他谈起国家正处于危难之际，并像其他所有人那样攻击教会的财产权利，他首先声明财产权是神圣的——这是一种欲擒故纵的圈套——但是，涉及教会财产问题的话，那么就并非是神圣不可侵犯的财产了。一言蔽之，他提议教会的财产和收入应当被宣布为国家财产，在这个前提下，新制度应当每年保证拨付给教会一笔钱，并且向生活最贫困的教士给予合理的补助。

　　在一些议员的困惑糊涂和另一些议员明显为之振奋之际，塔列朗一瘸一拐地走下了讲坛的台阶，尽管长时间以来，他走路的动作已成为议会里交相热切议论的对象，但当他回到座位上坐下的时候，仿佛就变成了一尊雕像。即使当脾气暴躁的摩里教士在一连串由他主导的演讲当中发言，引用塔列朗自己的言论（1784 年，这位佩里戈尔神父出任法国教会总代表时，维护教会财产，称其不可侵犯），强烈反对他的这项提案时，这位前佩里戈尔神父依然纹丝不动。"莫里斯·德·塔列朗议员"所熟悉的那个微不足道的佩里戈尔神父、那个主教候选人和红衣主教候选人，都已经成为过去式了。他或许像他有朝一日曾一再重复的那样，低声对邻座议员说："我没有改变，但时势已经变了。"无论这一法案会怎样，他都没有再次出现在讲坛上。他厌恶粗野的争执，而他优雅得体的演讲导致议会群情爆发。十年后，那些在他入阁期间和他联系的人，会经常听见他的名言："你的热情应该适度。"他先前就不喜欢漫无目的地热情过度。他很少或几乎没有给人留下深刻印象，也不支持任何政党。这位贵族主教用他那纤弱的手指，触碰到了弹簧，看哪！唇枪舌剑的口水战已经开始了！他心满意足，在沉默中，他为自己提出的教会财产国有化提案投了一票，而这项议案迅速变成了现实。

　　晚上，当分组表决举行时，塔列朗再度以随和的姿态露面了，在他的妙计得逞后，他一直都采取这种姿态。他似乎并不关心那些将背对着他的人，或者他周围那些人的轻蔑表情。他已经变成了后来的那个塔列朗——一位粗鲁的帝国元帅后来对一位军官这样提及他："嘿，伙计！相信我，我会在他正和你说话的时候踢他的屁股！"或许他在受到这样的侮辱时会一边忍受，一边在心里相信他会是那个笑到最后也笑得最好的人。而实际上，在1814年以后，当德·塔列朗亲王成为大多数基督教王朝的代表时，注定会看见那些在1789年10月10日以后将他视为"无赖"和"瘸腿魔鬼"的人屈从于他的意志，那时他无疑将会觉得他应该举起袖子掩面大笑，而且一直笑到最后。

当时有一位同时以机智和擅长玩西洋双陆棋[①]闻名的德·特拉夫内侯爵，每次玩双陆棋都会叫"欧坦"那个位置为"魔鬼"。此外，还有很多诽谤针对他，"瘸腿魔鬼"的外号变得尽人皆知。他不是一个简单的叛徒，人民为之愤怒的是他的两面派行为。马里-约瑟夫·谢尼埃[②]后来写的一首诗与他们的想法一脉相承：

那些热切寻求知识的人，

可以从一个聪明人那里学到东西，

我们的莫里斯有着冰冷的内心和厚脸皮，

他巧妙地实行他的双重背叛计划。

一条腿拖着沉重的脚步鬼鬼祟祟地前行，

伴随着步伐的信条是不受制约的权利。

另一面是向着敌人的，

这就是那独一无二的瘸子。哦，这世间的圣徒！

---

① 西洋双陆棋（Backgammon）：一种供两人对弈的版图游戏。——译者注

② 马里-约瑟夫·布莱斯·德·谢尼埃（Marie-Joseph Blaise de Chénier，1764—1811）：希腊血统的法国诗人、剧作家和政治家。出生于君士坦丁堡，后来到巴黎的纳维尔学院接受教育，17岁从军，从19岁开始从事文学创作。大革命爆发后，他倾向激进派，在国民公会投票赞成处决路易十六。1802年，由于他反对拿破仑，从此逐渐淡出政治舞台。由于他的从政经历和政治观点，他的作品带有强烈的政治色彩。——译者注

塔列朗确实至少是个两面派。他用写下教会财产国有化演讲稿的同一只手起草了他的 10 月 12 日教令。他在这份教令中命令他教区内的所有教堂，"在国家动荡不安的此时为和平"进行一段为期四十个小时的祷告。

"您在发怒，哦，我的上帝。"塔列朗哭喊着，"您在用天火点燃您的子民。为何您的双手拒绝我们？上帝啊，请记住这些人吧，他们一直在为您服务。不要忘记您为此已和他们订立了誓约。奋起捍卫这事业吧。您将会捍卫我们共同的事业。"他的这种神秘风格的文章有三页；谁知道这个段落是不是在欧坦主教手指上还戴着闪光的主教戒指，深情怀抱着弗拉奥伯爵夫人，却被美国大人物古弗尼尔·莫里斯打断了雅兴的夜晚写的呢？他是个万事通，是塔列朗啊。

尽管如此，塔列朗还是大失所望。议会不信任它的领导人，尤其是米拉波和塔列朗，立即给他俩以及其他一些领导人一记背信弃义的打击。根据著名的 11 月 12 日决议——我在米拉波的那个章节里已经进行过较大篇幅的陈述——议会宣布国王不能从议员中间挑选他的大臣人选。我们已经在前一章里看到过，焦虑的人民领袖米拉波毫不掩饰自己的愤怒，以及他怎样在一段时间内，为了遵循这一规定，削弱自己的影响力的。莫里斯·德·塔列朗在朋友们面前并没有掩饰他感受到的痛苦，但在议会他仍保持平静。他的行为是明智的，因为当时米拉波很长时间都没有入主议长宝座，这位欧坦主教早在 1790 年 2 月 16 日就被左派选为议长，算是对他的一种补偿。

塔列朗的示好举动被许多他曾经的朋友拒绝了，而他对成为国王的大臣一度感到全无指望，因此他在这个新方向上走得更远。他希望以这种方式，仍然能在不远的将来取得一些更大的成功。

转眼间来到 1790 年 7 月 14 日的大同盟日。这一天是攻占巴士底狱的一周年纪念日，人们准备了一个盛大的庆典，用这前所未有的大庆典歌颂博爱与自由。战神广场中间竖立起一座祭坛，广场上蔓草丛生的露台可以容纳三十万观众。与会群众都非常兴高采烈，当拉法耶特出现在八十三省国民自卫军各代表队面前时，群众都上前为之祝福。军队旁边的一列游行队伍开始出发，那是教士们的一排长队，他们的法袍外面都罩着三色披风。人们在这支队伍后面可以看到一顶金色法冠，欧坦主教拄着他的牧杖走过来，腿脚比平时灵便了一些。尽管许多人认为他正在脱离第一等级——坦白说，这实在是个错觉。想象一下他在成千只小号的号声中，登上祭坛的阶梯，手持圣杯的情景吧。在他的一边是他的助手德·勒努德教士，这次担任他的执事；另一边是他的副执事路易教士。二十五年后，当成为路易男爵的路易教士顶着路易十八财政大臣的头衔，来和总理大臣德·塔列朗亲王议事时，这两人的自控力能好过罗马的占卜师①而面不改色吗？

当欧坦主教走近祭坛，从拉法耶特面前经过时，拉法耶特挥剑向他行礼，有些人认为他当时低声说道："别惹我发笑了！"这个故事看来几乎根本不可能是真的：塔列朗不会说出这种轻佻的话来，正如同他肯定不会将亵渎神灵当作笑话来引以为豪。至于拉法耶特那个庄重严肃的家伙，绝对不可能使任何人发笑。

欧坦主教说集会群众是庄重自豪的。但是，我真不能肯定他会在这场典礼中发现不了戾气的味道，而且看不到暴民的参与使这场典礼极端愚蠢，因为他一向坚决反对任何不必要的排场。然而，他认为政府应当去获得大众支持。

但有一天，这场著名的群众集会在另一场教会礼拜堂举行的仪式面前显得极其微不足道。在1791年2月24日举行的这个仪式上，《教士公民组织法》得到了宗教仪式上的正式确立，成为一段为了自私目的的、没有监督的、可悲的教会堕落历史的最终篇章。

这部新的《教士公民组织法》，表面上看并不是塔列朗的手笔。他的角色仅仅在于使这项法案得以实行。我不相信他一开始就希望出台这项法案。通过这部关于让法国教会和（罗马）教廷分裂，后来又背叛教廷的任

---

① 西塞罗无法理解为何两名占卜师面面相觑时能够不放声大笑。——作者注

何重要讨论，他都没有参加。然而，他的名字被非常恰如其分地和这一具有纪念意义的事件联系到了一起，而我会对此进行简要的介绍。

塔列朗对新宗教体制的形成确实插了一脚，因为新法案成立后对旧教会必然会采取的致命措施，正是教会财产国有化，而这也是新法案产生的缘由。

根据我之前的解释，这份将教会财产交给国家处置的法案，并非完全出于涉及金钱事务考虑的结果。社会上的相当一部分人将这一措施视为一种迫使天主教会势力脱离新制度的手段。这部分人由新教徒和詹森派教徒组成①。

在 1789 年，已经发生了一场反对旧制度的激烈运动，所有那些饱受其苦的人，都希望旧制度受到抨击，从而找到让他们复仇的机会。新教徒自从《南特敕令》②被撤销后，遭到了肆无忌惮的迫害；而詹森派则对路易十四一手将《圣子训谕》变为法国的一项法律后采取的所有措施怒火万丈，他们一心指望进行报复，从而目睹教皇和路易的继承人同时脸上无光。很明显，这些期望，这些痛苦感情的结果，是应当被考虑在内的，而令我吃惊的是，到目前为止，历史学家们很少注意到这些问题。一位议员在他的日记中写道，大革命已经取得的成就可以用三个拉丁词汇来表示——"赤字""禁令""圣子训谕"，这是表明他属于詹森派的非常重要的证据，而詹森派在议会的领头人是格雷古瓦神父③。另一方面，阅读代表尼姆的议员拉博·圣艾蒂安牧师的信件，就足以看出昔日受害的新教徒

---

① 詹森派是荷兰神学家詹森的信徒，他的学说倾向限制自由意志和强调宿命论。詹森派受到耶稣会的尖锐抨击，而帕斯卡尔在他蛰居波尔罗亚尔修道院期间写下了著名的《乡野书信》，为詹森派辩护。1713 年，教皇发布《圣子训谕》，谴责这一派的学说。——作者注

② 《南特敕令》（*Edict of Nantes*）：1598 年 4 月 13 日，法国国王亨利四世在法国西北部的南特城颁布敕令，将天主教定为法国国教，并承认胡格诺教徒享有信仰自由和其他一些权力。1685 年该敕令被路易十四完全废除。——译者注

③ 亨利·格雷古瓦（Henri Grégoire，1750—1831）：法国天主教詹森派教士，革命领导人之一。大革命时期，他是一位立宪派主教，历尽重重政治风波后，在 1831 年逝世，共有将近两万人为他送葬。——译者注

子孙们，同被毁灭的波尔罗亚尔修道院 ① 遗留下来的教友们一样，决心为死难的先辈们复仇。教会财产国有化的法案通过时，拉博喜极而泣——一个平常十分谨慎的人做出这样的举动尤为惊人。"教士不再是一个等级了，"他写道，"教士们现在可以及时跟上国家的步伐了。剩下的只是让他们和国家结合起来。"后来，在 1790 年 4 月 16 日，当无知率真的、投票支持没收教会财产的天主教加尔都西会 ② 修士多姆·热尔勒，上前请求议会应当宣布天主教为国教作为补偿措施时，他因左派座席上响起的怒吼声而吃惊不已。而当米拉波在议会反对这项动议时，提到了圣巴托洛缪日查理九世 ③ 在卢浮宫的阳台上向胡格诺教徒开火射击的传闻。米拉波非常清楚——他是个聪明的战术家——这样一来，他将会非常成功地取得所有反天主教派别的支持。

这些反天主教党派已经失望地发现，在过去一年里，法国天主教会在右脸被打的时候将左脸也凑了过来，而且目睹罗马教廷以一种极其令人惊讶的顺从态度，允许那些反教士的措施成为法律。

然而，反天主教党派开始显示出不甘心就此罢休的迹象。如果说大多数主教都表现出十分谦逊的态度，那么其中有一些人在一定程度上，即便不是以行动，也至少是以言论反对议会的后续政策。特雷吉耶 ④ 主教在给教区的一道教令中，谴责"那些堕落的人"专注于一项从根本上来说旨在扭曲宗教的宗教运动。这道主教令立即受到谴责，而且还引发了一场反教权的运动。严格说来，这更是一场针对罗马教廷的运动。参加这场抨击运

---

① 一座位于塞纳瓦兹省的谢夫勒斯附近的教堂，本来是一座熙笃会的女修道院。在安琪莉·阿尔诺女院长主持时期，这里成为一座静修院。信中提到帕斯卡尔和其他人曾在这里生活过。后来波尔罗亚尔的隐士们大多加入了詹森派，再后来，经过与天主教廷当局的激烈争执后，导致他们的这座教堂被路易十四下令关闭。1710 年，这座教堂被拆毁。——作者注

② 加尔都西会 (Carthusian)：一个始创于 1084 年的罗马天主教宗派。——译者注

③ 查理九世 (Charles IX, 1550—1574)：法国瓦卢瓦王朝的国王，1560 年即位，次年加冕，站在天主教徒的立场上，反对胡格诺教派。1570 年，胡格诺派取得暂时优势后，查理九世同意和解，计划出兵南尼德兰，共同对付当时的欧洲霸主西班牙，希望消解国内新旧教派恩怨，一致对外。但两年后，他在母亲凯瑟琳·美第奇和弟弟亨利的鼓动下，授权吉斯公爵亨利制造了1572 年 8 月 24 日的圣巴托洛缪夜大屠杀。这次大屠杀是法国胡格诺教徒的噩梦。——译者注

④ 特雷吉耶 (Tréguier)：今布列塔尼半岛北海岸阿摩尔滨海省的一个市镇。——译者注

动的不仅有启蒙哲学家、新教徒和詹森派教徒，还有将罗马视为比对手更甚的极端天主教徒——他们视罗马为宿敌。

一些人主张有必要将法国天主教会纳入国家新体制，因为雅各宾派已经被呈几何级数增长的体制高度一致性强烈吸引；另外一些人，各省的教士组成了一个党派，反对议会主张天主教会的重组应与最新重组的国家保持一致的政策。

我无须详细介绍1790年7月12日议会通过《教士公民组织法》时的程序机制。一切都被大笔一挥，一扫而空了；各教区被分割，以便并入各省；全体教士组织被全面废止；教区的边界被改变；神父、主教助手的教职提交大众投票选举，不再由罗马任命，而是由大主教——法国大主教只有一个——任命。这些就是法案的要点。部分改革是教廷可能会接受的，那就是应国王的要求，确定在《1516年宗教协议》的一些修改内容当中就已存在的部分。但实际上，而且不公正的是，议会对罗马究竟是什么看法都无须哪怕一点点虚伪的关注。这是一个不会令人吃惊的事实，因为这场运动的领导人最重要的目的，就是迫使罗马教廷和法国教会陷入一种彻底和持久的分裂状态。

我们知道教士阶层对这项法案持接受态度。而且直到罗马根据预判和这项法案的性质宣布并声称，"这项新法无效和宣布作废"以前，这个阶层对这项法案的影响还一无所知。

那时的运动领导人，急于将形势变得更加困难，要求采取一项新措施，来迫使每一级教士要么宣誓效忠新法案，要么就递交辞呈。拒绝宣誓的教士将按照法律程序——也就是说，通过公众选举被别人取代。这项措施在1790年11月27日经路易十六批准通过（事实上，路易十六为此深深自责），而教士们因此被迫宣誓。我们知道大多数教士都拒绝向新法宣誓，而且宗教战争成为此事的直接后果。

如果制宪议会议员们的思维合乎逻辑的话，他们会简单地将天主教会从国家事务中分离出去。既然已经没有意愿和罗马继续在任何宗教事务上合作，那么宗教事务的延续性就应当体现出来，而法律也应当被不折不扣地执行。和那些改革和推翻法国天主教会的夸张做法相比，不涉及也不反对罗马教廷的做法当然更为可取——而在这方面，甚至反对天主教会的人在其最近的讲演中都一再将天主教会称为罗马教会。但是制宪议会的某些人尽管早已乐于将教会势力与国家分离，却发现自己无法做到这一点。每个人都认为，教会财产国有化产生的必然结果是：要为宗教机构制定预算。一百一十六年后的 1906 年，法国议员们可以非常淡定地对这种因素不为所动；而在当时，这项法律刚刚被提出，如此庄严的事业在人们的心目中过于新鲜，使得这件事情变得不可能实现，所以很快，议会取消为"宗教团体制定的预算"。在这种情况下，教会应当有权说："把钱还给我们。"但是，即使他们想要这么做，也不可能做到这一点，因为教会的财产已经转移，而且部分财产已经被耗用了。教会财产国有化的直接后果是，议员们被迫进行了这项使法国教士阶层脱离罗马教廷、注定使他们遭受迫害的可耻而且虚伪的改革。所以尽管我一再重申，塔列朗并没有直接参与这次宗教改革，但他却是此事的直接责任人之一。那确实是一种非常重要的责任，因为在所有的历史学家看来，是《教士公民组织法》改变了大革命的进程，而且造成教会与国家的分裂。此事的后果，非但没有减轻路易十六的怒气，反而变本加厉地彻底激怒了此刻已足够平静的他，将他推入那一场使他丢了脑袋的冲突中去。

但进一步来说，即便塔列朗只是通过将投票放入票箱而参与了这项使教会分裂的法案，以及让教士向国家宣誓的法律的话，那他也是在这个节骨眼儿上第一批显示忠于新制度、谴责罗马的神职人员之一。

他当然没有做出任何实际行动来表示他正在支持这一派的主张。然而当主教和神父们被呼吁在议会宣誓却遭拒绝并树立反面榜样时，塔列朗偷偷地在 1790 年 12 月 28 日议会一早的讲坛上，当着极少数议员的面，就像在办理一桩无关紧要的手续那样，低声进行了宣誓。

事实上，这一切都完全符合他的期待，因为毫无疑问，要解决与教会脱离关系的问题的话，他发现这样的过渡方式最为实用，因为这会让他走向叛教的第一步，而这只是一种公民行为，别无其他表现。

此外，他还想赢得左派的感激。这样他后来就很容易提议让新当选的主教们稍晚些时候去取代"顽固不化"的那些人。大约一百二十名主教中有三人和塔列朗一起宣誓了，其他人拒绝继续进行这种公然的分裂教会的仪式。

据说他们有一种说法（这就证明，在法国历史上的任何时间，即使是在最为悲剧性的情况下，都不会缺乏幽默感）是："我们发誓，但我们不再履行圣职了。"

塔列朗宣了誓，并且行使圣职。1791 年 2 月 24 日，巴比伦主教杜旁·米霍多和利达主教戈培尔两人在异教之地，协助他主持在教会礼拜堂举行的典礼，这个典礼被罗马视为一种可憎的渎神行径。

他毫无热情地履行了这一公事，尽管看上去无忧无虑，但他实际上极为忧惧。因为担心有人会在同一天上午，采取狂热的攻击行动，威胁他的性命，为被亵渎的宗教复仇，他在毗邻圣奥诺雷街的这家教堂的屋子里过了夜；此外，他一连好几天都随身携带两把手枪，而且看上去极为焦虑地将枪拿出来。就像摩里所说的那样，这两把枪是为非同寻常的群众准备的两个圣餐杯。

尽管塔列朗自己拒绝出任巴黎主教，但他在 3 月 24 日指定不幸的戈培尔出任这一教职。将近四年以后，在所有议会成员的关注下，戈培尔在他的祭祀习俗上栽了跟头。这是欧坦主教最后一次头戴法冠，身穿黄金十字裉，主持宗教仪式。与可怜的戈培尔相比，塔列朗更加低调，预计到自己会彻底叛教，他不仅自己解除了罗马教廷一直威胁要剥夺他的主教要职，而且放弃了教士身份。当他通过 1791 年 2 月 24 日行使圣职的行动，奠定了新《教士公民组织法》的基础时，他舍弃了宗教，任它去遭遇悲惨命运——那确实是非常悲惨的命运——而他依然无声无息地溜进了自己的市侩生涯。

因此，1792 年的初夏，前欧坦主教、公民莫里斯·德·塔列朗觉得脚下法兰西的土壤灼热难当。在担任巴黎省政务委员（很多时候都身居幕后）后，他奉命前往伦敦执行外交任务，后来他没有直接回国。这是一种托词——一种没有表面化的"移居"。大革命正变得不加遮掩的残酷，每一天都在变得更为野蛮、更为喧嚣、更为血腥，使得这个彬彬有礼的人物发现在革命中再也没有立足之地。而当他离开伦敦前往美国时，这位前欧坦主教、议员经过深思熟虑和精确计算，无论如何都能让他被人遗忘。

即使那些认为他是个不知疲倦、危险和诡计多端的阴谋家的人，都认为前佩里戈尔神父的事业已经结束；据他们说，那个残废已经跌了决定性的一跤。

任何人如果说塔列朗会东山再起，成为一个衰微的共和国的部长，一个好战帝国的大臣，然后成为再度复辟的百合花①王朝的大臣，都会使每一个人感到惊愕，但是塔列朗本人很可能例外。他毫无节操而且不知何为惊奇。他同时代的众多人物都将大革命视为一个舞台，但如果我们用伯纳德·德·拉孔布非常恰如其分的表达方式来说：一度困住他的大革命就像一个棋盘。因为他很容易走"将军"这步棋，但他仍会继续观察看上去无处不乱的棋盘，从来不会有哪怕一刻漏看棋局的进展，而且就从他居高临下的座位上保持一段距离以纵览全局。

塔列朗面无表情的脸上至多出现淡然微笑，他预见到那些使用暴力手段的人将会自取毁灭，所以，一旦棋盘再度清空，政客们就能继续他们的棋局。

塔列朗已经背叛过他的家庭、他的阶级、他的朋友、他的等级、他的国王，以及他的上帝。但他对于让自己再度博得他的家庭、他的阶级、他的朋友、他的等级、他的教会乃至最终博得上帝的好感，从没有绝望过。这是一种堪称绝技的事业，完全与道德无关，而且与其他任何职业相比，都更加令人信服地证明，加入这场可怕的政治棋局中的棋手完全不会受到他过去的行为的妨碍。

夏尔·莫里斯·德·塔列朗-佩里戈尔，欧坦主教，确实是更高层次

---

① 波旁家族的家徽。——译者注

政客的出色样板。他纤弱的双手如此漫不经心地制造的废墟，显示出了灵魂的毁灭是一个国家崩溃的巨大要素。

　　塔列朗确实将 1779 年 12 月 18 日努瓦永主教德·格里马尔迪阁下郑重授予他神职的圣所变成了废墟。越过了这些因他个人野心造成的废墟，1792 年夏天，莫里斯·德·塔列朗暂时从历史舞台上消失了。

第四章　制宪议会

　　1789 年，杜伊勒里管理中心（或马术学校）位于杜伊勒里城堡和路易十五广场（今天的协和广场）之间，而它的平台在我们这个时代构成了里沃利街的一侧。当法国宫廷决定搬迁到凡尔赛宫后，这座宏大的矩形建筑物已经没有用处了。人们任其空置，几近废弃。

　　到了 1789 年 11 月 9 日，这个地方令巴黎社区的人民非常兴奋，人们看见一大群人整整齐齐地走进这座已经适合一个新用处的厅堂。超过一千四百人在那里集会，都在兴奋地交流畅谈，指手画脚，同时另一波人流坐进了公共座席。

　　这是法国国民议会，他们大部分时间都在凡尔赛开会，后来又临时在大主教的宫殿里开会，而现在将它的机构搬到了这里——一座杜伊勒里城堡的附属建筑物。

　　会场内已经建造了多层阶梯式长椅，狭窄而高耸的议长席对面是一个非常宽敞的讲坛；在讲坛前方是一排固定的栏杆，被称为议会栏，在议员们表达发言意愿后，会从议会栏前方通过，然后就按照次序上台演讲。

　　杜伊勒里宫管理中心后来被废止，这里就成了制宪议会和后来的立法议会的议会厅，最后，在 1793 年 5 月，变成了国民公会议会厅，而这个时候杜伊勒里宫本身也最终改名"国民公会宫"。这里是法国大革命这出戏剧的主要场景之一。

　　搬进这里的时候，议会已经召开了六个月——那是一段风云激荡的日子。但直到议会搬进杜伊勒里管理中心为止，它才真正成为大革命戏剧中的主要角色。为了让这一点便于理解，下文有必要回顾一下议会从出现到迅速转变角色的各种情况。

1788 年 12 月 27 日，国王召集三级会议开会。根据常年惯例，三个等级会分头选举代表，但这一次，此前只能选出和每一个特权等级同等数量代表的第三等级，可以选举的代表人数加倍。选举委员会的任务是向代表们提供包含国家意愿的备忘录或"报告"。4 月和 5 月这段时间都用于起草备忘录和选举会议代表，但到 5 月 5 日进行全国大选，会议代表人数达一千七百人之多，这些人在凡尔赛聚集一堂。这里几乎没必要回顾三级会议怎样违背国王的意愿，变成国民议会，然后在受到他的压力时，怎样得到他认同的各种情况；也不必回顾国民议会为何决定为国家制定一部宪法，而且在事实上要完全摧毁旧制度。

狂热到近乎叛逆的精神，在议会形成过程中盛行，已经改变了很多议员的观念。这也是为什么在这个节骨眼儿上最好停歇片刻的原因。

1789 年春当选的议员，十分之九若听到有人预言他们会立法反对君主制的话，会非常惊讶。他们认为自己会是忠心的王党分子，而且事实上，他们的选民对王室更为热忱。

一份关于各选区报告的细致审查以及对地方政府的审议结果，给人留下了非常明确的印象，那就是我们关于 1789 年法国人民意愿的设想是完全错误的。对税收和司法事务的平等要求远超对"自由"的要求，"自由"观念在法国人中并不普及。而在农民和工人当中，理解或者向往"自由"的人更少；而如果在"报告"当中提到关于为国家制定一部宪法的问题，那并不意味着君主制政府要服从民选议会的控制，而是要让国王从任何仍然存在的桎梏当中解放出来，统治这个王国，使组织和制度更为正规。"一份辖区报告"在形式上被改写后，这些温和的"狭义备忘录"在性质上就发生了改变。通过一份乡村农民对封建制度提出的补偿要求，民意开始脱离对教士阶层种种弊端的指责，呼吁以"自由"来反对"专制"，然而，"国民代表"主张的全部热忱，都在表达对国王最深切的爱意。

小城镇和司法辖区的公证人白纸黑字写了下来的就是这些东西。更加谦恭的资产阶级，在经受超过四分之一个世纪的启蒙哲学理论熏陶后，当时处于一种非常奇特的思想状态之中。在这代资产阶级（在 1789 年，他们都是三十岁至五十岁年龄段的人）的心目中，产生了相当不切实际的想法，与农民和工人的观点联系很少。

律师比其他任何社会阶层更多地提到哲学，而且行动起来将当时的所有思想理论添加到人民的最初意愿当中；此外，这些法律界人士也做了最充分的参选准备，从而使得第三等级的很大一部分由律师组成。某地一位名叫杜·巴罗伊的村民的抱怨非常值得注意，他指出巴勒迪克[①]的律师们在"为所欲为"。

然而，从本质上讲，当这些理想主义者肯定能去凡尔赛宫的时候，就将他们理论的结论全部抛诸脑后，高呼"国王万岁"，而他们的呼声十分真诚。只有更先进的资产阶级因为他们对专制的憎恶而坐立不安，而这种憎恶后来在国王政府犯下第一个错误时，以如此激烈的一种方式表现了出来——我们已经在米拉波非比寻常的事例当中看到过那是什么了。国王反对各等级一视同仁的主张，被当作宫廷和特权阶级联合的证据，瞬间引发了第三等级的反抗，第三等级自身也受到波及，而且引发了一种会蔓延的群体暴力冲动狂热症，从而被迫做出了不可估量的重要决议。于是就在 6 月 17 日，三级会议在西哀士神父提议下，宣布自己为"国民议会"，并且首先克服了两个上层等级的所有阻力，然后又压制了国王的反对意见。6 月 20 日，当著名的"网球场会议"宣言通过时，国民议会宣布在"宪法制定完成以前"不会解散。这样一来，原先只是为寻找财源而召开的议会，发现自己变成了要去审判所有政治、社会、经济、宗教、行政、国家

---

① 巴勒迪克（Bar-le-Duc）：法国东北部市镇，今法国洛林大区默兹省省会，市区位于奥尔南河河谷与马恩 - 莱茵运河之滨。——译者注

和国际理想的政治机构；这个机构会颠覆和摧毁欧洲最古老的国家，而且甚至会在它意想不到的行动中走得更远，那就是促进人类的革新。至于谦卑的"地方行政区报告"表达的更为温和的愿望，仍是法国所有理性人民秉持的心愿，但在六个月后，已经没有任何意义可言。1790年初，当一位远远落后于时势的议员，提到这些"地方行政区"报告时，使得绝大多数议员惊诧不已，随后引发了众多哂笑。一位议员后来写道："这种报告现在不比老妇人的故事更有意义。"这恰恰是许多选举活动当中也会发生的事情。

另一方面，孟德斯鸠更多地赋予了人们宪法权利的灵感，让-雅克（卢梭）的学说在整个左派当中流传，然后是伏尔泰，他让"最为臭名昭著之物"[①]的敌人装备了自己的武器——所有这些启蒙思想家用他们的思想在精神层面上赋予了这场伟大运动以生命。还有狄德罗和达朗贝尔、霍尔巴赫[②]和爱尔维修[③]，甚至还有影响较弱的哲人杜克洛[④]、马布利、雷纳尔和孔多塞。

除了《社会契约论》之外，议会还有整本《百科全书》充当自己的"福音书"。1789年秋，由那些可敬的乡亲书写的"报告"已经过时到了可笑的地步，公众舆论已经有了进一步发展，而每个人都为此非常自豪。

因此，8月4日晚上，法国废除了封建制度，摧毁这个存在了一千年之久的制度才用了不到十二小时。议会还决定颁布一份可以适用于全世界的《人权与公民权宣言》，而它也正在试图制定一份理想的宪法。到了10

---

① 指作为迷信象征的教会，伏尔泰对教会的格言是"粉碎这最为臭名昭著之物"。——作者注

② 保罗-亨利·提利·霍尔巴赫男爵（Paul-Henri Thiry, Baron d'Holbach, 1723—1789）：法国的德裔哲学家和无神论者，与狄德罗等人一同编纂《百科全书》，"百科全书派"的重要成员之一。有《自然体系》、《揭穿基督教》和《自然政治》等著作传世，《自然体系》一书被奉为"无神论的圣经"。——译者注

③ 克劳德·阿德里安·爱尔维修（Claude Adrien Helvétius, 1715—1771）：18世纪的法国哲学家、辩论家，有哲学名著《论精神》《论人的理智能力和教育》等传世。其中《论精神》一书，抨击一切以宗教为基础的道德，在法国出版后引起强烈反响。——译者注

④ 夏尔·匹诺特·杜克洛（Charles Pinot Duclos, 1704—1772）：《百科全书》的作者和执笔人之一，法兰西学术院院士，有《路易十一时代的历史》等著作传世。——译者注

月份，议员们所代表的那些参与 7 月 14 日鲁莽行动的人民，在议员们扭扭捏捏的允许下，涌进了凡尔赛宫。当时他们入侵惊慌失措的议会，然后进入王宫，而且在让他们满意之前不愿离开，除了王室之外，连议会本身都被这些人无礼地冠以"装神店铺"的名号。

就在这样的情况下，制宪议会在大主教的宫殿短暂逗留后，开始在杜伊勒里管理中心安顿下来。议会由于与首都的近距离接触而趋于狂热，本身也处于动荡之中，辩论也变得比以往更加混乱。这些争论没完没了，会因为无数突发事件而终止，而且涉及太阳底下所有的事务。进而，党派分歧开始一点点泾渭分明，有才能的人物显露出他们的实力，议会的特征变得更加明显。因此在议会发展的这个阶段，可以适度地审视它，并且从大方向上和细节方面来描述它。

任何一个研究制宪议会基本构成形式的人在发现其成员非同寻常的招募方式时，都无法避免瞠目结舌。制宪议会里有一大批从第一会议室出来的乱七八糟的贵族和可怜的乡绅，尽管这些贵族既没有为国王在政厅效劳过，也没有在战场上奋战过。议员之中，没有一位前任驻外使节，也没有一位陆军元帅（当时法国有超过六名陆军元帅），只有少数将军和大约三十名高级军官拥有议席。议会里的贵族成员往往颇具才智，他们大多数在宫廷的生涯郁郁不得志，而且被当时盛行的启蒙哲学疏远，总而言之，他们对政治事务完全不熟悉。

在二百六十六名教士议员当中，有四十八名主教，代表 18 世纪末法国的各个教区。如果说这些人不是完全没有正直和担当道义的美德的话，也可以说他们很少具备这两种美德。除了主教们之外，还有一大群神父和修士——准确地说，二百一十八人，这些人是在下级教士们的支持下获得席位的，下级教士们都在反抗他们承受的不公待遇。在下级教士议员当中，大约有四十人是新兴启蒙哲学的温和支持者。

而最引人注目的事实是，在议会的七百名议员当中，占据多数地位的是律师。正如我们已经看到的那样，他们对改变人民的意愿负有主要责任，他们声称他们代表人民的意愿，而且十分真诚地相信他们是人民的代言人。超过四百人的这些资产阶级当中，实际上都是辩护律师、事务代理律师、公证员、法警或法官。必须补充的是，其中有十五名医生、五十名商人和三十八名农场主。热拉尔"老爹"是其中唯一的佃农，他扮演议会中的乡巴佬角色，使得议会里看上去都是充满智慧的人。他拒绝将他的粗羊毛外套改成第三等级惯用的灰色，用一位见证人的话来说，他的这种非常规做法，从第一天开始，在议员队伍当中，就让他得到掌声与欢呼。但1790 年 6 月，当他支持一项剥夺缺席议员津贴的动议时，则被人认为是最令人讨厌的家伙，当时他非常坦率地发言道："各省肯定不是送我们来这儿胡闹的。"

这届议会的另一个显著特点是，资产阶级议员当中没有高级政府官员。非常令人瞩目的是，马鲁埃是议员中唯一的地方行政官员，而且是拥有行政经验阶层的唯一代表。当然，议会里也没有一位曾是管理人员或者与国家事务有过密切联系的前任大臣。尽管如此，议会里却拥有大量有想法的人。1790 年 1 月，美国人莫里斯写道，制宪议会里的"疯子"们都是从在他的国家被称为"净忽悠人的讼棍"当中招募来的。这些人对大量议员拥有巨大的影响力，但说来奇怪，他们往往都一言不发。一向对辩才非常推崇的罗兰夫人，轻蔑地称他们为"十八法郎一天的一堆木头人"。他们中的大多数人是"木头人"，但并非全部都是，如果马鲁埃的证词在这个问题上能被接受的话，我倾向于补充一点——这是个不幸的事实。马鲁埃声称他的大多数同僚都没有在讲坛上闪光，甚至都没有在那里出现过；然而，在各委员会，人们的职权是相同的，他们表现出一种毫无疑问的"演说才能"。但他又补充道："大量的这种闪光表现使得议会失控。"事实上，议会里至少有三百个人认为自己比其他任何人都更加擅长演说，而且拥有最强的信念，这就使得他们在所有事情上展开无休止的攻击，在任何项目提出的预案辩论当中都会发生争执；丰富多彩的想法使得他们傲慢自大，并且就像在米拉波的事例中那样，使得他们对那些看上去比他们本身的想法高明的影响力人物，无论来自右派还是左派，都会产生恐惧和憎恨。

德·雷兹红衣主教曾经写道:"一个党派领导人最大的麻烦就是他的党派。"制宪议会议员在某些方面都有出众的能力,这使得党派领导人很快因为党派严重缺乏凝聚力而感到绝望,你只需记住可怜而愤怒的米拉波的吼声:"一群赤色浑球!"

很快议会里就可以明确区分出一个右派和一个左派,在两党之间有一群在一段时间内被称为"持平派"的人。正如我已经指出的那样,组成右派的大多数人出身较高,其中还包括五十名神父,以及四分之三的主教和贵族,这些人占到全部贵族议员的大多数。尽管如此,右派之中还是有两位杰出人物,一位是平民出身的神职人员摩里神父,还有一位运气很好的军人卡扎莱斯伯爵。

摩里神父的影响力正在加大,使他深受欢迎的品格与他那极端反动的态度形成了奇特的对比。他是一个威内桑①地区鞋匠的儿子,在 1789 年以前,即便谈不上声名显赫,也是议会当中为人熟知的极少数人之一。他在法国科学院度过了四年时间,由于他在讲坛上获得的成功,赢得了演说家的荣誉,也被视为一个大阴谋家。尽管他这个人没原则,但他在议会早期走上前台时,却扮演了王权与教权这两项基本原则的捍卫者角色。他的辩才达到极高水准,并且在议会里,很快被视为唯一可以站出来与米拉波辩论的人。米拉波有时也承认他被这个对手的巧妙辩术击败。他是个机智、快活的南方人,即使他极端刻薄、苛细,而且总是咄咄逼人。人民恨他,"把摩里神父吊到路灯柱上去!"一群攻击他的暴徒叫道。而他会回应道:"那样能让你们看得更清楚些吗?"这话让他们都笑了起来。在另一个场合,更多袭击者叫喊道:"神父,你将会去天上做弥撒!""非常好!"他

---

① 威内桑 (Comtat Venaissin):亦称"孔塔-弗内森",旧阿维尼翁周边地区的总称,曾是教廷的飞地,1791 年公投后回归法国,今属于法国普罗旺斯-阿尔卑斯-蓝色海岸大区。——译者注

一边反驳，一边从口袋里掏出两把手枪，大喝道，"圣餐杯就在这里！"

人民有时会在他恶魔般的智慧面前缴械。实际上，他被人怀疑不诚实，甚至右派都谴责他；在任何情况下，他夸张的反革命提案，都会令人激动和愤怒，使得左派头脑发热，而这些提案也冒犯了中间派。

和摩里形成奇妙对比的是，卡扎莱斯的说服力不仅在于一种罕见的优雅演说才能，更多的还在于他真挚感人的忠诚天性。他的一位同僚赞叹他："他的谈吐就像一个神。"两位激烈反对他主张的人——新晋议员兰代 ① 和罗兰夫人，不由自主地对他怀有感情，向他致以他们对一位老兵和一位王室与法国荣誉坚定捍卫者的敬意。"比其他都更值得一提的是，"他们两人在 1791 年如此评价道，"他有丰富的思想，充满热情和激情，自从米拉波死后，他就是议会最重要的演说家。"罗兰夫人对一个军人能够如此美妙地掌握语言艺术表示惊讶。但是他身为军人，对荣誉非常敏感，他的手总是按在他的剑柄上。他这种时常波动的情绪伤害了他的事业，而且使得他甚至会为一时的气馁而放弃一切。

除了这两位演说家外，还必须一提的是马鲁埃。他是一位有教养的资产阶级，还一度是一位重要官员。除了安静礼貌、持温和观点之外，他还是个经验丰富的人。但议会不会用一个不是人民领袖的人，他们认为他笨拙，而且据一位旁观者说："他从未融入议会的氛围。"

这几位是右派引人注目的人物，其他人则是一群怪异的庸人集合体。

---

① 让 - 巴普蒂斯特·罗贝尔·兰代（Jean-Baptiste Robert Lindet，1746—1825）：法国大革命时期的政治人物。下文出现的托马斯·兰代是他的同胞兄弟。罗贝尔·兰代和当时的不少资产阶级政治家一样，在大革命爆发前是一名律师。他一开始和吉伦特派走得很近，非常敌视国王路易十六，亲手起草了一份"揭露"国王罪状的报告。国民公会统治时期，他参与建立革命法庭，从支持吉伦特派转向雅各宾派。1793 年 4 月 6 日进入公安委员会，但在恐怖统治期间，他没有公然反对罗伯斯庇尔，也没有支持他，而是将主要精力放在了经济事务方面，显示出了一定的行政管理才能。兰代和丹东的关系较好，是仅有的两位没有在处决丹东派的命令上签字的公安委员会成员之一，为此他不惜公然顶撞圣茹斯特。"热月政变"期间，他是热月党人的反对派，抵制巴拉斯等人对科洛的迫害。督政府时期，他在 1799 年短暂出任法国财政部长。拿破仑上台后，他拒绝为其效力。波旁王朝复辟后，他被宣布为一名"弑君者"，但由于他一直拒绝与拿破仑合作，因而没有受到严厉惩处。在国外流亡多年后，他终于回到法国，不久即在巴黎逝世。——译者注

这一派多由不久后出国的大贵族们、烦恼的乡绅们和主教们组成。主教们彬彬有礼，但除了进行华丽的布道之外，什么都做不了。还有一些或理性或胆怯的资产阶级也加入了右派。整体而言，右派很少发挥作用。这是一个大型党派，但由于其成员持续缺勤以及后来的气馁，使得这一派变得习惯不参与任何辩论或分组讨论。

持平派，不久又被称为立宪派，座位在议会厅中央。他们是与极端右派迥异的忠诚的保皇派，这种差异体现在他们信奉启蒙哲学原理，具有温和特征。他们是新政治理念的坚定支持者，右派因此对他们自然有所保留——右派有人对他们仍存在这种看法——"因为（立宪派）一开始以温和的面目出现，反而已经做了危害更大的事情。"自由派贵族、宗教界政治家和资产阶级远见派都属于中间派。中间派的所有人实际上比右派想象得更加右倾，但他们一直都被推动着加入左派，这更多是由于右派对他们轻蔑尖刻的态度，而并不是因为中间派自身的原则。

自由贵族派有一些颇具虚名的领导人。其中有在 8 月 4 日晚上提出大牺牲方案的诺阿耶[①]；被里瓦罗尔称为"最胖的易怒者"的拉利 - 托伦达尔[②]；据一位女士说"热衷于启蒙哲学理念，并且采取行动致力于解放犹太

---

① 路易 - 马里，德·诺阿耶子爵 (Louis-Marie, Vicomte de Noailles, 1756—1804)：法国名将穆希公爵菲利普·德·诺阿耶的次子，大革命时期的军人和政治家。北美独立战争期间，他在拉法耶特部下服役，参与过著名的约克镇围城战役。法国三级会议召开后，他被贵族阶层推选为代表。1789 年 8 月 4 日晚上，他带头提出了特权阶级放弃自己利益的"大牺牲方案"，而他自己并没有什么产业。次年 6 月，他又提出了废除贵族头衔和等级制服的提案。随着大革命的深入，贵族出身的他被迫离开法国，去美国成为费城一家银行的合伙人。后来他接受带领法军对抗驻圣多明各英军的任务，成功带领圣尼古拉驻军逃亡古巴，但途中他的座舰遭到英国快速帆船攻击，他身负重伤，不久在哈瓦那死去。——译者注

② 托菲姆 - 热拉尔，德·拉利 - 托伦达尔侯爵 (Trophime-Gérard, Marquis de Lally-Tollendal, 1751—1830)：法国政治人物。他出身名门贵族，三级会议召开后，当选贵族代表，在大革命早期发挥过一些作用。随着大革命的深入，他被迫流亡英国。在国民公会审判国王路易十六期间，他主动要求为国王辩护，但国民公会不允许他回国。直到执政府上台以后，他才得以重返法国。路易十八复辟后，重新授予他贵族头衔。在复辟期间，托伦达尔一直投身于慈善和监狱改革事业，直到他去世为止。——译者注

人"的克莱蒙-托内尔[①]；卡斯特兰[②]人拉罗什富科-利昂库尔，一直都是一个顽固的慈善家，在大革命期间右倾，宣称人性本善，这是他的导师卢梭的说法，而他一直没有摆脱卢梭的窠臼。有一天，他高呼："国王是用来为人民服务的，而人民不是用来为国王服务的。"这种说法大受左派赞许。最后一位是维里厄伯爵，他既是个虔诚的天主教徒，又是一位热忱的民主派；他是一名军人，也是一位富有激情的演说家，但他同时是一个有深厚宗教信仰的人。他是《人权宣言》的支持者，他乐于看到这部书，这部新的民主主义福音书——序言是一份向上帝的祷告，而且印有"上帝印记"的字样。他是我们基督教民主派的先驱，甚至很可能也是阿尔伯特·德芒[③]的先行者。

资产阶级的穆尼埃，是一位从格勒诺布尔[④]来的律师，然而他在所有立宪派人士当中最为杰出。他曾是维齐尔[⑤]行省地方议会的伟大领导人，1788 年，就是这个地方议会提出了第三等级代表人数加倍、国家进行重大改革的提案。因此，当他来到凡尔赛时，受到的欢迎程度在当时是独一无二的。他是个杰出的演说家，比奥扎议员曾写道："他的演说像一位数学教授那样精确，又像一位字字千钧的评论家那样充满活力。"他拥有一种仁慈、高贵、非常有教养的正直性格，然而他很容易气馁。他积极参与公开的斗争，但经过最初几个月后，发现议会已经超出了自身的界限，而

---

① 斯坦尼斯拉斯·马里·阿德莱德，德·克莱蒙-托内尔伯爵 (Stanislas Marie Adélaïde, Comte de Clermont-Tonnerre, 1757—1792)：法国大革命时期的军人和政治家。1789 年，他被第二等级选入三级会议，很快就成为加入第三等级的自由派贵族少数派代言人。8 月 4 日，他赞同诺阿耶的"大牺牲方案"，他主张以英国宪法为模板来制定法国的新宪法，曾是八人组成的宪法起草委员会成员之一，但在议会反对他的提案后，和其他五人一同退出。后来他与雅各宾派对立，1791 年 6 月，王室出逃后，他被逮捕。1792 年 8 月 10 日，他刚刚获释，随即被当天暴动的巴黎民众杀害。——译者注

② 卡斯特兰 (Castellane)：今法国东南部上普罗旺斯阿尔卑斯省的一个市镇。——译者注

③ 阿德里安·阿尔伯特·马里，德芒伯爵 (Adrien Albert Marie, Comte de Mun)：虔诚的天主教徒，19 世纪的法国保守派政治人物和社会改革家，自称为"不可调和的反革命派"，参加过普法战争，协助镇压过巴黎公社起义。——译者注

④ 格勒诺布尔 (Grenoble)：今法国东南部伊泽尔省省会。——译者注

⑤ 维齐尔 (Vizille)：今法国伊泽尔省的一个市镇，以前这里曾是维齐尔行省省会。——译者注

且到达了错误的轨道。他越是倡导新理念，当看到这些理念被扭曲时就越是绝望。他是个明智而讲究条理方法的人，反对那些他的同僚们认为街头骚乱非常光荣的看法，并且反对他们在讨论过程中提出的荒谬建议。穆尼埃遭到各俱乐部的猛烈抨击，在大革命爆发不到六个月后，他的名望已经降到了谷底。因此，大革命甚至在起初阶段，就开始迅速地"吞噬自己的孩子"。

巴伊就像拉法耶特那样，开始是中间党派的一员，而且成为巴黎人民选出的首任市长。然后他也进入了议会，尽管他是三座学院的院士，是一位著名的天文学家，这种伟大而光辉的荣耀为他带来了声望，然而，他在议会的审议过程中，并非一位有力人士。他是一位数学家，拥有一种梦想家式的性格——也就是一位具有诗人气质的数学家，而他因此完全成了政治家的反面榜样。他过分的虚荣心和对自我重要性的夸张想法是他失败的原因，而且使他甚至成为至交好友的嘲笑对象。每一个人都对巴黎市长任上的他感到失望（这是他凭借那几乎难以置信的名望获得的职务），在他出任议员时同样失望。这两个职务使他从受人尊敬的高位上轰然倒下。甚至早在 1789 年底，就有人声称："他已经无法达到我们对他的期望值了。"而在他议员生涯的早期，一份年度评论就将他的名字和拉封丹寓言并列："天文学家掉进了井里。"而他被送上断头台的悲剧结局，使这位善良、可敬的老人的缺点得以被忽略，他的错误并不比那些十分热情地将他推上政治舞台的人犯的错更多。这是另一个被大革命迅速吞噬的牺牲品。

巴伊的朋友拉法耶特，同他分享幻梦和名望。拉法耶特和其他很多人一样，在中派和左派之间摇摆。归根结底，中派是由真诚的自由派和好心人组成的，根据形势发展，在从激情迸发中恢复过来后，加入中派的时间从六个月到两年不等。但中派不久就发现自己在两个极端党派之间反复不定。莫里斯写道："中派非常积极肯干，但不幸的是，他们的政治理念是从书本上来的，那么他们的理念也只能流于纸上谈兵了。"马鲁埃讲述了他所看到的这些可怜人身上发生的事情——先是如何"被贵族诅咒"，然后"被人民扔石块"。这就是经常发生在他们身上的事情。

左派中影响力最大、最杰出的人物是米拉波。我们已经看到过他的影响力是如何不同凡响，以及他那具有征服力的口才如何让这届议会赞叹不已，这使得他在议会的演讲中尤为重要，而他那古怪的品性则令议会惧怕。我们已经看到过他怎样借助那富有想象力的力量和充满活力的演讲，让议会和他一起行动，但他却无力指引它的方向，因为他受到它的责难。所以当他渴望在所有事务上处于首要地位时，就被限定扮演一个人民领袖的角色，这是令他欢欣却只是短暂的胜利。我们还研究过他的邻座——欧坦主教塔列朗 - 佩里戈尔，这个人与他迥然不同。塔列朗是一个拥有谄媚性情、具有说服手段的人，一个玩世不恭的智者，一个不诚实的家伙，他将背叛化为一门出色的艺术。此外，当他支持的主张为左派服务时，左派会倾听他的声音。但是他也有着非常不可靠的道德评价，完全无力统一一个党派。

除了这两人之外，左派还坐着另一位教士——西哀士神父。他在法国大革命戏剧当中扮演了一个最怪异的角色，而在下文他会出现在一个专属于他自己的章节中，现在没有必要用太多篇幅写他。他是个哲人政治家，从 1789 年起声名鹊起，完全是因为他那一年发表的著名小册子《什么是第三等级》。他受到了近似迷信的崇拜，立即被奉为圣哲。但是，他在扮演这样一个角色的时候，给他的想法披上了一层庄重且晦涩难懂的外壳，按照我们今天的说法，就像"密封的炼金术秘籍"。虽然我们可能一直都将他视为一个高深莫测的人（因为我们无法了解他），但不足为奇的是，议会更倾向于跟随头脑发热的人，于是议会摆脱了这个傲慢的人，将阴郁愤怒的他丢在了神坛上。

左派是个大党派，而且庇护所有慷慨激昂的演讲者，因为他们激烈的言辞表达了这个集团的强横情绪，所以得到极力赞赏。一位人民领袖总是受到大胆的创意和极端思想的激励，这些创意和极端思想将会使听众的脉搏加快，而左派中充斥着这些夸夸其谈之徒。

这种人的名字可以提出一百个，而他们个个都是演说家。左派的四百名议员当中至少有一百人自认为是演说家，但这一百人当中确实没有一名领袖。

左派在提出自己的提案时如此浮躁，或者说，在任何情况下，他们总是准备接受最狂野的建议，生活在一种狂热的状态下，这注定了他们从一开始就要去破坏和颠覆既定秩序。尽管他们被幻觉和狂乱的情绪包围，但这一派的议员们坚信，重建的任务将会由他们来完成。

这一派确实激进，但还有更加激进的。左派的一部分很快就分裂出去，如果不是有预谋的话，无论如何，都在事实上组成了一个极左党派。

这是一个很小的团体，但每个人一旦加入，都认为自己成了杰出的一员，这些人就是将来的雅各宾派领袖。三位布列塔尼议员在凡尔赛发生多次大事后，创建了布列塔尼俱乐部，这就是著名的雅各宾俱乐部的前身。最早的三位雅各宾派成员是来自南特的议员：勒霞不列，最终死在断头台上；德腓门，后来成了德腓门伯爵，是拿破仑·波拿巴手下的一名大臣；朗瑞内，在被路易十八册封为贵族后，称朗瑞内伯爵。这是一个很有特色的三人组，可以概括那一个时代。但是在 1790 年被右派如此痛恨的那些布列塔尼派人士，在另一组三巨头面前就相形见绌了。这"三巨头"是阿德里安·杜波尔、亚历山大·德·拉默和皮埃尔·巴纳夫，最后一位是唯一值得我们关注的人，因为其他两人归根结底只是他的助手而已。

巴纳夫！在很长时间里，从右派议员到宫廷圈子里，他都令人憎恨或恐惧得发抖。而到了 1791 年，甚至只要提起他的名字，就会从革命派俱乐部里激起愤怒的吼声。巴纳夫是一个人的灵魂遭受大革命悲剧事件折磨的最为深刻的例子之一。

1788 年，他站在穆尼埃一边，在维齐尔为自由而战时，年仅二十六岁。身负卑微的资产阶级血脉，他在青年时代早期，在一些贵族手下承受了最痛苦的屈辱，伤害了他身为孝子的感情。而他面对这样的侮辱，内心产生了强烈的自尊，并且热衷阅读启蒙哲学家的理论作品，试图通过宣扬他们的平等学说，来治愈他受伤的自尊心。他就像一个赌徒、一个热恋中的情人那样，被所有激情的火焰炙烤。最重要的是，野心使他发狂，促使他发奋向上。财富、权力、至高荣誉，所有这些他都渴望赢得。而且，想象着他为达到目的所受的挫折，他特别猛烈地抨击封建特权，而他的同乡和旧友穆尼埃只是以审慎的表达方式批评。他是个年方二十八岁的议员，而且很快就离开了朋友的身边。"你已经获得了你的声誉，而我也想要属于我的荣耀。"他坦承道。

他以一种安静的方式散发着帅气，而且在冷酷的外表下隐藏着一颗火热的心。"他的内心燃烧着一团火。"他的一位同僚评价道。罗兰夫人形容他是一位"言辞的镀金匠"，但他比这个形容更为出色。他的论断是犀利的，而且严厉到无情，始终在主导着他的野心，推动他加入了极左派。他的一位对手在他参与了一次可怕事件后，形容他是一只"小老虎"。1789年7月17日，议会得知富隆和贝蒂埃已经被残忍地杀害，而且人民拿他们的首级在巴黎示众，那些人就像食人族一样叫嚣，左右两派的议员同样都为此惊慌失措。这时一位年轻的议员从座位上站了起来，而他的发言从来没有失去其悲剧意义："怎么了，先生们！流血之后才能变得纯洁啊！"受害者变成了罪犯，这一条成了可怕的革命游戏的一项规则。从恐慌中恢复过来的极端派分子，为他们这位凶狠的伙伴热烈地鼓掌欢呼。按照朱烈特神父当天傍晚的记述来说，这次发言是"与任何罗马人发言等值的宣言"。将这种血腥暴行正当化后，看来他会永远承担因此留下的污点。而且直到1791年，他一直是一个最暴烈的人，尽管这种暴烈隐藏在一张面具般的外表下。

后来，当一位不幸的王后对他微笑时，他的所有态度都突然改变了。他开始倾向温和手段，却因此失去了声望，开始成为那些一度视他为偶像的人所厌恶的对象（历史就是这样一再重演）。因此，在他转变的当时甚至就已被人推上断头台。当他在等候屠刀落下时，他一定听到了人民在高呼他们希望看见这个叛徒、这个犹大死亡，他们要看着他流血，流出那已经不"纯"的血。

而当他在议会惊讶的目光下活跃的时候，另一组三巨头已经形成——而我会用他们来结束这一节——并且准备让左派的先驱者们先退场。

新三巨头直到很久以后才开始扬名。从 1789 年到 1791 年，他们都在等候，但他们所采取的态度是如此极端，以至于连左派都一度很少支持他们。他们的名字是蒲佐、佩蒂翁和罗伯斯庇尔。

我们不久以后会再次遇到他们，但在这个时候，有必要最后提一下这个三人组。想象一下一个坐在极端派最左边椅子上的人，在他那仔细地抹了粉的头发下面是一张相貌平平的脸，瘦小的身形穿着精心裁剪的紧身衣服，他的双眼隐藏在蓝色的眼镜后面，而且双唇总是现出一副痛苦的表情。如果有人要问："这位表情悲哀的年轻议员是谁啊？"人们会回答："阿图瓦议员德·罗伯斯庇尔先生。"而这个名字无疑已经不止一次地从公共画廊里的那些人嘴里说出来了。这位阿拉斯①的悲伤阴郁的议员已经在议会里了。有朝一日，他将被视为一个光彩照人的领袖，如教皇一般，几乎是一个独裁者的人物，但这个时候还不是。现在他被人嘲笑，他的演讲被人说成是用他油灯里的灯油和他心里的醋调制出来的，引发了许多笑声。德·米拉波先生是"普罗旺斯的火炬"，而德·罗伯斯庇尔先生是"阿图瓦的蜡烛"。屈辱、痛苦和皱眉，他积攒着他的恨意；对所有这些现在嘲讽他的优雅绅士们，他一定会挑个好日子除掉他们。然后，当大革命肯定会走得更远时，他使自己成为一场彻底革命的主角。这场彻底革命，将他一点一点从他三年来一直愤怒枯坐的后座议席上，推上最高的神坛。这个戴着羽毛装饰帽的小个子男人有朝一日会被发现站在国民公会之上，让国民公会向他鞠躬。

以上就是制宪议会的主要演说家和喉舌，从极右派的杰出人物摩里到极左派最不同寻常的人物罗伯斯庇尔。

制宪议会确实有演说家，有喉舌，但没有一个领袖。无论左、中、右派，都没有人会夸口说能够领导议会，甚至说能引导一个党派或一个集团。无论是谁，通过一次雄辩滔滔的演说，在一次会议中取得议会半数成

① 阿拉斯（Arras）：历史上曾是阿图瓦地区的中心，今法国北部加来海峡大区加来海峡省的市镇，也是加来海峡省的省会。——译者注

员的支持去采取一项措施，都会在第二天发现不可能获得甚至十分之一的选票。

这体现出了这个迷乱议会的基本特征。

理想主义继续着其疯狂事业，每个人，或者说几乎每个人，都认为自己拥有最新和最好的理念，而且只有自己一人能够使这种理念成为现实。急躁的议员们采取的强烈自负的态度，使得他们彼此疏远，而且使得今天的朋友成了明天的敌人。同时这种情况也在阻碍这些团体成为议会机构真正具有凝聚力的因素。

我的一位洛林同乡杜克诺瓦①，具有本省人的出色洞察力，在 1789 年 5 月 22 日的日记中，对他的极端同僚批评道："可恶的故弄玄虚的议会。"孔多塞，是一个理想主义者却还不是一名议员，认为他自己已经被远远抛在后面了。"一个一千两百名故弄玄虚者的议会"，是他的观点。一位左派议员在 1790 年 3 月宣称："我们正在跟着感觉走。"

如果他们不得不摸索着前进，那是因为他们大多数时候都身处与严峻、冷酷的现实远隔千里的云端。正如我们已经看到的那样，他们几乎都是启蒙哲学家精神上的继承人。而现实主义者叶卡捷琳娜女沙皇谈及一位最卓著的理论家时说："你正在将人间疾苦当作纸上谈兵。"确实如此，他们刚刚在脑子里塞进五十位启蒙哲学家书籍当中迸发的理念。然后，当卑微的法国群众让他们通过一些具体措施去对一种过时的社会制度进行改革时，他们很快就显出对人世间的改革一无所知。这是因为人道主义者、国际主义者和和平主义者意指"四海为家的精神"，仍然"在将人间疾苦当作纸上谈兵"，要强行将他们的观念在一个已经存在十五个世纪之久的大

① 欧内斯特·多米尼克·弗朗索瓦·约瑟夫·杜克诺瓦（Ernest Dominique François Joseph Duquesnoy，1749—1795）：法国革命者，曾先后当选为立法议会和国民公会议员。在审判路易十六期间，他投票支持处决国王。山岳派和吉伦特派激烈斗争时，他正在北方执行多项使命，没有参与这场党争。后来他和卡诺一同被派往敦刻尔克，在瓦蒂尼战役期间亲临前线冲锋陷阵。后来遭到埃贝尔的排挤，但得到罗伯斯庇尔的庇护。恐怖统治结束后，他在 1795 年参加反对热月党人的"牧月起义"，结果被捕入狱，在被执行死刑前，在牢里用手枪自杀。——译者注

国政府身上实现，而这个政府始终都是根据国家经济生活、民族传统及其地理位置面临的各种危险的需要制定政策的。经济！历史！地理！这些都不是用公式化的哲学理论进行现实思考就能取得瞬间平衡的精神理念。

我对这种非同寻常的理想主义只提两个著名事例，尽管这两年半以来，对这一点的讨论已经能够让我提供二十个例子。这两个事例就是《人权宣言》和战争的辩论。

议会有一种强烈的起草一份《人权宣言》的愿望，这个《人权宣言》将是一个开始，是制定一部宪法的必要序言。这份宣言，从逻辑上来说，应当根据各"选区报告"拟定，因为提出的法案发生在法国，代表法国利益。克莱蒙 - 托内尔已经非常忠实地从这些"选区报告"中草拟了十一项条款，但他的理念并不是来自费城或日内瓦。难道他们不是只为一个国家工作吗？"我们要为所有人、所有国家制定一份宣言，为全世界树立一个榜样！"这是一位议员的大声疾呼。外国人对这种自负一笑置之，莫里斯（他实际上来自费城）和日内瓦公民杜蒙 ① 都是这种态度。后者写道："这是一项多么幼稚的发明啊！"但孔多塞却说："一部好的律法对所有人都好，正如每项建议都是真正为每个人一样。"对议会来说，这足以成为非常正当的理由。

现在，委员会没能真正拟定任何一个预案，议会接受人民的委托，布置委员会的任务，而修正案一个接一个地由每一个试图为这美妙的人道主义宣言提出新的进步建议从而胜过邻座议员的人提出。这一纸上宣言，因其宏大而成为一项杰出的哲学成就，但作为政治成果则是荒谬的，它是在一个叛逆而无法无天的国家即将应运而生的时候构想出来的，引用米拉波

① 皮埃尔·艾蒂安·路易·杜蒙（Pierre Étienne Louis Dumont, 1759—1829）：一位日内瓦政论家。他生于日内瓦，1785 年移居英国。1788 年，他在巴黎逗留了两个月，期间和米拉波来往密切。1789 年夏，他再度来到巴黎，亲身经历了大革命最初两年发生的事情，支持米拉波的主张，为他撰写演讲稿。但两年后，为了不影响米拉波的声誉，他返回伦敦，后来根据自己的亲身经历留下《忆米拉波》一书。——译者注

的话来说："这并非它的权利而是它的职责。"

　　但能肯定这些权利就会让接踵而至的宪法满意地接受吗？不，这不可能，因为这份宣言的性质是激进民主主义的，而且几乎是无政府主义的。因此如果不打算投票产生这样一部宪法的话，那为什么会设计出这样一种会被宪法立即反驳的序言呢？"带着人们一起登上山顶，"马鲁埃指出，"是为了让他们看到他们权利的整个领域，而后我们就被迫带领他们再度下山，以此来限制他们，然后将他们带回这平凡的世界，在这平凡的世界中，他们将会觉得每一步都束手束脚。"为什么会这样呢？这是这场理想主义大动乱必然陷入的困境。人民会认为宣言之后的宪法规定的权利背叛了他们。简而言之，"所有的人生而平等，必须享有平等的权利"是宣言的承诺。而随后在宪法中出现的答案是："但是人民不会享有这样的权利。"而宣言又承诺："叛逆是最神圣的职责。"但制宪议会的议员们可能会补充道："假如他们向我们发动叛乱，他们就会立即被枪毙。"而同样的议会不得不在这样一种他们自己为了"给世界树立榜样"的理想而制造的危险形势下，苦斗了两年。无政府状态，在议会中被合理化，由此导致了1790年5月22日的和平主义者的辩论，并对不久后爆发的反对他们的可憎战争，负有直接责任。

　　这个时候的欧洲，已经密切观察过法国国内持续上升的乱象，正在准备入侵这个国家，以便从法国各地普遍发生的混乱当中谋取利益。一个反法同盟已经形成。问题是要采取怎样的措施让法国免于被入侵，是修建要塞，还是靠需要改革的军队呢？那是那些僭主和暴君（他们不再被称为帝王）的做法，而且是一个已经被摧毁很长时间的体制的残余。不建立一支强大的军队，或许法国能通过结盟加强自己？但是当外交大臣蒙莫兰在1790年4月20日说可以利用与意大利和西班牙的波旁王室的协定时，却遭到断然拒绝，因为议会不支持专制统治时期与专制暴君缔结的协议。

　　罗伯斯庇尔站起身以和平主义者的名义发言。他用尖厉的声音说道："法国必须放弃侵占式的想法，而且视其边界为上天永久规定的疆界。"这一建议看上去完全符合议会的国际主义精神，罗伯斯庇尔这一次自傲的激情演说，得到了热烈的鼓掌欢呼。然而必须注意到的是，他的动议直接违反了法国所有伟大政治家一千年以来奉行的国策。

更为务实的米拉波指出，没有一项外交政策是法国不可采用的，而法国的地位必须维护，并且只要欧洲各国仍然在武装，那么法国就要进行备战。他大声疾呼"如果梦想和平导致整个欧洲武装起来的时候法国却没有武装，到那时候将非常危险"，但他的呼吁白费了。这个时候，"普罗旺斯的火炬"没有明亮到足以给夜空带来光明，在"阿图瓦的蜡烛"面前相形见绌。

卡扎莱斯也试图抗议，而他是一名军人，军人天性渴望战争。尽管他做了一次华丽的爱国演讲，却遭到满堂呵斥，因为他表现得渴望流血，或者说在议会看来是这样的。议长甚至走上前要求他为胆敢说出法国将为保卫自己而战的话语道歉。他犯了众怒！

5月22日，成为宪法第四条的著名条款被通过，尽管从未实施过。该条款为："法兰西民族放弃所有以征服为目的而发动战争的想法。"

阿尔伯特·索雷尔[①]已经清楚地揭示了欧洲各国将这一举措视为法国在公开示弱，决定做好万全的准备，将这个分崩离析的国家碾成碎片。随后发生的持续多年的长期武装冲突的结果是，法国获得了大片领土。这一时期的法国历史，至少在这一点上，对所有国家和所有时代都是一个有价值的教训。

这两个事例显示出，按照理想化的思路推演是非常容易导致这些人犯下极度可怕的错误的，而且在遭到人民领袖犀利喉舌的责骂和被孔多塞称为"一千两百名故弄玄虚者"的骚扰时，最明智的思想是如何惨遭失败的。《教士公民组织法》、议会的历史，以及其他二十个事例，都能证明这

---

① 阿尔伯特·索雷尔（Albert Sorel，1842—1906）：法国历史学家，曾在法国外交部任职，拥有出色的文学和艺术才华。结束公职生涯后，索雷尔开始历史写作，他一生最重要的作品是前后耗时三十年写成的八卷本巨著《欧洲与法国大革命》。——译者注

一点。

这种理想主义，摧毁了所有的理性，蔑视所有出色的判断力，仅凭这一点，就足以扰乱议会的工作。但是，正像大多数议事机构那样，议会里弥漫着一群激情洋溢的人，而所有更危险的事情是因为他们对议会的运作程序普遍缺乏经验，不易辨别是非。阴谋、个人野心，甚至有时连可耻行径都在影响议会的工作，并且在 1790 年 1 月 26 日，一个值得纪念的日子里，因为法国议会历史上最早的一桩贿赂案件发展到高潮。因此，议会立即受到对他们道德水准的质疑，人们认为是贿赂使他们通过了那些最古怪的提案。

恐惧而不是敌意使得人心似铁，而且蒙蔽了人们的洞察力。一位议员写道："如果议会会为某些神灵升起祭坛的话，那一定是恐惧之神和复仇之神的神坛。"

恐惧，确实如此，议会被恐惧抓住，而且在各个方面都有证据。他们恐惧宫廷，恐惧军队，恐惧街头，恐惧各俱乐部，恐惧骚乱，甚至对自身感到恐惧。而恐惧成了一种勒索工具。不久，六百座城堡被烧毁，各省有五十名国王的官员被谋杀，而当右派议员们试图反对一项革命法令时，那些寡廉鲜耻的左派议员号叫着："我们会把你们送回你们的省区。"——每个人都明白这话意味着什么。事实上，被称为黑色集团的发言者一直都在被公共座席各俱乐部成员的杂音打断。一位左派议员叫嚣着："我们当着我们领导人的面进行了仔细的商讨。"而这种说法解释了为什么会产生某些不可思议的蛊惑人心的运动发生，因为"他们正在他们领导人的注视下进行审慎的讨论"。

在这种种思想的冲击下，议会终于陷入混乱、狂热的状态，甚至在理想主义盛行时期都没能将议会送入这种癫狂高峰。议会厅里现在盛行混乱无序，这会成为他们失败的原因。

没有哪一届议会显示出对控制那些难以驾驭的派系是如此无能为力。

在经过委员会的精心准备后，立法措施在 8 月 4 日的辩论中被一举毁灭，议会跌到了愚蠢的最低谷；而在其他场合，他们又为通过临时修正案纠结不清。更多可以通过法案的时机就在没完没了的演讲中彻底失去了。在这个时候，雄辩滔滔和夸夸其谈基本是同义词，或者说更像是无意义的饶舌。最模糊的观念被隐藏在装腔作势的陈述当中，没完没了，哪怕讲上一个小时都没有明确意义。有的演讲实在太长了，一位爱挖苦人的议员布歇"提议"（如果我可以这样称呼他的发言的话），为了让那些人闭嘴，应当在讲坛上放置一个计时沙漏，当沙子漏完后，就让发言者离开。当时这些高谈阔论是如此杂乱无章，当议会投票决定这些人中某人的演讲应当打印时，一位机智的人物图卢兹 - 罗特列克补充了一句笑话说，他会提议这些讲稿应当好好装订。

但是，更多的时间里，几乎都听不到这些高谈阔论。议会厅里可怕的吵嚷从未停止过；那里有一千两百至一千四百名议员，从来无法说服他们坐下。此外，他们心胸狭窄，容易激动，容忍不了任何反驳意见，也不允许任何人攻击他们的观点。突然间，他们会互相大声叫骂，有时会发展到挥拳相向，甚至发展到要为其他事情交锋的地步。因此，大部分时间里都是如此喧闹，很难了解他们究竟在说些什么。有一天，一位必须向他致敬的议员——但我认为他是个很天真的人——做了独一无二的令人同情的声明："我衷心地赞同了那些根本就不知道是怎么回事的议案。"民主派神父托马斯·兰代幸灾乐祸地形容议会"就像一个两军拔刀相向的战场"，他又补充道："他们两派势均力敌。"——这肯定会引人深思。

当我们知道在 1789 年 5 月到 1791 年 4 月间，革命派总能建立一个多数派时，怎么能说存在这种势均力敌的关系呢？然而，这是个事实，在 1790 年 1 月以后，多数派变得越来越小，即便当时有很重要的事情需要决定。

右派确实只占议会三分之一的席位。但中派在为右派众多成员感到惋惜并开始醒悟后，突然表现出抵制迹象，来为过去的行为忏悔。如果右派仍坚守阵地，就非常有可能赢得一百至一百五十名中派议员支持，从而为早期的失败报仇。另一个非常值得注意的特点是，在 1789 年底以后，那些在册议员的投票数量相对很小。因此，当教会财产国有化法案通过时（一项打开潘多拉魔盒①的措施），只有三百六十八票赞成，三百四十八票反对，也就是说，在可以投票的一千五百名议员当中，只有七百一十六人投票。几乎在所有重要动议投票时都一样，这意味着有一半议员一直都没有投票，或者说他们可能根本没有在议会厅出现。

实际上，在沮丧的穆尼埃做出榜样后，右派的大多数议员，以及后来左派的大多数议员，都放弃了用最轻率的方式进行争斗。就像一位聪明的妇人在四十年前所写的那样："坏方案能取得一时的成功，但终究会被人们永远放弃。"他们在这些恶意谩骂和近似危险的辩论中连遭失败后，情绪低落。有教养的人并不喜欢他们身处的环境，也对他们受到另一党派的下层人士和身穿燕尾服的人给予他们的嘲弄极为不满，这让许多右派的贵族和高级教士离开会场。另一些人受到我已经说过的恐惧感困扰，而任何人在看到这些"血统高贵"的议员们离开议会、受到咆哮着的暴徒们攻击时，都无法为此责怪他们。中派议员们的感觉则完全不同。这些理想派自由主义者在看到他们在事业开始阶段珍爱的希望一个接一个地破灭时，感到灰心、失望，近乎绝望。无论是为了什么原因，几乎全部是来自右派和中派的一百二十名议员在 1789 年至 1790 年冬，都以集体形式正式辞去议员职务，至少还有一百人忍耐着没有表达这种意愿。

最终，那些人还是没有留下。穆尼埃在 1789 年夏天说，不可能"让他们在会期开始时来到议会厅，或者推迟他们吃饭的时间来让他们留到结

---

① 潘多拉（Pandora），是希腊神话中宙斯让火神赫淮斯托斯用黏土做成的地上的第一个人类女人，众神亦加入使她拥有更诱人的魅力，成为"具有一切天赋的女人"，其用意在于报复普罗米修斯造人以及盗取火种之事。根据希腊神话，潘多拉在嫁给普罗米修斯的弟弟埃庇米修斯后，打开了魔盒，释放出人世间的所有邪恶——贪婪、虚无、诽谤、嫉妒、痛苦等，却照众神之父宙斯的旨意把希望永远地锁在盒内。后世就用"潘多拉魔盒"来喻指灾祸之源。——译者注

束"。沃布朗①也这么说，而且补充道："革命者以此来获得利益。"这些杰出人物都是城里人，于是他们在五点离开去和他们沙龙里的女士们交谈，或者在六点去吃晚饭就是非常自然的事情了。托马斯·兰代在制宪议会闭幕后的那一天，向他的兄弟解释他会在立法议会取得一席之地，以及他会在新议会采取什么政策时，显示出他对右派的懒散习气甚为自豪，而那正是他们失败的原因。据他说，极端法案之所以能够通过，正是拜"黑衣人们"在"六点到七点之间"缺席所赐，"而且就因如此，"他补充道，"大革命被烛光②定型了。"对我们这个时代的议员们来说，这可能是一个应当了解的教训。

右派和中派完全被他们固有的猜忌隔离，无法一同行动。这两派没有领导人去推行纪律，而如果左派无意服从一位首脑的领导，却至少能从雅各宾俱乐部接受指令而获益，并且可能还从其他更加隐秘的组织接受指令。一个奇异的说法，给了我们进行这个假设的理由。托马斯·兰代在1790年5月5日写道，当议会正在讨论一桩要事时，左派得知他们是少数派，于是延长了会期，并且通过臭名昭著的共济会发出的"求救信号"，增加了他们投票的力量。而后这些左派议员们成了激进派、改革派，他们满怀激情和感情地发表演说，而且十次胜利有九次属于敢煽动和攻击听众的人。

这说明由于法律和秩序拥护者犯下的错误，加上他们对手的厚颜无耻，革命派得了势。这给了伤心的丑角借口，他们说："左派投机取巧，而右派显得愚蠢笨拙。"

---

① 维森特-马里·维埃诺，沃布朗伯爵（Vincent-Marie Viénot, Count of Vaublanc, 1756—1845）：法国保皇派政治家、作家和画家。曾为立法议会议员，国民公会统治时期，为躲避雅各宾派迫害，流亡海外，直到罗伯斯庇尔倒台后，才于1794年底回到巴黎。督政府时期，他是一位反革命活动家，曾与皮什格鲁将军等人密谋政变未遂。拿破仑上台后，他得到赦免，重返法国政坛，出任过立法机关议长、摩泽尔省行政长官。1813年，他受封帝国伯爵。路易十八复辟后，他坚决支持波旁王朝，出任过内政大臣，当选过议员。1830年"七月革命"后，他退出政坛。——译者注

② 指罗伯斯庇尔。——译者注

终于有一天，一直在破坏法国方方面面的这些人认为，他们建立的政治制度，带来的是一套不稳定的宪法和一个软弱无力的政府，只是一幢任何时候都会倒塌的大厦，而一旦垮台就会形成大乱局面。左派的意思是简单地用一个新议会取代旧议会；但在 1791 年，随着中派的觉醒，左派发现他们正处于被"第二次大革命"取代的危险之中。

随后他们希望收回自己的脚步，改弦更张。左派在西哀士的领导下，在拉默成为领袖以前，似乎准备依靠中派的支持来对抗极端势力，就像中派在 1790 年渴望右派帮助他们对抗极左势力那样。

巴纳夫已经陷入不安。他发现了通往大马士革的道路[①]。他受托将蒙羞的国王和王后从瓦伦[②]带回巴黎，和国王夫妇结伴同行三天。光彩夺目的国王夫妇使他几乎对他们完全信任；同时，通过个人野心无法满足的愿望变成了现实，他的心灵深处被迷人的王后触动，并且永远软化了。他告诉惊讶的君主夫妇，他急于采取更温和的路线。

议会似乎正在等待时机去跟随巴纳夫这头现在已发生转变的"老虎"。"我向你保证，"巴纳夫向他的老对手马鲁埃吐露心迹，"我在过去几个月里，已经变得非常成熟了。"他那一百名焦虑地注视着无政府主义日渐高涨的同僚们也和他一样。1791 年 7 月 17 日在战神广场发生的暴乱，我们已经在拉法耶特的相关章节里介绍过，这次暴乱引发了诸多流血事件，使左派和极左派的关系破裂。

左派的意图是在会期结束前，审视全部问题。他们急于和中派与右派在这件事情上合作，但是，唉！这两派中的任何一派自身都不再拥有力量了。右派的卡扎莱斯和中派的穆尼埃，这两位右、中两派的杰出人物，已经双双辞职，另有一百名议员也跟他们一同辞职了。1791 年 7 月 10 日，

---

① 指《新约圣经》中保罗皈依基督的故事。迫害基督徒的保罗在从耶路撒冷前往大马士革抓捕基督徒的路上，突然听见耶稣的声音，因而发生转变，从此皈依基督教。后世就用"通往大马士革的道路"来比喻心灵的觉悟和转变。——译者注

② 瓦伦（Varennes）：法国有多个以瓦伦命名的地方，这里指的是今法国默兹省靠近比利时边境的一个市镇。1791 年 6 月 20 日至 21 日间，路易十六曾与王室出逃到这个地方，但很快就被押回。——译者注

一位制宪议会议员写道："左派对此惋惜不已。"此外，最近的争议在人们的头脑中仍然新鲜，痛苦的感觉已经太深，凝聚力的缺乏非常明显，而恐惧不可低估，使人们陷入了它的掌控。各俱乐部都在大声指斥巴纳夫的叛变行为："巴纳夫！巴纳夫！"这个叛徒在摩里和卡扎莱斯的影响下臣服了，正在加入右派，还有拉默和杜波尔，更不用说"臭名昭著的拉法耶特"了，他们都跟从了巴纳夫这个榜样。人民远离这些人，还威胁他们。然而，右派管理不善的问题使其正在走向极端，甚至在议会阻碍了他们的发展。左派的一位议员温普芬，提出了他们的和解建议，但里瓦罗尔嘲笑"这些杰出人物，在纵火之后还要求来灭火"。唉！让纵火犯来灭火经常是必要的——如果那些人要求这么做的话——因为他们比谁都更清楚火是从哪里点着的。摩里的朋友们没有善待温普芬的建议。他沮丧地撤回了这个提案，说道："你们渴望去毁灭一切，而不幸的是，这正是你们在做的事情。"

这些达成谅解的尝试失败，实际上意味着一切都丧失了。几乎没有任何事情以修正的方式完成。议会在度过了二十九个月焦虑不安的会期后，精疲力竭，除了解散之外，别无他求。作为一个机构，议会已经变得不得人心，而且意识到了自己不得人心。

议会可能就是因为知道自己不得人心，才提交了其最愚蠢的法案。许多议员认为决定制宪议会议员不能被重新选入新议会将是一种得体的姿态，并且开创了一个有价值的出色先例。我要说的是，这是他们最愚蠢的法令，因为这一举措不仅宣判了他们负责的脆弱制度的覆灭，而且意味着国家的毁灭。最终，这些理想主义者面对现实了，因此，当他们看到内外都有威胁时，他们已经开始希望进行修改，并转变成最谨慎的政治家了。一位新议员写道："议员们已经离开他们的工作，宪法留给那些将强烈动摇它的人，而他们会被宪法的废墟压死。"确实如此。这些新晋议员，就像后来看到的那样，没有任何已退职议员的经验，将会以他们的全部恶意宣泄新的激情。左派曾经犹豫过；右派还不明白将国家交给新当选的议员，就只剩下一件东西让他们去摧毁——君主制，这样使得大革命距离这个目标更近了一步。他们陷入了一个让他们前功尽弃的毫无意义的想法，将议会置于那些曾经百般羞辱过它的拉法耶特和巴纳夫那样的人手下。有一位右派议员这样说道："那里只有一桩大错等着我们去犯，而我们竟没有放过这个大错。"这是一个可以预见会产生可怕后果的大错，而无疑就是这个原因使得从此以后没有立法机构再通过宣布其成员不得重新当选的法案。无论如何，这都是一个令人欣慰的反思。

制宪议会于 9 月 25 日解散。

在前文对制宪议会的性质进行过仔细研究之后，下文的结论就没有必要多说了。

制宪议会四分之三的成员都是心怀好意、本性善良的人，也因此足以令人敬佩。他们中的许多人都非常聪明，有教养，而且认为自己足以成为公民的道德楷模，以及政府和国家的忠实公仆。大约有三百名议员是议会的持久负担，他们继承了祖先颇为暴烈的性格，这体现在他们对君主专制臣仆的态度上。而他们，他们自己，将炽烈的热情投入到他们称之为"自由"的事业当中。

人民因为他们的演说才能和非凡才智选择了他们，只是希望他们能为四分之三个世纪以来统治无力的国家造成的日渐混乱的局面带来秩序，并且通过废除封建特权，去重建一个对所有人一视同仁的公平税制。此外，这会让这个国家当时已经处于危机之中的财政得到重建。

但制宪议会沉浸在彻底改革的宏大构想之中，所做的事情大大超出了人民的愿望，在 1789 年选举以后，当一位议员提请注意"选区报告"中所表达的民意与这个国家的大规模破坏状态相悖时，受到了太多嘲笑。

这些"选区报告"中表达的国家愿望仍然很坚决，而且到最后还在盛行。哪怕是那些期待他们的议员来捍卫他们的人民，为了从反革命运动中挽救早期改革措施的需要，还被迫与议员们保持一种密切关系，但口舌之争几乎在所有的情况下甚至都掩盖了议员们自己的意图，没能向大众的心灵传达任何东西。毫无疑问，市民们为自由的思想陶醉，这种思想从议会讲坛直接向躁动不安的国家传播，但大量的问题仍然存在。在1789年，这看起来是唯一最本质的问题：那就是国家的秩序，各种机构的秩序，以及税赋的公平负担。

议会想要让国家秩序井然，但结果是创造了一个软弱无力的政府。公平正义在理论上建立起来，但政治自由的创造物使国民生活如此混乱，人民甚至都无法清楚地看到国民平等给他们带来的利益。

这些立法者肯定允许他们自己脱离或者超越他们的构思。按照传统，他们是王权的支持者，但根据1791年的预言，他们这一次将王权削弱到了如此地步，留给他们继任者的只是将王权一并摧毁。爱国主义立法先辈曾经帮助过甚至有时候会迫使君王重新划定边境线，但他们的后人们走得太远，宣布边境线仍悬而未决，而解决这个问题是多年来注定要交给他们完成的使命，完全否定了先辈们的工作。这些人经受着两套互相角力的思路折磨：他们的气质秉性、继承的传统，他们面对现实的方法，推动他们向一个方向前进；而他们的哲学体系又在将他们拖向另一个方向。他们起草了《人权宣言》，目的是建立一个真正的民主制，而在书写这份不明智的序言后，他们又拟定了一份向四分之三的公民关闭政治舞台的宪法。

这样的言行不一再清楚不过地显示了这些人心灵深处的矛盾。但如果在一瞬间，他们失去了与现实的联系，那么性质最可怕的事件很快就会让他们回到地球。持续的混乱和外国入侵的威胁突然使得他们认识到必须重建强大的中央政府，而在法国和欧洲各国之间确定天然边境线总是会引发战争。

这一群从1789年到1791年谈论着一种无限制的自由和不惜任何代价的和平的人当中，许多人到一年以后，又通过实行一种近乎极端的方式来坚决抵御这个国家面临的巨大威胁，后来又奉行近乎侵略性的外交政策。也正是这些人，坐满了国民公会的议席，在等待波拿巴到来时，试图重建一个现在陷入革命旋涡的国家，对制宪议会被理想主义蒙蔽而采取的传统原则，已经完全不予理会。

第五章　吉伦特派与罗兰夫人

1791 年 9 月 26 日，巴黎民众第二次来到杜伊勒里宫的马术学校，目睹新议会就职。这届议会是彻底全新的议会，组成上届议会的那些议员们，根据他们自己的意愿规定他们中的任何人都不应成为新议会的成员。用现代的话来说，这次选举标志着天平向左派倾斜。拉法耶特和巴纳夫的支持者，现在彻底不受选民欢迎，发现自己被扔到过去右派占据的座席上。而对面过去曾被米拉波和巴纳夫占据的座位上，坐着一个观点比他们的前辈更鲜明的左派。所有的目光都转向这个新左派，人民称他们为"亚里斯泰迪斯 ① 和加图 ②、布鲁图斯和西塞罗 ③"的同路人。

这个左派，现在绝对从上到下都致力于革命政策，我们将来会看到他们出现意见分歧，一开始是轻微的分歧，但是到后来就变得非常明显。这个党派中的一个派系将另一派系送上断头台的时刻也将会到来。目前，他们显然赞同通过议会将立宪君主的权力限制在一个狭小范围内的政策。然而，在他们中间有一个小团体，注定不久就会吸引大量的注意力，这些人

---

① 亚里斯泰迪斯（Aristides，前 530—前 468）：公元前 5 世纪的雅典政治家、军事家，希波战争期间，击败了波斯侵略军的希腊陆军统帅。——译者注

② 马库斯·波尔基乌斯·加图（Marcus Porcius Cato，前 234—前 149）：为了和他的曾孙区分，通称为老加图，罗马共和国时期，平民出身的政治家和演说家。——译者注

③ 马库斯·图利乌斯·西塞罗（Marcus Tullius Cicero，前 106—前 43）：罗马共和国晚期的哲学家、政治家、律师、演说家和作家，出身富裕家庭，曾任罗马共和国执政官，支持古罗马宪制，挫败喀提林阴谋，反对恺撒等人的军事独裁，最后被安东尼派人暗杀身亡。——译者注

就是吉伦特省的议员们。

这些议员来自波尔多,一开始他们被称为左派的原核。领导成员有葛瓦代,又黑又瘦,目光炽烈,面容忧郁;让索内,秉性冷酷,言辞尖刻,满脑子都是抽象难解的想法;杜科,热情洋溢,精通文学,是头顶少年英雄光环的那类人;格朗日纳夫,满怀胆识、狂暴和激情。最后是维尼奥,波尔多的明星,著名演说家,随时准备用抨击的言辞发表演说,拥有宏伟的古典式口才,他用这种口才来表达狂野情绪,是其他人的领袖,因为这些人都是律师,而他直到最后都是所有这群人当中思虑最周全的律师,他是一个从阿基坦①来的西塞罗。在这些"波尔多帮"周围,我们将会看到聚集着一群仰慕者,他们几乎全都是法国南部的议员,其中最典型的代表是马赛人伊斯纳尔,他的提案充满了卡尼贝尔街②的火热和奢华风格。他对这个党派的黏合作用,可以说,代表着罗讷省和吉伦特省的奇妙融合。

这个雄辩滔滔的团队是如此具有吸引力,以至于引领一位著名的巴黎议员布里索加入了他们的行列。他是一个建立了良好声誉的人,和他的南方同僚们相比,其性格少了一分感性和温柔。他是个清教徒式的人物,容止一丝不苟,衣衫整洁,曾经去过波士顿,对美国进行考察,而从此以后,他乐于摆出一副"法国富兰克林"的姿态。因为他已经写过很多著作,所以他对自己的全知全能深信不疑,从 1789 年到 1791 年,他曾经是极左派的行动灵魂;他的一位同僚形容他是个"聪明人",而不是一个善辩的演说家,他在南方来的年轻人眼中是个伟大的思想家,有时他们会将他视为领袖;甚至我们将会看到吉伦特派有一次会被称为"布里索派"——对他们来说,这是个不幸的经历,因为,用一位布里索在议会的前同僚的话来说,他真的注定会由于他的勇气和同样短视的行为,导致这个党派的垮台。

---

① 阿基坦(Aquitaine):今法国西南部的一个大区,西邻大西洋,南接西班牙。——译者注

② 马赛的主要街道。——作者注

因为对古罗马、基督教时代的罗马敌人和那个时代的所有的一切的强烈热爱，吉伦特派狂热地崇拜古代异教徒。葛瓦代从不会提起上帝，只说"诸神"。他们中的大多数人，尽管笃信卢梭的理论，但在这一点上和他却不同，因为他们几乎都是无神论者，甚至公开宣称自己是无神论者。他们拒绝跟从《萨瓦副主教》一书提出的水乳交融的自然神论。他们中的一个，其实就是葛瓦代本人，有一天曾严厉谴责罗伯斯庇尔，因为他在一次演讲中胆敢提起上帝。普鲁塔克 [①] 对他们的影响比卢梭更深，部分源自学习普鲁塔克著作取得的信念，使他们因过度的理想主义情感产生了共和思想。1791 年秋，他们上台的时候，依然"容忍"着君权，他们中的一些人认为推翻君主制并不明智，但在根本上——即使只是出于文字效用产生的结果——他们的思想除了共和主义别无其他。

最重要的是，他们不是律师就是文人，喜欢对历史典故顶礼膜拜。他们所听到的言辞令人陶醉，而他们的表达方式更让自己陶醉其中。这令他们忘乎所以，身不由己。维尼奥和葛瓦代登坛演说，完全不是为了抨击君主制，但还是会废除它；他们完全不想煽动民众，但还是会煽动他们去叛乱；他们渴望以兄弟之爱的精神完成大革命，却使革命被血腥玷污。沃布朗在这届议会加入了右派，对这种现象进行了恰当的总结。他说他的同僚们为议会的欢呼声陶醉，被这种感觉征服。他说："他们的演讲经常会跨越真实感受，而在离开议会厅的时候，他们会为自己所说的话感到羞愧。"1791 年 11 月 14 日，一个吉伦特党人如是说："当务之急是需要切除身体生疽的部分，才能拯救其他部分。"正是这种标志性的言论，注定会导致全面的恐怖统治，而且使吉伦特派被视为要切除的坏疽，被推上断头台。与此同时，布里索和让索内在公开指责宫廷派阴谋时，突然喊道："你们想要证据？为什么要证据？不会有任何阴谋会被记录下来。"两年

---

① 普鲁塔克（Plutarch，约 46—125）：罗马帝国时代用希腊文写作的传记文学家、散文家，柏拉图学派的知识分子。著作极其丰硕，传世之作为《希腊罗马名人传》和《道德论丛》，尤以前者更为脍炙人口，对后世之影响最大。——译者注

后，富基埃 - 丹维尔①在革命法庭前反过来用这些人自己的致命宣言来对付他们。维尼奥在说服议会宣布"国家正在危难之中"时，根本不知道这个可悲的宣言会变得对自己有多么致命，可能就觉得这样说看上去十分帅气！维尼奥是那个再度提起伊斯纳尔将顽固不化的神职人员逐出法国的主张的人，他说："一个国家将那些图谋不轨、留在这个国家只会作恶的人驱逐出境，是合法的。"1793 年 5 月，德穆兰就用同一句话转过来对付维尼奥的朋友们。

几个月后，他们开始有规律地碰面开会。布里索会在每个人落座前一小时把他们召集起来。但他们并没有组建起一个志同道合的党派，直到一个沙龙开张，让他们一齐拜倒在一位妇人脚下为止。他们那个时代的浪漫主义，使他们觉得在他们的政治活动中需要女性涉及。孔多塞夫人和朱莉娅·塔尔马两人，前者是一位"贵妇人"，后者是一位大艺术家，接受和引领他们开始组建政党，但只有当一位中产阶级的娇小淑女从里昂来到巴黎后，这个党派才真正成形。这位女士最终成了这个党派的伊吉丽亚，原因很简单，吉伦特党人发现她激动的个性当中，表现出他们自己的性情，而且他们的全部野心、思想、激情和幻想都得到了强化，她被视为能够给这些杂乱无章地投身政治的诗人们，注入他们极度缺乏的强烈意志和组织精神。

这位娇小的玛丽 - 珍妮·菲利普，是罗兰·德·拉·普拉蒂尔的妻子，昵称为"玛侬"，值得我们给予一定程度的关注。对那些围绕着她的男人们来说，这个女人可以说代表着他们的命运。她是法国首位设想组建一个正规政党的人，以此与她的人生美德共同构成了法国议会机构历史的

---

① 安东万·昆汀·富基埃 - 丹维尔（Antoine Quentin Fouquier-Tinville，1746—1795）：法国律师。1793 年 3 月 10 日革命法庭成立后，出任检察官，曾权倾一时，和罗伯斯庇尔一样以冷酷无情而闻名，根据政治需要处死了很多雅各宾派的政敌。"热月政变"期间，他受到株连，断送其政治生涯，并且在次年受审。尽管他声称自己只是奉公安委员会之命行事，但还是在 1795 年 5 月 7 日被推上断头台。——译者注

转折点。但在指导这个政党达到她自己的目标并且让她的私人感受得到满足的过程中，她发现自己与一种极其危险的事业绑在了一起，而且她开始让自己深陷其中。尽管她的性格在某些方面相当女性化，但她能够影响超过二十位的大革命领导人，这使她在那些创造大革命的男人之中取得一席之地。

罗兰夫人是一个小雕刻商人的女儿，父亲是个品德可疑的巴黎人，而母亲是一个敬畏上帝的中产妇女。1754 年 3 月 17 日，她在巴黎市中心太子广场①的一座房子里出生，那是那个年代少数存留至今的建筑物。她是被带到这座可怕城市的好孩子，就像每一个巴黎人那样，有一种开放的心态，能够吸取每一种可行的想法，同样有一颗每个巴黎人都有的心脏，容易被每一种可能的激情折磨。她疯狂地喜爱阅读，什么样的书都看。对普鲁塔克的研究启发她马上就成为一个具有英雄气概和共和思想的人。她承认，在八岁的时候，曾经带着名人传记而不是祈祷书去教堂。后来她又写道："在我十二岁的时候，我的青春情怀首次喷薄而出，曾经为我没有生为斯巴达或罗马的公民而哭泣。我原以为能在大革命中，看到养育我长大的那些原则得到应用，但至今都毫无希望。"后来，她又遇到了伟大的卢梭，日夜阅读他的作品——从《社会契约论》到《新爱洛伊丝》，全都通读过。卢梭立即对她在所有方面都产生了促进作用——她的头脑、心灵和情感。她借鉴了卢梭的社会和政治思想。她还从卢梭身上学到了他独特的爱情理念，这有朝一日使她在一场政治危机的高潮阶段，成为这场奇异戏剧的女主角。

我刚才说过，她受到了共和精神的激励。在 1789 年，哪怕是最为进步的革命者，甚至都不曾在梦境中越过使君主制重现生机的想法，而这个娇小的玛侬却虔诚祈祷共和国的来临，对此毫不动摇且秉持善意。她写道："我讨厌我孩提时代的国王们，而且我从来不愿意战栗着眼看一个男

---

① 太子广场（Place Dauphine）：位于巴黎市中心西提岛上的一座广场，法国国王亨利四世始建于 1607 年。——译者注

人在另一个人面前卑躬屈膝。"7月26日以后，当她失望地发现，攻占巴士底狱并没有引发更深入的剧变时，别人听到了她对所有有关事物的抱怨和咒骂。"你们让自己忙于克服市政问题，"她给身在巴黎的政治家们写道，"而且正在允许那些会给你们带来新的可怕打击的人逃过一劫。你们都还是小孩子，你们的热情只是昙花一现，而如果议会还不能将两位头戴冠冕的人（她指的是路易十六和玛丽·安托瓦内特王后）送去进行正式审判的话，你们就该去做这件事。"

罗兰夫人对政治抱有巨大的热情，是因为她对私人生活的失望——一种因她过于轻率冒险而造成的失望。事实上，她在1789年缔结了一种非常特殊的婚姻关系。当时她二十六岁，嫁给了一个四十六岁的制造业督察罗兰·德·拉·普拉蒂尔。这个男人缺乏任何能够弥补两人年龄差距的品质：他拥有一副贵格会教徒的外表，严厉而自命不凡，僵化而迂腐。他总是需要自称满怀"美德"，这使他成为一种令美德到处惹人讨厌的人。由于对自己的能力充满信心，他抱怨缺乏机会在更广阔的天地一展身手。玛侬嫁给他，是为了从那个因为他父亲不检点的生活而变得无法维持的家里逃出来，而且她发誓，无论发生什么，她都会忠于她并不爱的丈夫。在这里必须指出的是，尽管他平庸，她也并不爱他，但她崇拜他。事实上，他曾是令人尊敬的《百科全书》的编撰人之一，而且有不少朋友是大人物。她对丈夫的野心比他自己所怀抱的更多，也就是说她野心很大。但这个年轻女人激情似火，有人可能会说她拥有疯狂的气质，这个心灵、情感和想象力都在熊熊燃烧的女人，觉得自己受到苦涩人生和她粗俗年长的丈夫家庭社交限制的双重压迫。在她给朋友卡内小姐的信中，她描述了她是怎样一边为她大男人主义的丈夫烹制肉食，一边重读普鲁塔克著作的，这是一种肯定会做得特别难吃的烹饪方式。而她毕生都手捧着普鲁塔克的著作，继续烹制菜肴，哪怕同时她因此会烧伤手指。

突然在一瞬间，大革命到来了，使她得到一个机会去实现她的构想，革命也给她带来了一个显赫的地位和一场炽热的爱情。罗兰被任命为里昂市政委员，并且和首届议会的极左派议员有联系，1790年，他带着妻子来到了巴黎。他在巴黎邀请未来的巴黎市长佩蒂翁、进步党派的杰出政论家布里索和严酷的左派演说家马克西米利安·罗伯斯庇尔来家里做客。而有一天玛侬碰巧看到年轻的议员莱昂纳德·蒲佐走进她的沙龙，已经征服众多雄心的她，反而被蒲佐迷住了。

莱昂纳德说不上非常英俊，但他年轻，口才好，热心，而且满怀灵感。虽然他是个从卡昂①来的诺曼底人，但到了1790年，他就像我曾向你们描述的那样，成了那些青年吉伦特派的模范。这个人在一年后，将进入下一届议会，阐述大量疯狂的理念，而且在这样做的时候展现了持进步观点的演说家们所钟爱的浮夸口才。我说过，他们是浪漫主义出现之前的浪漫主义者。听听莱昂纳德所说的这些话："我青年时代几乎是这样一个野蛮人：我的激情集中在我那燃烧的内心，极端狂野，但是限于一个目标"，还有等等诸如此类风格的言辞。这种他所说的年少轻狂——五十年后，我们会从孔布尔②的勒内·夏多布里昂③那里听到同样的故事。对玛侬来说，这个男人的出现如此令人赞叹——这更多的是因为他娶了一个驼背丑女人的缘故。他是个忧郁的人，是个激动人心的阴郁情人，有一种戏剧化的多愁善感，就像他们后来所说的那样，是一个多情种子。对玛侬来说，他让她如同置身卢梭的小说之中，就好像《新爱洛伊丝》中的圣普乐真的来到生活中一样。她瞬间就疯狂地爱上了他，尽管她同时在发誓不会背叛她的丈夫，而且写过她将会忠于自己身为妻子的责任。当一个女人到了为这种交往要发誓的地步时，她的丈夫处境就不妙了。从那一天开始，罗兰夫人

---

① 卡昂（Caen）：今法国西北部下诺曼底大区中部偏北城市，下诺曼底大区的首府。——译者注

② 孔布尔（Combourg）：今法国西北部布列塔尼大区的伊勒-维莱讷省的一个市镇。——译者注

③ 弗朗索瓦-勒内·德·夏多布里昂（François-René de Chateaubriand, 1768—1848）：法国作家、政治家、外交家。出身伊勒-维莱讷省圣马洛的没落贵族家庭，一度从军。大革命爆发后，他一度持同情态度，但当巴黎暴动愈演愈烈的时候，他远赴美洲避祸，在那时开始投入文学创作。执政府大赦流亡保皇党人后，他一度为拿破仑效力，但在拿破仑处决当甘公爵后，立即辞职，从此公开反对拿破仑。波旁王朝复辟后，出任内政大臣一职，先后担任驻瑞典和德国的外交官，以及驻英国大使，并于1823年出任外交大臣。他一生留下了《阿达拉》《勒内》《殉道者》等多部著作，被视为浪漫主义文学的奠基人。——译者注

就没有用过比"我尊贵的朋友"更亲密的字眼称呼过她的丈夫，这是个糟糕的迹象。

罗兰夫妇返回里昂时，得知新议会正在和杜伊勒里宫打一场漂亮仗，而且，从蒲佐和布里索那里还得知，一个纯粹的真正斯巴达和罗马式的共和派在领导这次行动，现在正势不可挡。罗兰梦想能得到一个要职，而玛侬梦想能够扮演一个重要角色。他们回到巴黎的长期住所，而她再次见到了蒲佐。蒲佐已经和新议员们取得了联系，将她介绍给了所有宛如普鲁塔克笔下英雄复生般的人物，也就是我已经提起过的那些罗马人式的吉伦特派。

这些人几乎在初次会面之后，就都拜倒在她脚下，玛侬以那调皮的侧脸带着爽朗笑容轻轻一瞥，就令他们陶醉。玛侬并非绝色，但在令人讨厌、迂腐、一副加图式性格的罗兰衬托下，显得非常吸引他们。

而比起优雅的仪态，玛侬更具吸引力的是她的激情，她现在可以自由发挥这种激情，来对抗"专制暴政"。

我刚才说过，虽然吉伦特派自己仍然充满激情，但就他们的政治观点来说，还有些犹豫不决，而尽管他们拥有共和主义的愿望，但还没有走到希望推翻君主制的地步。娇小的玛侬及时赶到，煽动激情的火焰，并且促使他们让自己的计划到达不可避免的结局。所有人都贪婪地聆听她说话，葛瓦代、让索内、格朗日纳夫、布里索、维尼奥、杜科、伊斯纳尔，都在她的客厅里。在场的还有另外十名议员，包括"英俊的佩蒂翁"，他刚刚在难以置信的热烈场景之中，被选为巴黎市长。还有一个身材高大的年轻马赛人巴巴鲁，在巴黎的各俱乐部里代表马赛的民主派，正在等待被选入议会。玛侬称呼他"安提诺乌斯"①，是个最英俊的男人。每个人都仰慕他，几乎每个人都充满激情地喜欢他，但没有一个人令莱昂纳德·蒲佐心

---

① 安提诺乌斯（Antinous，111—130）：著名的古希腊美少年，罗马皇帝哈德良的同性情人。——译者注

生嫉妒。蒲佐深知，巴巴鲁一直都特别受人喜爱。对罗兰，吉伦特派告诉他，时机一到，他们就会让他成为大臣，这个保证让他觉得这些年轻人真可爱。

各种迹象表明，一场新危机正在迫近。路易十六面对新议会表现出了有些傲慢自大的态度，在旧议会立宪派的建议下采取了行动，似乎不太愿意比过去更为顺从。而流亡贵族煽动欧洲国家进犯革命中的法国，并构成了威胁，教士们也在对抗《教士公民组织法》，这些都激起了各政治俱乐部的愤怒。议会通过了针对流亡贵族的威胁性法案。路易十六认同议会的这种做法，但拒绝攻击教士，认为他们仅有的罪行就是对古老的罗马教会保持忠诚。欧洲正在武装，而王后玛丽·安托瓦内特被强烈怀疑——如我们所知，这种怀疑是正确的——通过她兄长德意志皇帝的密探与反法同盟暗通款曲，希望通过德皇获救。路易十六尽管更为保守，但无疑是她错误行径的同谋。而在各俱乐部，有人说他们正在试图和准备入侵法国的敌国谈判。

到了这个节骨眼儿上，革命运动看来会被扫进一片旋涡之中。左派希望制造一种能够加速危机爆发，而同时又能提供解决方案的态势。一些革命者，尽管两年前他们还自命为坚决的和平主义者，也认为战争要好过这种混沌不清的形势。在他们看来，战争会造成国家受困的局面，对采取暴力措施有利，将会迫使国王要么与国家共命运，要么扔掉他的假面具——而这样做的话，他和王权都会被推翻。

这是罗兰夫人的主张，而围绕在她身边的所有吉伦特派都宣扬开战。罗伯斯庇尔和他的友人指出，这样做无法保证胜利，战争可能会让大革命覆灭；战争很可能意味着失败，因为人民会被出卖，而自由将会被外国势力粉碎；即使偶然的机会能导致战争获胜，一个军事独裁政权会接踵而至，产生另一种教会或君主专制。在这个问题上，雅各宾俱乐部成员出现了意见分歧，之后两党之间发生了激烈斗争。罗兰在议会散布从妻子的沙龙里吸取的好战精神，而好战之风与日俱增。在这个惊恐不安的时刻，路易十六召集他的内阁开会，纳博讷伯爵①宣布自己已准备备战。而后，就在他真正开始备战时，路易十六同意王后一党的意见让他靠边站。议会极力反对罢免这个"爱国者"。维尼奥公开谴责宫廷的密谋，他说道："在这个讲坛上，对宫廷有一种看法，那里的奸诈廷臣正在将国王引入歧途，恐怖和恐惧经常从这个宫廷产生。以法律的名义让这些恐怖和恐惧今天就滚回宫廷去吧。让所有居住在宫廷里的人都明白国王才是唯一的神圣存在（这是他对王后的直接威胁），法律的双臂会抓住居住在那里的罪人，而如果有人同谋犯罪，将没有一颗头颅能逃过法律利刃的制裁。"

一切都向这激情迸发的演说臣服。受到警告的路易，表示他本人准备接受一个由议会掌握的内阁。议会被吉伦特派折服，委托这个党派组阁。

在旺多姆广场②5号，维尼奥的公寓里，各种多党阁僚名单一开始先计划好了，然后又被推翻，但最终还是完成了。最初的想法是组建一个由观点各不相同的左派组成的内阁。这一方案讨论过给罗伯斯庇尔、丹东和其他雅各宾党人大臣职务。但吉伦特派对这些昔日旧友心怀怨恨，他们知道这些人会反对战争，于是他们把这些人的名字搁在一边，而将内阁成员集中限定在那些明显倾向吉伦特派原则的人。因此，让索内支持的杜穆里埃将军被任命为外交大臣；布里索支持的姻亲克拉维埃出任财政大臣；维尼奥的朋友、波尔多法官杜兰敦出任司法大臣。重要的内政大臣一职，有一个人，而且看来也只有这个人被提名——玛侬的丈夫罗兰。

---

① 路易·马里·雅克·阿马尔里克，德·纳博讷-拉拉伯爵（Louis Marie Jacques Amalric, Comte de Narbonne-Lara, 1755—1813）：法国贵族、军人和外交官，大革命前夕是法国皇家军队的一名步兵团团长。1791年，他出任陆军大臣，由于他主张和奥地利开战违背了路易十六的心意，于是被解职。尽管共和派借题发挥，攻击王室，但他本人始终是坚决的君主立宪派。王位倾覆后，他受到议会怀疑，前往瑞典大使馆避难。1792年8月10日以后，他长期流亡海外。执政府上台以后，故友塔列朗和富歇设法让他在1801年回国，以少将军衔办理退役。1809年，拿破仑将他召回法军服役，执行过几次军事和外交使命。1813年，在帝国日暮西山之际，他在萨克森因斑疹伤寒病逝。——译者注

② 旺多姆广场（Place Vendôme）：位于法国巴黎第一区，在杜伊勒里宫北面，玛德莱娜教堂东面，是和平街的起点。——译者注

罗兰的名字一开始就被提出，然后他们回绝了几位素质更引人注目的候选人，而在这一切还悬而未定的三天中，罗兰一家就生活在和过去几百年许多各级议会代表家庭一样的兴奋狂躁的状态之中。这样的焦虑终于结束了，感谢吉伦特派的支持，罗兰获胜了。同一个夜晚的晚些时候，有个朋友来看玛侬。她找到了她，说道："她的活力和魅力完全恢复，一大群崇拜者环成一个大圈围绕着她，正对她赞不绝口。"罗兰被任命为大臣，在他自己心目中，完全相信获得这个职位是自己的功绩，而实际上这是靠吉伦特派的伊吉丽亚——他的妻子，这些集结在一起的议员才会任命他为大臣。

但已经被内阁拒绝的雅各宾派，表现得极为不满，而没有人会比罗伯斯庇尔更加不满。

罗兰入阁是件大事，没有一个人像他那样肯定这一点。由于他天生喜欢树立典范，于是想到身穿清教徒式的衣服，让杜伊勒里宫大吃一惊。一位保皇派写道："罗兰先生身穿没有搭扣的鞋、棕色外套、红色短马甲，头发平整地出现在国王面前。"守门人不能无视这身打扮。"啊，先生，"一位守门人对第一次参加内阁会议之后正和罗兰一同离开的杜穆里埃说道，"那位绅士的鞋子上没有搭扣！"

玛侬不仅在内政大臣的宅邸（这里以前是杜·孔特罗尔将军酒店），而且在大臣本人的部门里立即进入她的角色。巴拉斯告诉我们，有一次他去拜访内政大臣，发现美丽的玛侬就在他身畔，而当巴拉斯等待她离开时，大臣告诉他："你可以随便说，我妻子对我部门的事务一清二楚。"大臣比起她来在那里反而更像个陌生人。她管理所有的事情，罢免那些被怀疑带有反革命情绪的官员，为她这一派的朋友们安排职位，她所有的时间都一直留在沙龙里，聚集整个党派的人，再加上所有一心向上爬、总是渴望得到有力职位的人。她主持内阁诸大臣和十名或十二名本派议员参加的正式会议，而且怀着对国王有所保留的目的，为内阁的正式会议做准备。就是她煽动他们将国王架空，使可恨的宫廷被将军。她通过党派的新闻记者卢维，给半官方新闻启迪灵感；她通过葛瓦代和其他十人，防止议员们在他们的长椅上沉睡。在一天结束的时候，莱昂纳德·蒲佐和他大有来头的朋友们会来添砖加瓦，同时巴巴鲁会和马赛保持联系，而佩蒂翁则将巴黎置于她脚下。新任巴黎市长佩蒂翁的人望无与伦比，在他的任期内受洗的第一个孩子取名为佩蒂翁-奈森奈尔-皮克①。他们称他为弥赛亚，而这位弥赛亚也为玛侬而咏叹。

毋庸置疑，处于这样一种生活状态，她变得神经紧张到了疯狂的程度。同样毫无疑问的是，她在四面树敌。议会的右派向国王施加压力，要求罢免罗兰派诸大臣，而左派和其他类型的革命者俱乐部都有人认为这个小女人对"爱国"大臣们的影响太大了。她一直都还是一个女人，紧张、敏感，倾向于独享她喜欢的事物，对她不喜欢的事物也毫不含糊。极端吉伦特派人员组成了一个派系，他们认为街头的那些人不可能对玛侬·罗兰的内政部正在统治这个国家这一事实感到满意。她发现陆军大臣杜穆里埃"没有原则"，对他极为恼火。宫廷在仔细观察左派的这种种分裂迹象。当国王认为罗兰家和他们亲信的信誉终于破灭时，给了他们一击，罢免了他的大臣们。这次事件在罗兰夫人看来就成了王室的死刑判决书。此时罗兰家的沙龙里，回到了暴力对抗的氛围当中，准备推翻王权。暴力集会受到纵容。我们在下文会看到，是丹东在操纵 8 月 10 日的街头暴力事件，但正是罗兰夫人以贪婪而热切的能量，将事件导向一个成功的结局，在她看来，这场新的革命只能导致一种可能的结局：让她的吉伦特派友人，尤其是她丈夫重新掌权。

实际上，罗兰的确被议会召回，在新的行政机关出任内政部长。在路易十六和玛丽·安托瓦内特被送进丹普尔堡监狱后，罗兰夫人可以尽情认为，最终将不用任何人允许，也没有人能阻碍她以丈夫影子的身份去统治一切了。

她错了。罗兰家已经被人置之不理。丹东被选入政府，而且得票比罗

---

① 意为"佩蒂翁是国家的长矛"。——译者注

兰更多，这伤害了罗兰家的自尊。玛侬本已烦透了那个他们称之为"大革命的泰坦①"的人。她非常直观，这使她对一个人的看法注重外表超过任何东西，所以丑陋的丹东令她反感害怕。在她的回忆录当中，不下十次都提到了这个问题，她将那个人当作特殊的研究对象，自己对这个人的印象是强烈的厌恶而不是真正的仇恨。我会向你们将丹东描绘成一个有趣、愉快的人，这应当能够消除这种反感。但是玛侬，这个女人对她不喜欢的人的看法就像她对喜欢的人一样坚定。所以她排斥他，视他为入侵者，或者你也可以视他为变态粗人。丹东不是会让自己被一个女人轻视和挫败的人。因此，在得到无法容忍任何裙带关系的罗伯斯庇尔以及同样在罗兰家的沙龙里受到冷落的马拉支持后，丹东开始在他的文章中攻击罗兰夫妇。玛侬的美名被泼了污水。她的朋友们震惊、愤怒和恼火，自愿在她周围集合，而从那天起，她和各俱乐部之间就开战了。

她毫不犹豫地将"九月大屠杀"归咎于丹东，这场屠杀和她内心的高尚与仁慈完全相悖。她写道："你们知道我对大革命的热情，哦，我为之感到惭愧。它已经被很多坏蛋毁了，它已经变得可怕了。"她劝说她的朋友们站出来对抗这些"坏蛋"，发动全国对抗巴黎——这座现在她眼中的血腥之城。

事实上，9月的巴黎不仅在血泊之中行走，而且刚刚拒绝将所有吉伦特派候选人选入国民公会，让被罗兰夫人称为"恶劣代表团"的那群人当选，这群人中的主要人物有罗伯斯庇尔、丹东、马拉，以及所有被玛侬称为"屠夫"的人。"在我眼中，巴黎的一切都面目可憎。"这个愤怒的女人写道。而这个纯粹的巴黎人将她对巴黎的仇恨传达给了她的朋友们。

尽管玛侬的朋友们被首都排斥，但他们中间的一大群人仍被各外省选入国民公会，其中有前立法议会领导人维尼奥、布里索、让索内、格朗日纳夫、葛瓦代、伊斯纳尔，以及他们的朋友佩蒂翁、蒲佐、巴巴鲁、卢维

---

① 泰坦（Titan）：古希腊神话传说中最早的神族，其中的独眼巨人和百臂巨人以高大丑陋著称。玛侬·罗兰因厌恶体型魁伟、相貌丑陋的丹东，将他称为"泰坦"。——译者注

和另外一百多人。总之，在国民公会与吉伦特派领导人结盟的议员数量大约为一百六十五人，而他们也仅仅在七百五十名国民公会议席当中占有这一百六十五席。

"吉伦特派"——这个名称从此成了这些人的通称——看似已经取得了力量，但是国民公会的选举变化如此彻底，拉法耶特和巴纳夫的支持者们都被踢出局，因此"吉伦特派"接管了其他人空出来的议会右边的座席。此前由吉伦特派保留的左边的座席，成为著名的"山岳派"的领地，被丹东、罗伯斯庇尔和马拉以及三百名服从他们号令的雅各宾极端派占据，这一派决心确保革命的胜利，对此产生威胁的人将被以公安委员会的命令采取全面措施。山岳派的所有领导人——那些头顶光环的人——都是巴黎的代表，罗兰夫人称他们为"可恶的代表"。

这两派互相正面对抗，而这是他们注定要做的。不必认为吉伦特派对共和国的热忱或对天主教会的反感比他们的对手少。但他们厌恶自治会在 9 月制造的巴黎流血事件，他们对此事的观点是这一派保持秩序的唯一希望。他们将自己局限在攻击巴黎自治会这一点上。但是罗兰夫人的朋友们同她一起一味怒骂"这座城市沉浸在鲜血和谎言之中"，从而使全城的怒火都倾泻到了他们头上。他们的对手给他们的回答是，自从 1789 年 7 月 14 日以来，巴黎就是大革命的主要发起者和捍卫者，因此谁反对巴黎，谁就是爱国者中的败类，因为他们向各省呼吁，正在破坏共和国的统一，这些人简而言之就是"反革命同盟"。在山岳派的支持者眼中，巴黎的专制看起来是保障国防的唯一手段，是确保一个公安委员会政府的唯一方式，在一方面受到外国势力的战争威胁，另一面又受到内战威胁的情况下是必要的。外国势力在第一次入侵之后，依然严峻地威胁着法兰西，而在旺代 [①] 发生的叛乱只是内战的第一阶段。吉伦特派的梦想家，尽管总是沮丧地发现他们所说的话并不起什么作用，但他们都和公安委员会独裁政

---

① 旺代（Vendée）：今位于法国西部卢瓦尔河下游地区的旺代省，1793 年发生过反对大革命政府的保皇党大规模叛乱。——译者注

权坚持对抗。

必须承认的是，在这个特定时刻，可怜的吉伦特派对形势的认识远不及他们的对手清晰，那些人由于各种情况的压力，反而在面对现实。吉伦特派实际上已经要求开战，而现在整个欧洲都进入反对法国的名单当中，这使得这个国家不可能在无政府状态下站起来面对这个强大的反法同盟，除非有一个强大的中央政权，为公共安全利益而采取行动，掌握住这个国家，将国家拧成一股绳。一个在高尚决议和严厉措施之间摇摆不定的吉伦特政府，无疑会在法国卷入和欧洲大陆的冲突时，将这个国家暴露在极大的风险之下。此外，诸多事件使得一个专政政权日益成为必要。凡此种种造成了那些专政政权的拥护者，从丹东到罗伯斯庇尔，必定会胜利，而那些反对专政的人一开始会成为对等的另一派，但最终会被粉碎。这就是这次两派竞争的故事。

在国民公会刚开始的一段时间里，吉伦特派确实看上去占据了上风。实际上在右派（吉伦特派）和左派（山岳派）之间，存在一个中间党派——他们后来被山岳派称为"泥沼派"。这个中间党派有三百名议员，在1792年9月21日至1794年7月27日（法国新历共和二年热月9日）期间，一直处于摇摆状态，在前期倾向于支持吉伦特派领袖，吉伦特派当时以外省捍卫者的身份对抗巴黎、巴黎自治会和那些屠杀者的敌人，而那些人是中派选民害怕和厌恶的对象。因此会看到，最初佩蒂翁被选为国民公会议长，而所有其他部门都落入吉伦特派成员手中。这一成就使吉伦特派自豪，也引起了他们的反对派相同程度的愤怒。很清楚的是，从一开始，这两派之间的激烈斗争就不可避免。

那个时候的丹东，像我们将会在下文看到的那样，满怀团结一致对抗外敌的想法，宁愿避免这场党争，同时罗伯斯庇尔却愿意进行党争，而马拉实际上试图使党争发生。吉伦特派的错误在于，没有看到为了压倒山岳派而声誉不佳的一些派别，可以将他们中的一些派别拉到自己一边。维尼奥倾向采取这种行动。但他是一个迷失在政治荒野中的诗人，而且现在他热衷于参加一个迷人女演员孔黛伊小姐的社团，他脱离了罗兰夫人的影响——只因为不愿让自己介入罗兰家的家庭纠纷，他的目光比其他人更超前；一个懦弱、仁慈的男人，漫无目的地随波逐流，而他永远不会下定决心让自己和朋友们断绝往来。

然而，维尼奥的这些朋友们都分担着玛侬的好恶。我们知道她恨丹东：这种恨意是因为我们将在下一章了解得更详细的事情，那个"泰坦"在执行委员会取得了一席之地，而平庸的罗兰却落选了，这惹恼了罗兰，也激怒了他的妻子。马拉和埃贝尔在他们的报纸《人民之友》和《杜申纳老爹报》上，给罗兰夫人泼污水，他们称她为"可可女王"（爱之光夫人）；他们尽情地用那些跟随在她身后的聪明的青年男子，给这位"卢克丽霞"①编造不堪的故事；他们要求共和国应当摆脱这个虚伪的"女罗马公民"。罗兰夫人认为，这种侮辱都是出自丹东授意，于是愤怒地控诉丹东一派的所有人，将每一个都斥为"阴险小人"。她煽动她宠信的编辑卢维在《前哨报》上对这位当时正处于权力顶峰的大革命领袖展开激烈抨击。而她特别喜欢的蒲佐，在国民公会开始了一场反对丹东的斗争，而且公开指控他挪用公款。怪兽丹东的性格中宽宏大量的成分使得他在通常情况下会忽视罗兰夫人含沙射影的批评，但结果发现她那无节制的抨击已经在考验他忍耐的极限，于是终于轮到他打破沉默，发动反击。所以在议会里他不仅抨击罗兰，而且直接将矛头指向他的妻子，指控她公开介入公务。

然后到了结束的时候。罗兰家的沙龙着手不加区分地去击溃那些"小人"，但是他们在攻击时毫无章法。他们没有挑选一个对手打倒，而是同时抨击左派的全部三名领导人。这三人虽然彼此之间并没有好感，但这样的猛烈威胁，使他们团结一致，击退了这些计划不周的攻击。然后，他们开始将吉伦特派逐出雅各宾俱乐部。后果是，从此以后，吉伦特派被称为

---

① 卢克丽霞（Lucretia，？—前510）：古罗马历史上的一位传奇人物，她因被伊特鲁里亚国王的儿子强奸，随后自杀，直接引发了推翻罗马君主制的革命，使罗马建立了共和国。玛侬·罗兰是吉伦特派成为正规党派的组织核心，所以被这样称呼。——译者注

叛徒，并且被从革命党派驱逐出去。这让人回想起 1791 年，巴纳夫在摩里的影响下发生的事情。如今维尼奥被称为"巴纳夫第二"。

　　我无意在这里讲述从这一年 9 月 21 日到次年 6 月 2 日期间，双方为占据国民公会议席进行八个月的斗争的故事，6 月 2 日的惨败标志着吉伦特派的垮台。我会在本书的其他部分讲述这个悲剧故事。

　　此时看起来吉伦特派还在议会占据微弱多数。而丹东这边，尽管受到他们的疯狂攻击，却也无意排斥他们。实际上，我现在要说的是，丹东一度曾希望有可能与吉伦特派联手，尤其是为了延缓对国王的起诉并救国王一命这个目的。那么，为何吉伦特派采取了对立措施，而且坚决起诉国王呢？是因为罗兰夫人对国王和王后一直以来的仇恨吗？也许是这样，但更加可能的是为了证明将他们逐出雅各宾俱乐部的公告不当。事实上，吉伦特派的每一个人都希望在起诉国王的过程中表现出他们自己即便不是国王的捍卫者，至少也是他公平和仁慈的审判者，但这个预期还是落空了。尽管在吉伦特派心目中都反对死刑判决，但在 1793 年 1 月 16 日那次可怕的投票之前的分组讨论当中，他们表现得不够团结一致。吉伦特派的大多数人被指斥为革命的叛徒，而且在采取一种在他们看来可以证明敌人的诽谤确有其事的行动时，因太过软弱无力，而犹豫不决。于是他们令这场审判达成了死刑判决。但即使到了那一天，我说的是 1 月 16 日，宣判结果还是很有可能不同的。

　　议会对判决问题产生了分歧，而且一批议员对该以何种方式投票举棋不定。在七百二十一名实际投票的人当中，仅三百八十七人赞成死刑。记名投票的方式要求按照名册点名，每一位议员在叫到名字后投票。而这次投票用抽签来决定次序，于是吉伦特派的很多议员都要先投票。结果，维尼奥出现在讲坛上，而且令每一个人惊讶的是，他大声投票赞成死刑，十六名吉伦特派领导人也效法了他的榜样。在投票赞成死刑的名单上，我们会发现维尼奥、葛瓦代、布里索、佩蒂翁、卢维、巴巴鲁、莱昂纳德·蒲佐的名字——实际上，罗兰夫人的所有私党都投了死刑票。而当吉伦特派在绝望之中使出最后的手段，提出缓刑问题时，已经太晚了。一直都随大流的墙头草现在被山岳派的战车捆住了手脚，缓刑提议尽管得到整个吉伦特派支持，但还是被驳回。这个结果对吉伦特派而言，就是向所有人宣布他们的质疑和分歧：在"纯"共和派眼中，他们已经失去所有"公民"权益，而且从此注定要灭亡。罗伯斯庇尔可以指责他们希望在一段时间以后赦免"暴君"。

到这个时候，吉伦特派面对他们的对手仍还拥有一些优势。事实上，他们被迫将他们的山岳派政敌排除出一些他们仅有的委员会，显得他们在全面滥用职权。但国王之死使事态到达了一个转折点。随着英国和西班牙加入反法同盟，战争威胁变得最为令人震惊，旺代省的叛乱者为此激动不已，而且有理由担心，指挥北方军团的杜穆里埃将军会在这个时候参加叛乱。时局每一天都使得为了公安委员会的政策牺牲一切变得更为迫切，而这正是山岳党人三个月以来一直都吵嚷着要当机立断的事情。吉伦特派将会成为这一政策的第一批牺牲品。

吉伦特派失势的最初迹象是罗兰的辞职。在丹东辞职后看似倾向于跟随罗兰的执行委员会，开始逐渐疏远他，这个可怜的男人拼命努力想控制局面，但无济于事。玛侬自己开始丧失信心，她写道："猎犬般的马拉，从未让我得到片刻安宁。"她的悲伤情怀已经注满，几乎要溢出来了。她开始意识到她的那帮人是在作茧自缚。她又写道："人民将我同玛丽·安托瓦内特相比，而且给我泼同样的脏水，他们发表的关于我的骇人听闻的故事和关于她的一样多。而且市井俗妇像谈论德·朗巴勒亲王夫人①那样议论我。"

这个不幸的女人正逐渐成为一名急性神经衰弱症患者，她的怪异行为表明了这一事实。

自从她爱上了蒲佐以后，她就将她的生活视为为她的丈夫进行的一场

———

① 玛丽·安托瓦内特的朋友，"九月大屠杀"的一位殉难者（1749—1792）。——作者注

漫长牺牲。因此她很自然地对他性格中不可爱的成分和才智的局限不抱幻想。我们发现她在给罗伯斯庇尔的信中仍然写道："罗兰是可造之才。"但尽管如此，她还是发现他很难共同生活。毫无疑问的是，她仍然对他很忠诚，她写道："珍惜他，就像一个女儿为父亲甚至会牺牲她的爱情那样。"但是她无法向他保守心中的秘密。罗兰开始显露出对热切爱慕他妻子的所有年轻人的反感，玛侬认为最好能向他开诚布公地解释。就像老克莱芙的王妃 ① 那样，她向她可怜的男人承认了她和蒲佐疯狂的热恋，而且告诉丈夫，她从来没有也绝对不会不忠于妻子的职责。罗兰并没有将妻子的忏悔往好的方面想，罗兰夫人在她的回忆录中有些吃惊地将他的反应记录下来，而她这样做则告诉我们她的性格是多么天真无邪。她写道："我丈夫的感情和自尊心都非常敏感，而且他无法承受他不再是我绝对主宰的想法。他满脑子都是黑暗的想法，他的嫉妒使我心烦意乱，幸福和快乐抛弃了我们。他曾经崇拜我，我为他牺牲了我自己，但我们都不幸福。"

在一度绝望后——也许部分原因是为了惩罚妻子——罗兰递交了辞呈，带着可怜的玛侬去德·拉哈尔普街的一栋小平房隐退。这里的生活是一场漫长的苦难。朋友们仍会来到这里看望他们，虽然人数由于他们命运的改变和罗兰冷淡的态度而有所减少。但她有如此之多的麻烦，于是她不再去接待他们。

此外，吉伦特派开始失势。山岳派已决定组建一个公安委员会政府。他们威胁会清除任何不与他们携手的人。丹东仍然愿意和吉伦特派结盟，他提议并且安排与他们会面。但罗兰夫人继续将这个她称为"独眼巨人"的人，视为头号杀人犯。丹东提议和解的唯一条件就是将最近的事情都遗

---

① 《克莱芙王妃》是一部 1678 年出版的法国爱情小说，书中的女主角夏尔特被母亲送入国王亨利二世的宫廷，谋求挑选一位有钱有势的夫婿，后来听从母命，接受了一位中年追求者克莱芙亲王的求婚。在婚礼上，夏尔特结识了英俊潇洒的德·内摩尔公爵，两人坠入爱河。老克莱芙亲王发现妻子爱上了别人，夏尔特坦诚了一切。后来亲王认为妻子并不仅仅在感情上背叛了他，从此一病不起，临终前在病榻上指责公爵，央求妻子在自己死后不要嫁给他。亲王死后，夏尔特陷入责任与爱情的苦恼之中。公爵越发公开地追求她，而她拒绝了他，选择每年进修道院隐居一段时间。几年之后，公爵对她的爱意逐渐淡化，而依然相当年轻的她从此孤独地了却残生。——译者注

忘。他准备在达成这一谅解的条件下，使自己成为吉伦特派的盟友。葛瓦代反驳道："除了让杀人犯和他们的同伙逍遥法外之外，我们会接受你的所有条件。"

这样的称呼对丹东是一个沉重的打击，他面色苍白，两眼紧盯住葛瓦代，说道："葛瓦代，你不可饶恕，你会去死的。"

吉伦特派反对建立公安委员会的同时，也反对建立革命法庭，而这些未来恐怖统治的发动机就在他们的反对声中建立起来。这两个机构不仅没有吉伦特派的批准就建立起来，并且看来已经成为致力要使他们覆灭的武器。杜穆里埃正在叛变。众所周知的事实是，吉伦特派和丹东都曾赞同杜穆里埃的所作所为；但是丹东为了洗清自己是杜穆里埃的朋友这件罗伯斯庇尔准备要说出口的事情，便谴责吉伦特派，称他们是叛徒的同伙。

吉伦特派否认指控，但这并非空穴来风，而从那一天起，他们就注定失败。人民在 1793 年 5 月初写道："布里索和让索内必须尝尝断头台的滋味，他们必须在断头台上跳舞。"

对吉伦特派的反感剧增。丹东被他们的顽固不化和这种反感激怒，如果他们没有那样对待他的话，他可能不会同意德穆兰发表他的《布里索派的故事》。这位作者要求将布里索派从国民公会驱逐出去，他有朝一日会后悔自己做得这么绝。这也完全是丹东和他的朋友们所希望的。"他们让我们去工作，而当我们成功拯救法兰西的时候，他们会回来享受我们的劳动成果。"但马拉不会就此满足，他想要的是二十五名吉伦特派领袖的首级。吉伦特派希望打垮马拉，便从国民公会获取了一道法令，向革命法庭起诉他。但完全被马拉收入囊中的法庭，宣判他无罪，群众簇拥着他头戴月桂冠回到议会。所有这一切都发生在 4 月底。

5 月，由于山岳派领袖们的安排，马拉成了他们的首席顾问，他准备发动一次起义，用以清除那些新的"人民公敌"。

5 月 30 日傍晚，可怕的警钟声从市政厅的钟楼上传来，召唤民众起义。31 日拂晓，钟声又再度响起。然而，吉伦特派在议会中表现得很勇敢，而且他们的勇往直前似乎使他们的敌人坐立不安。丹东保持平静，但罗伯斯庇尔要求除掉这些叛徒，在众目睽睽之下，以他一贯的方式提出这个请求。维尼奥不耐烦地打断了他，要求他结束。罗伯斯庇尔说道："是的，我会结束，维尼奥，而且会令你不快。"他还要求处决二十二人。

议会当时对吉伦特派仍未怀有足够的敌意。由于对人民中间不断增加的敌意感到恐惧，议会决定废除用于对付吉伦特派的十二人委员会，而且仍在努力组织为他们辩护。

但马拉明显已经变得肮脏下流。同一天傍晚，他偷偷溜进了市政厅的钟楼，亲手敲响了警钟。于是，6月1日黎明，巴黎自治会组织的武装力量由冒牌将军昂里约①指挥，控制了城区，而且用六十门大炮将杜伊勒里宫团团围住。

议会在那个没有比其更卑怯的法令被通过之前就已退缩了，他们更希望那些被挑选出来受到攻击的议员们辞职，他们被告知能以这种方式保住自己的颜面。然而，当时在场的大约十名吉伦特派议员拒绝辞职，譬如巴巴鲁就这样回应这一建议："我已经发誓要死在我的座位上，而我将忠于我的誓言。"国民公会目瞪口呆，只好不置可否。一些议员希望离开这座建筑，但他们遇上了包围立法机关大厦的革命部队封锁线。他们愤愤不平地退了回去。然后整个议会试图集体离开。他们的议长艾罗·德·塞舍尔走在议员队伍的前列。当他到达卡鲁索广场②时，发现自己面对着昂里约将军指挥的部队。他对昂里约说道："人民到底意欲何为？"那位卑劣的将军答道："艾罗，人民可不是为了听漂亮话起义的，他们要你们把二十二名罪犯交给他们。"随后他向四周发布命令："枪炮手，就位！"

国民公会退回到议会厅中。在那里，刚刚成为罗伯斯庇尔鹰犬的库东

---

① 弗朗索瓦·昂里约（François Hanriot, 1761—1794）：出身贫寒，在大革命时期靠在街头鼓动和演说发家，在"九月大屠杀"中劣迹斑斑，却以此进入巴黎国民自卫军，不久晋升为上尉。1793 年 5 月 30 日，巴黎自治会任命他为指挥巴黎国民自卫军的"将军"，他从此扮演起雅各宾派打手的角色。——译者注

② 卡鲁索广场（Place du Carrousel）：位于法国巴黎第一区的一座广场，正好位于杜伊勒里宫和卢浮宫之间。——译者注

要求逮捕那些"叛徒"。而他其实就像其他时候那样，将推上断头台的意图隐藏在一堆言不由衷的废话当中，一位吉伦特派议员喊道："给库东一杯血，他渴了！"然而，事实上，库东没有指名道姓，是陶醉于复仇喜悦中的马拉主动提出二十二名将要被处死之人的名字。他玩起了猫捉老鼠的游戏，开始说出些名字，然后停止，在暂停后又再次回到一开始的步骤。然而，渐渐地，二十二人的名字就数齐了。名单里的人，没有一个不是在一定程度上推动过大革命进程的。其中有雅各宾派的创始人朗瑞内；曾促成《教士公民组织法》的拉博·圣艾蒂安；维尼奥、让索内、葛瓦代、伊斯纳尔，这些人都曾是推翻王权的原动力；巴巴鲁曾和他的马赛战友们一起让国王寝食难安；曾以巴黎市长身份支持过抨击王权的佩蒂翁；大革命的伟大政论家布里索；首届议会的忠诚拥护者之一——蒲佐；还有革命教会的倡导者福歇神父。

议会被吓坏了，只得批准逮捕这二十二人的法令。或者更确切地说，山岳派议员中的极少数成员做了这件事，因为大多数议员都垂头丧气、心灰意冷，并没有投票。这件事完成后，高高在上的国民公会才获得昂里约将军的同意，得以离开；他们走出去时，得到了民众通常带有讽刺意味的掌声。

十名吉伦特派成员成功及时脱身，逃出巴黎；这些人当中有蒲佐、葛瓦代、伊斯纳尔、巴巴鲁、佩蒂翁和卢维。其他人，以维尼奥和布里索为首，都被逮捕。他们被送进监狱，对他们的司法诉讼程序已经启动。这些诉讼程序是丹东努力保留下来的。但那些出逃的吉伦特派议员，决心鼓动各外省对抗巴黎，这注定会使仍留在巴黎的被捕成员覆灭。

事实上，各省都不赞成巴黎自治会发动的这场政变，而正是这场政变强迫人民代表中的优秀成员离开他们的议席。从卡昂到马赛，经南特、波尔多、土伦和里昂，有三十个省站在同一阵线，一起对抗政府，这是一场为吉伦特派发动的战争。但在这些地方，可怜的吉伦特派再度暴露了他们在组织方面的无能。蒲佐没有亲自去叛乱的中心波尔多，在那里召集被巴黎吓坏了的议员们，他是个诺曼底人，便带着所有人一起去卡昂避难了。但他们在卡昂不可能指挥这次叛乱，只是将时间浪费在争论和谴责上，产生的唯一结果是派遣夏绿蒂·科黛，高乃依①的远房后人，承担一项悲剧性的使命，这一使命以马拉之死告终②。美国人莫里斯在6月25日写道："他们（吉伦特派）是语言的巨人，除此之外一无是处。"罗兰夫人自己在7月7日写道，她害怕他们都是些"梦想家"。在公安委员会采取可怕的措施之前，叛乱很快被镇压下去，当叛乱烟消云散时，不幸的逃亡者被他们的朋友抛弃，再度出逃。我的同行，戈塞林·勒诺特③，最近第二次简述了他们悲惨逃亡之旅的各个阶段。从诺曼底逃到布列塔尼，再从布列塔尼逃到波尔多附近的乡下，他们注定要在一年中饱尝一生的苦难，被人从阁楼里捕杀到酒窖里，再从酒窖里逃进山洞里，一无所有，有时会死于饥饿。他们中的一些人设法经常写一些东西，而且总是为他们失败的原因辩解。他们真正的失败在于，他们到这个时候还是忠于这些词语的力量，而这些词语仍然能抚慰他们承受的苦难。

而这次各省爆发的叛乱，在巴黎受到了严厉谴责，甚至一些吉伦特派的支持者也在批评，国民公会和巴黎自治会的演说家都认为，在"皮特和科堡"④正在攻打法国国境时，这种叛乱是一种背叛国家利益的行为。我再重复一遍，是这场叛乱使得在巴黎被捕的吉伦特派在劫难逃。

吉伦特派上法庭之前度过了四个月的时间，这段时间被用来伪造令他们覆灭的文件，而且制造了虚假的陈述。当起诉书准备完毕后，他们在10月14日被送到富基埃-丹维尔的面前。

---

① 皮埃尔·高乃依（Pierre Corneille，1606—1684）：17世纪法国古典主义悲剧代表作家，与莫里哀和拉辛并称"法国古典戏剧三杰"，主要作品有《熙德》等。——译者注

② 1793年7月13日，夏绿蒂·科黛在马拉家中刺杀了正在进行保健浴的马拉。四天后，科黛在革命广场被推上断头台处决。——译者注

③ 戈塞林·勒诺特（Gosselin Lenôtre，1855—1935）：法国历史学家和剧作家路易·莱昂·狄奥多勒·戈塞林的笔名，他关于法国大革命的著述颇多，最著名的是《恐怖统治》一书。——译者注

④ 指当时的英国首相皮特（Pitt）和奥地利军队的统帅科堡（Coburg）。——译者注

虽然他们对保住自己的头颅已经绝望，并为此忧心忡忡，但他们仍主张由自己来提出有力的辩护。而他们表现出了这样的口才，非常真诚地为他们的事业悲伤地辩解，并且列举出压倒性的论据支持他们的说法，使得控方建立在虚假陈述上的全部诉讼看来几乎要坍塌了。陪审团似乎难堪重负。埃贝尔写道："人民已经发现他们有罪了，难道我们还必须要经历这么多仪式，才能将他们的身躯变短吗？"

国民公会在恐慌的状态下投票，通过了一项法令，允许陪审团可以在法庭诉讼进行三天后，自行宣布可以对案件宣判。这项法令立即被通过，并且转发给富基埃 - 丹维尔，从此可以拒绝被告继续发表讲话。这些不幸的囚徒愤怒地抗议，至少除了维尼奥之外的所有人都这样。过去一段时间里，维尼奥似乎已经对自己的生死无动于衷，并且将自己封闭进一种难以形容的无聊氛围之中。他只有一次打破沉默，那是在宣判的时候，他发现他一旁的人正在战栗。"你怎么了？"他对那个人说，"你害怕吗？""我马上要死了。"那个人回答。那个人刚刚自戕，鲜血已经流到了他脚下。其他十个人，在被宪兵强行拖出去时，发出了最后一次绝望的呼喊："救救我们，朋友们！"他们向群众高喊："救救我们，看在共和国的分上！"

拉马丁以戏剧化的方式描绘了第二天发生在革命广场的事件，那是一种不错的写法，但很多余，在这方面没有必要用想象力去刻画。关注这些年轻人（四人还不到三十岁，八人不足四十岁）那时的光景就已足够，公民们都觉得这些人充满天赋和美德，虽成了最卑鄙的敌意的牺牲品，然而却永远都坚定不移地遵循那些激励他们人生的原则。当时他们不太可能高唱"吉伦特派的马赛曲"，这首歌曲经过它的作者、历史学家和诗人口口传唱，跨越作者生活的世纪，传承到我们这一代。但他们都踩着坚定的步伐登上了断头台。维尼奥是最后一个，他若有所思，但瞥向那些落入篮筐的朋友们的头颅的目光满怀深情却无所畏惧。当时还发生了一起令人厌恶的事件。尽管瓦拉泽已经死了，还是被送到了屠刀下。这种可怕的事情，如果我可以这么说的话，真是一种不名誉的犯罪。

罗兰夫人在 1792 年 12 月曾经写过："也许他们想用纯粹和清白的受害者来迎接公正的统治。"

她从 5 月底开始就受到威胁，而且可以出逃，但她拒绝了。她有她的缺点，但她也拥有各种出色的素质，在她身上没有软弱的成分。

此外，此后几个月她私人生活的一连串标志性事件，可以说使得她已不愿求生。蒲佐已经逃走了，而她几乎无望再见到他。一种近乎残酷的洞察力引导她不再相信她所有的优秀诗人政治家能最终成功，因为她以前曾经相信的这些人，面对的是阴险狡诈的敌人。捉拿罗兰的逮捕令已经发出，他逃走了，现在正躲在鲁昂 ① 的邻居家。罗兰夫人任由自己被逮捕。她在牢房里，撰写了回忆录，字里行间满怀激愤，以至于没有已经写成的浪漫主义作品可与之匹敌。这是一份 18 世纪的女儿满怀诚意的真实忏悔录，而这个世纪将要杀了她。7 月 1 日，公安委员会给出了他们已经做出的结论："认定这个冒牌'卢克丽霞'和她伪善的丈夫在合谋惑乱人心。"

这就意味着死刑。朋友们都到监狱里探望她，她以非同寻常的冷静，令他们大吃一惊。但是一个还没有受到迫害的吉伦特党人——里奥弗，有时会发现她疲倦的双眼隐藏的泪痕，原来她暗中哭泣过。唯一令她担心的是想起已经逃跑的蒲佐遇到的重重危险，有时也会为她那可怜的丈夫的命运忧心。她丈夫正藏在某个隐秘的避难所，一直在为会被捕而担惊受怕。

有一天，她得知了维尼奥和他朋友们的死讯。从此以后，她就只有一个念头，想要离开这令人痛苦的世界。她出现在法庭上，身穿白衣，神色庄重，坚定而从容。里奥弗笔下的她："她是一个有着共和精神的、迷人、优雅的人。"她的敌人在公审时大肆辱骂她，她试图自辩，但他们打断了她。她被判处死刑。她答道："你们的判决让我有幸同很多被你们杀死的伟大男性分享身后之名。我会努力在登上断头台的时候，表现出与他们同样的勇气。"她返回监狱后，像一个让·雅克·卢梭的真正弟子那样，写下了她回忆录中的最后一行："啊，大自然敞开了怀抱……啊，上帝来欢

---

① 鲁昂（Rouen）：今法国北部上诺曼底大区的首府。——译者注

罗兰夫人

迎我了。"但她又补充了几个字："在我三十九岁的时候。"我不知道我是不是错了，但在我看来，这几个字应当出自一位古罗马女英雄之手，我们可以读出一种哭泣的神情，这使得我们印象中的她甚至变得更为美丽。她在次日被处决。在她赴死时，表现出惊人的冷静。"淡定，平静，面带微笑。"目睹她走上囚车的人写道。而她直到最后，仍是一个演说家团队的伊吉丽亚。当她走过竖立在断头台前的巨大自由女神石膏像时，不禁留下了流传后世的绝句："啊，自由，多少罪恶假借着你的名义实行！"她双唇倾吐着雄辩的绝句，以一个真正吉伦特党人的方式死去。几天以后，她年迈的丈夫罗兰，在他躲藏的房子里听到报贩在外面喊道："反革命同盟的帮凶，女公民罗兰死了！"他立即一言不发地离开了这座房子，走出城外，在田野里游荡了几个小时，最终决定自杀。这一举动证明了这个老男人仍然深爱着那个女人，尽管事实上她伤透了他的心。像他妻子一样，他到最后也保持了本色。在他死后，人民在他的尸体上发现了一张字条，写着这样的字句："愿我的国家会厌恶所有这些罪恶，回归更为人性化和理性的思维方式。"他一直都喜欢说教，直到临死的一刻还不能阻止自己抒发憾恨。

与此同时，在法国的其他边远地区，他从前的同伴们四处流亡，肮脏不堪，胡子拉碴，迅速衰老，而且衣衫褴褛。伊斯纳尔和卢维，是仅有的安全脱险的两个人。葛瓦代、佩蒂翁、巴巴鲁、蒲佐和萨勒斯，都像野兽一样躲藏在荒野的洞穴里。葛瓦代和萨勒斯最终被捕，在波尔多被推上断头台。一个晚上，巴巴鲁、蒲佐和佩蒂翁在荒野流亡的时候，以为他们已经被人跟踪了。他们掏出口袋里的手枪，想自行了断。后来巴巴鲁被发现仍然还活着，他的半边脸都爆开了，胡子上满是鲜血……真是恐怖的一幕。而这就是罗兰夫人称之为"安提诺乌斯"的男人。他被押往波尔多，在还活着的时候被送到了屠刀下。过了几天以后，一个牧羊人发现了蒲佐和佩蒂翁被狗吃剩一半的尸体——蒲佐令人崇拜的犀利眼神曾是玛侬最后的思念；而佩蒂翁整整两年都是巴黎之宝，这座城市的弥赛亚，巴黎人都称他为"英俊的佩蒂翁"。吉伦特派的标志性人物仅有三人幸存：卢维，在"热月政变"以后，严厉惩办了罗伯斯庇尔"残党"，为他的朋友们之死复仇；伊斯纳尔，加入了保皇党的复辟活动；里奥弗，成为拿破仑手下的一名省长，这是一种会令吉伦特派殉难者震惊的转型。

殉难者。是的，他们赢得了这个头衔，但他们也成为自己幻想和轻率行为的牺牲品。他们的死激发了我们的怜悯，但我们知道他们是死在自己手里，或者毋宁说是死在自己的言论上。他们受到激进思想影响的雄辩，引起了风暴，而最狂烈的风暴席卷了他们。他们对流血感到悔恨，但正是他们在1792年危险的宣讲开启了闸门，使得血流成河。因为最终，他们自己和那位他们如此钟爱的女子的鲜血也流了出来，而且正因为到最后他们也没有表现出任何卑鄙或残忍的成分，我们会带着遗憾记住他们，而他们在这场造词大狂欢中扮演的角色也不会更糟了，这场闹剧违背了他们的意愿，以更大的死亡狂欢收场。

第六章　丹东

1780 年晴朗的一天，一个年轻的乡下人在从香槟①的特鲁瓦②来到巴黎后，跳下马车，到这座城市里闯世界。他能用来支持自己的只有他的冒险精神。他是奥布河畔阿尔西镇③一位律师的儿子，香槟农民的孙子，所以他并不富裕，而他的出身让他拥有真诚的处事态度和强健的体格。他身材高大，即使在那个年代也非常强壮。但如果不看他眼中闪烁着的和善的智慧与勇气之光，看上去就非常丑陋，他的相貌被年轻时的事故和满脸的小痘痕破坏了。他想进入律师行业，而且正在寻求书记员的职位，所以第二天，他就开始学习迈特·维诺开设的法律课程，而他的申请成功了。

一个月后，他已经在经常出入德里克尔广场卡彭特咖啡馆的法律界小圈子里出了名。他对他本人的事情已经说得够多了，而他的机智和丰富的乐观精神，让他很快赢得了咖啡馆老板女儿的爱情。她成了一个健康、节俭的家庭主妇，拥有一大笔嫁妆，可以让他从国王的法院买到一个法律顾问的职位。然后他搬进了圣叙尔皮斯教区科杜商业区的一栋房子里，而且在那里迅速成名。他有一个漂亮的妻子，而且很快生了个胖娃娃，还有一栋朴实无华但舒适宜居的房子，朋友们都顺便来拜访"沾沾运气"，他在

---

① 香槟（Champagne）：法国的旧行省之一，今属香槟-阿登大区，正宗香槟酒的产地。——译者注

② 特鲁瓦（Troyes）：位于今香槟-阿登大区的塞纳河畔，奥布省的省会。——译者注

③ 阿尔西镇（Arcis-sur-Aube）：今奥布省的一个市镇。——译者注

法院里又打赢了好几件漂亮官司——所有的好事都让人自然而然地舒心，使他可爱的性情中充满快乐的情意。他在走过科杜商业区的时候，从来没有忘记和店主或工匠握手。这并非为给人留下一个良好的印象，而是纯良性格的自然结果。法院里的每一个人都称他为"那个好人丹东先生"。

没有一个人，甚至连"好人丹东先生"自己，在最疯狂的噩梦之中都没有想到，五年之后，他会在社区的街道上煽动起义，然后席卷这座城市；而他还将会推翻长达十个世纪的王权，指挥千军万马挡住欧洲各国的去路，领导一个拥有最高统治权的议会，并且治理这个国家；而他最终又会命丧断头台。这位最伟大的革命家的人生大起大落，无人可及。

这个粗鲁的人，为什么又因何成为最光彩夺目的人民领袖和这场伟大运动最为悲情的英雄之一的呢？而他又是为何在成为大革命最强大的领袖之一后，又成为它最引人注目的牺牲品之一的呢？前一段时间，我深入研究过他的出身、童年和教育经历。他生于一个血统健康、朴实多子的香槟农家。他童年时代都在奥布河上下游荡，成了一个强横的捣蛋鬼，但没有真正的坏心眼儿。他在特鲁瓦的礼拜堂学院就读时，赢得被授予杰出奖的荣誉。他所受的教育在那个时代绝对属于经典教育，要学习希腊文和拉丁文、普鲁塔克和塔西佗的历史著作。他的个人阅读限于最热情洋溢的作家，如拉伯雷、莫里哀，最重要的当然是莎士比亚。这一切都有助于培养一个词语滔滔不绝的青年律师，同时也培养了一个聪明人。很明显这都得自外部环境。

卡彭特咖啡馆的常客和科杜商业区的居民都没有注意到一种可怕的饥饿感在不知不觉地吞噬丹东。这个年轻人热爱生活。有一天他说道："快乐的人从来不会诅咒生活。"这种热情，发自内心的同情，在重大事件的刺激下，以更为耀眼的火光燃烧起来，扩大着他的视野。意想不到的是，他爱大革命，这种爱将所有同情一扫而空，而且因为大革命让他和整个法国联系在了一起，他以一种混乱的、不可抗拒的激情爱着这个国家，这从1789 年开始就非常明显了。

　　我用了"饥饿"这个词，因为事实上他对大革命的爱不是梦想家、理想主义者或者思想家的那种爱。他是个现实主义者，他爱的任何东西都想要去主宰、引导和征服。虽然他有些粗俗，但他还拥有一些令人意想不到的高贵品质。在愤怒的时候他是可怕的，但怒气从来不会多持续一刻，而他同样会准备好达成谅解。他会很快为他的坏脾气后悔，而且总是准备采取一种和解态度。他表达感情就像一个真正的高卢人，几乎扯着嗓门直接表达出来，无法长时间戴着假面具掩饰。而当需要挺身而出的时候，他就会产生比他一直以来所承担的更为巨大的责任感来。虽然在罪恶方面他颇可自夸，但他真的害怕罪恶，而且会为他参与制造的可怕不幸事件泪流满面。他勇于面对强大的对手，会非常自负地发现破绽，与征服者战斗，并且同情地实施征服。然后，当他看来到达权力顶峰的时候，却变得沮丧起来，成了他所说的"疲惫的人"，因为他意识到自己被人欺骗了，所以他正心烦意乱。尽管生性懒散，但他乐于行动，他在面对危险时会变得异常兴奋，而且如果他得胜的话，看上去他总能置身于自己的胜利之外。根据情况的变化，他可以很有人情味，也可以非常残暴。他喜欢领导运动，然后会站在一旁好像在显示他的力量。我不确定他本质上有什么原则，但他经历过各种形式的激情，尤其是管理人群的那种。如果他生活在洪水滔滔的时代，他会乐意成为成功制造和阻止这一现象的领头人。这就是丹东。

　　"你没看到雪崩正在到来吗？"1788年丹东对旧制度下的最后一位掌玺大臣这样说道。这位大臣名叫巴朗坦，据说他准备在他的内阁给丹东谋求一个职位。丹东预料到了这场雪崩，抓住机会要在风雪中纵横。他在他的社区享有的极佳名望，促使他参与这场全面动乱，而且一下子让他成为领袖。那个社区很快就成为科德利埃区，而雅克·丹东成立了一个以他为"王"的小型共和派组织。巴黎正处于混乱当中，科德利埃区得益于丹东的领导能力，成为这座城市的先进保卫者。丹东是一个犀利不羁的发言人，他发现自己在他的区议会讲坛上善于激发人们心中的所有激情，而他自己的心灵也沉醉其中，在这个小世界里，他相信自己拥有赢得人望的几乎超自然的天赋。他靠他的诚挚可亲打动人心来赢得人望,这种善良品质使他那了不起的高谈阔论和他那鼓动家的狂热行为,都价值倍增。而一旦离开讲坛,这种始终如一的善于社交的个性就使他成为一个快乐的伙伴和一个乐于助人的朋友——他一直都是那个"好人丹东先生"。

从 1789 年 7 月到 1790 年 6 月,他以坚强的个性使科德利埃保持着临战状态。那对手是谁呢?国王吗?不。我将要讲述的内容可能相当惊人,但我不认为丹东一直是个真正的共和派。和所有同时代的人一样,他的脑袋里肯定挤满了拉丁文和希腊文,而他的辩论有时会带上那么几句;但他相信中央权威是必要的,没有人发现他在 1789 年到 1791 年间攻击过王权。他以科德利埃区区长的身份,抨击、威胁和牵制着巴黎市政厅。对那些在 7 月 15 日进入市政府的人,他认为巴伊和拉法耶特才智非常平庸,尽管这两人是当时革命资产阶级的偶像,他因为自治会会由他犀利地称为"阉人"的人把持而烦恼。因为丹东自身刚健的男子气概,所以他一直都令三心二意和犹豫不决的人感到恐惧。他领导反对拉法耶特和巴伊的运动,使他们敬畏他的科德利埃"要塞",而他甚至以逮捕他们来胁迫二人退让。然后他被送入市政厅与他们斗争,但看来他的行动失败了,因为他们当时正处于权力顶峰,于是他耸耸肩,返回他的小区,回归他在科杜商业区原先的家庭生活。

但因为丹东为人民对抗被称为"八十九人团"的资产阶级领导人,于是从那时起,就被视为极左派的一位人民领袖。因此每当为了推动大革命更进一步而准备一次示威游行时,他们总会来向他问计。他的科德利埃俱乐部也远比雅各宾俱乐部更极端。一群狂热分子都围绕在丹东周围,从发动 7 月 14 日巴黎暴动的卡米尔·德穆兰,到通过报刊《人民之友》主张极端措施的马拉,最暴力的成员不断膨胀,他成了一个愿意为他而死并且不择手段地帮助他的团队的核心。科杜商业区被它的四壁围起来,就像一座城堡,是一个永恒的煽动叛乱的温床,在这个社区会听到的唯一名字是:"丹东!我们的丹东!"而在一些科德利埃派的文章中,会使用这样的文字:"我们亲爱的区长。"

突然间，国王出逃变得众所周知。到这个时候为止，丹东一直没有攻击过国王，但负责巴黎警卫部署的是拉法耶特，对丹东来说，这是个打倒对手的好机会。于是在一个傍晚，这个身形庞大的人民领袖走进雅各宾俱乐部："我传讯拉法耶特先生……"这真像是控诉"喀提林阴谋"①的开场白。但即使拉法耶特被科德利埃派憎恨，他依然控制着雅各宾派。拉法耶特自辩成功，免受卷入这一事件的责难。而丹东回到了他的科德利埃区。

科德利埃区不久被改称为"法兰西剧院区"（当时的法兰西剧院在奥迪昂），而丹东仍然是这个区的王者。为了同几个月以来都涉嫌反革命并向国王示好的拉法耶特战斗，丹东打出了标语：路易下台！若说丹东真想建立一个共和国是不可能的，当时他正在为奥尔良公爵工作。1789年起，那位可怜的王公就在进行一场非常危险的密谋，试图以王室的年轻支系来取代嫡系登上王位，而且他任用了他能找到的最糟糕的鼓动家们。但这个胆小怕事的小伙儿不够聪明，很快就让他的代理人们气馁，而丹东认为他也是个"阉人"。此外，科德利埃派叫喊着"共和国"的口号，甚至超出了丹东本人的预期。这个词就像炸弹——效果和炸弹一样——而丹东喜欢爆炸似的词汇。虽然王位倾覆并不直接取决于丹东，但他确实迫使拉法耶特宣布自己是王权的支持者，这样一来就揭穿了他的真面目。法兰西剧院区给制宪议会寄了一封信，要求在法国建立一个共和国，而这封信上有丹东的签名。

因此，丹东肯定会采取行动，而当战神广场的冲突导致议会中最激进的各派别采取反动行动的时候，看起来他似乎将会成为代罪羔羊。一位左派议员托马斯·兰代写道："已经发生的事情，都是那个无赖丹东的错，

---

① 指出身于古罗马没落贵族、苏拉的追随者路西乌斯·塞尔吉乌斯·喀提林（Lucius Sergius Catilina），因公元前64年和公元前63年两度竞选执政官未成，便准备组织没落贵族和以前苏拉手下的士兵发动武装政变的阴谋。公元前63年，执政官西塞罗在元老院发表了历史上著名的演说，反对喀提林的阴谋，并予以镇压。公元前62年，在伊特鲁利亚境内发生战斗，喀提林失败被杀。——译者注

而我们完全可以将他绞死，只有他的脸上才毫无不安之色。"

实际上，整个议会都恨他，而且决定采取措施对付他，因此他先在阿尔西避风头，然后逃往英国。有一本书称丹东为"流亡者"是公平的。后来他又回国了，相信迫害他的人会息怒，而且希望能被选入新议会。但保皇党和革命派在他们的协议中一致决定排除这个麻烦的家伙。

遗憾的是，他马上又会孤立无援，原因如下：

对丹东我已经用过"现实主义者"一词来评价。他出生和成长于香槟的一个农家，在那两年中，田园诗式的性格成为他的主要特点，他在根本上没有原则。我这么说的意思是，他是那种将自己的原则降低到最低限的人，而且随后会公开承认在面临必然产生的结果的条件下，原则应当退让。虽然他被认为是一个共和派，但他只会在可以创建一个比王国政府——后来被推翻了——强大的政府的条件下，才赞成建立一个共和国，因为一个强大的政府对拯救一个受到敌人威胁的国家至关重要。虽然他被视为一个极端民主派，而他在国民公会的第一项举动是打消有产阶级的顾虑，因为大革命如果想要延长它的寿命，必须借助新兴有产阶级的支持。他被认为在感情上是反教权的——如果我可以使用这样一个现代词汇形容的话——但他表现出对破坏基督教的不悦，因为教士们，或者按照他的说法，那些在教坛里安慰别人的人，是一种必要的因素，能够让人们在凝聚民族精神应对一种可怕危险时，不会变得意志消沉。而他在 1790 年为通过不侵略议案干杯后，又承担起国防工作，随后是去占领天然边界线，因为国防工作让他非常彻底地明白将法国边境延伸到莱茵河有着不可避免的必要性。我在下文会谈后一个问题。处理外交事务几个星期足够让一个鲁莽性急的人民领袖变成一个谨慎的政治家。这就是为何我说如果丹东早一年放弃民众鼓动家的角色，以及他与科德利埃俱乐部的关系，并且去面对法国的现实困境，并不是一件坏事的原因。

丹东确实被选为巴黎自治会公共检察官候选人，但他在市政厅明显处于一种不受信任的氛围当中，因为总委员会的观点大部分都比较温和，对他的态度很不确定。不过，他尽力在市政厅任职期间学习明智处事。

而在那段时间，边境的情况要比巴黎发生的事情更令他担心。

战争的威胁使事情向最坏的局面转变。1792 年 4 月和 5 月，由于大量军官离职和士兵们的训练不足、军纪涣散，法军在和奥地利军最初的几场战役中蒙羞。奥地利和普鲁士联合起来，而佛兰德 ① 也被德意志帝国的军队蹂躏，眼看着洛林也会被反法同盟军占据。为支援两个德意志强国，俄国正在号召整个欧洲武装起来，而要和这样一个可怕的反法同盟战斗，必须建立强大的国防，因为这个同盟实际上已经组成了。在事关国家存亡的这种紧要时刻，谋划这种国防真的可行吗？据说杜伊勒里宫正在和奥地利暗通款曲。维尼奥一派把持的议会"宣布国家将处于危险之中"全无用处，因为国家是无法靠空口白话拯救的。丹东来自法国东部，他所出生的行省正受到威胁，很快就将遭到入侵，因此他比那些南方绅士中的任何人都更清醒地认识到，对国防的考虑应优先于其他一切事务。但他也清楚地认识到，在能够采取任何行动之前，首先必须先切开内部的脓包。他看到了一场能够拯救法国于水火之中的革命的前景，他想象得到"宫廷的背叛"、议会和国王的软弱无力，每一方都在麻木地和另一方僵持。事实上，脓包必须被捅破，而他推翻王位则成为行动的开端。

在革命法庭，丹东说得很简单："我为 8 月 10 日铺平了道路。"但他做得比这更多，他实际制造了这次运动。一切仍然悬而未决，一场革命万事俱备，但缺乏凝聚力。丹东意识到市政厅的巴黎自治会是推翻王位道路上的唯一障碍。控制市政厅，就能迫使杜伊勒里宫投降；通过发动起义，革命自治会将取代立宪自治会。

这次起义的具体部署在暗中准备。所有指令都由科德利埃派发出，而当那个重大夜晚来临之际，也是由科德利埃俱乐部发出行动信号。8 月 9

---

① 佛兰德（Flanders）：1795 年以前的佛兰德地区包括比利时的西佛兰德省、东佛兰德省和邻近的其他一些地方，法国诺尔省和旧阿图瓦部分地区，以及荷兰泽兰省部分地区。——译者注

日傍晚，各街区人员已经根据丹东制定的计划，以革命行动的方式集结，选举出新的市政委员，他们在发出组建新自治会信号的傍晚，将前往市政厅。起义信号将是科德利埃的钟声。

8月9日到10日晚上，在丹东家里，科德利埃派领导人焦急地争论着。年轻的卡米尔·德穆兰给我们留下了一幅那个悲剧时刻的图画，这幅图画得简单明了。那位人民领袖躁动不安但一声不吭。"警钟会被敲响吗？"每个人脑海里都存在这样一个问题。突然间，这个人站了起来，他要去发出信号，这个信号将会导致持续千年之久的王权垮台。不久以后，在这个热气蒸人的夜晚，外面听见了科德利埃午夜的钟声，这是号召巴黎进行第二次革命的钟声。1点，新自治会在市政厅成立，黎明时丹东出现在那里，以控制事态，他传唤国民自卫军领导人、忠于国王的芒达来市政厅。这个不幸的人，先是被解职，然后就在市政厅的台阶上被人打死。所有的抵抗因此群龙无首，各起义部队就能猛攻杜伊勒里宫。众所周知，国王在被送到议会之前，甚至都没能在王宫里等到被俘获：他在战斗开始之前，就被打败了。

议会认识到毫无疑问是丹东在操纵一切，而且对所有的事情负责。尽

在议会的国王和王室

1792年8月10日之夜

管议员们几乎都不喜欢他，而且非常怕他，但看上去他不可避免地会成为议会的领导者，而且他的名字被每个人提起。尽管看上去他似乎不希望通过他的胜利来获取利益。

夜幕降临后，丹东回到科杜商业区上床睡觉，他绝对已经疲惫不堪了。丹东一直睡到 11 日上午 3 点，这个时候他的两个重要朋友德穆兰和法布尔·代格朗丁将他摇醒，喊道："你已经被任命为大臣了。"法布尔·代格朗丁别无所长，只是个诗人，在这场悲剧中留下了一个滑稽的记录，因他补充了一句："你必须让我成为掌印秘书。""而我也必须成为你的秘书之一。"德穆兰说道。他的这两个追随者已经吼了起来："快点儿给我们委任状。"因为被叫喊声吵醒，丹东喃喃地说："你们真的肯定我已被任命为大臣了？""当然！"两个年轻人都喊道。他们都非常急于掌握权力。然后丹东起床接任"掌玺大臣"新职，后来他形容自己取得这个高位就好像坐在"一颗加农炮弹"上。

丹东的权力比一个大臣更大。国王刚刚被架空，议会就已经决定任命一个执行委员会，并且宣布一项要职将会交给这个委员会的主要候选人。这一次，两百八十五名选举人中有两百二十二人投票，首先任命丹东为司法部长。一小时后，丹东进驻旺多姆广场，而德穆兰在那里和丹东坐在一起——他上演了另一出滑稽戏——在给他父亲的信中夸张地写道："自由的事业胜利了。我正在莫普^①和拉穆瓦尼翁^②的大厦里。"他真像米拉波对他的称呼"可怜的卡米尔"那样。

丹东没有将他的感情浪费在这些琐事当中。他就职掌权，而且认为应当将"自由狂欢"限定在国防利益的范围以内。

到这里是时候停下片刻，对他的体貌特征进行仔细审视了。有一天他宣布："大自然给予我自由的运动员体格和凹凸不平的面相。"这显然不是大革命的空想家们透过他们定制的眼镜所描绘的平静而典型的自由肖像。当然不是，这是他所设想的自由，所有的血与肉、筋与骨，和生命一起颤动，如果需要的话，能够奋起，让敌人的内心感受到恐怖的打击。

从那时起，毫无疑问，丹东显露出了他所说的"凹凸不平的面相"般的峥嵘。一年间，那个快乐的律师消失了，只剩下一个带有可怕泰坦巨人般性格的愤怒的人民领袖。他的头发长得很快，而且总是血气过盛，眉头过早地皱到一起，看上去好像一直都皱着，显示眉宇间正有风暴肆虐。他宽阔的、野兽般的脸上瘢痕累累，模样走形，不带丝毫可能令这副奇异面相生辉的微笑。甚至连他穿衣服的方式——他并不是个不修边幅的人——都给人留下一些他天性强横的提示。从他那打结的领带到红色外套的翻

---

① 勒内·尼古拉·夏尔·奥古斯丁·德·莫普 (René Nicolas Charles Augustin de Maupeou, 1714—1792)：法国律师、政治家和大法官。1768 年 9 月他接任法国大法官职务，实行开明专制主义政策，成功地在路易十五统治末年建立了有效的新司法制度。但路易十六继位后，又恢复了旧司法制度，他被迫隐退，也致使可能防止大革命爆发的基本制度改革随之失利。——译者注

② 纪尧姆-克雷蒂安·德·拉穆瓦尼翁·德·马尔塞布 (Guillaume-Chrétien de Lamoignon de Malesherbes, 1721—1794)：法国政治家、内阁大臣。他是法国巴黎著名的律师家族子弟，接受过法律专业教育。他反对莫普的司法改革，路易十六继位后，恢复旧司法制度，任命他为国务大臣，在任九个月内，他主要致力于王国警察事务。1776 年，他和杜尔哥一起退出内阁，直至十一年后才重新入阁，但很快又回归田园生活。1792 年 12 月，七十一岁高龄的拉穆瓦尼翁不顾巨大的政治风险，毅然来到巴黎，和其他两名律师一同在国民公会为路易十六辩护，但仍难以挽回国王的悲剧结局。1793 年 12 月，他被作为保皇党人并以反革命罪与女儿、女婿和孙子们一起被捕，次年 4 月 23 日，全家一起被送上了巴黎的断头台。——译者注

领，都显出他的一些狂暴性情。如他一位朋友形容的那样，"这张鞑靼人似的脸"是让他给人恐怖印象的一个重要强化因素。他可以像米拉波那样说："我的丑陋是一种巨大的力量。"而且，他不是被称作"暴民的米拉波"吗？

丹东的每一种特征都显示着实力和力量。他的额头，他的眼睛，他宽阔的肩膀，他那如钢铁般铸成的手臂，而他的右手在左手"紧靠在他的左边时"，会以狂暴的姿态伸出，他"雷鸣般的洪亮"声音，在那个时代的报纸上被多次提到过——所有这一切都显示着他的力量。他被人称为独眼巨人、阿特拉斯、斯滕托尔、泰坦，而最常见的称呼是"革命的赫拉克勒斯"，在不同的时候，他会分别被冠以古典神话中所有重要人物的名字。

这位赫拉克勒斯也有他的弱点：他挥霍无度，而且是个酒色之徒。他肯定是个好色之徒，但他看上去并不像他喜欢表现出来的那样风流成性。我的朋友乔治·勒孔特①最近写了丹东的爱情故事，但他和我一样，得出的结论是，他真正爱慕过的只有两个女人。但他是如此热烈地爱着她们，用他的每一条神经全身心地去爱！他的理想看来就是想拥有一个甜蜜伴侣露出迷人微笑的舒适的家。他真切地为"他的加布丽埃勒"之死哀号，四个月后，他又娶了迷人的露易丝·热利，那时他说："实在是因为女人对我来说是一种必需品。"如果他只是想要女人的话，实在不需要再婚，而他想要的其实是一个妻子。在这两个女人身上，他的感官冲动得到了充分的满足，而这就使他的朋友们有理有据地时不时会说："丹东正在消失。"当温馨的家庭幸福感笼罩住他的时候，他的激情天性就会失去热忱。

感情用事是丹东的另一个弱点。他朴实无华，即使他被称为"犬儒"；他相信友谊，而且时刻准备伸手表达他的善意。他乐于助人，总是渴望能帮助人们避免陷入麻烦，但他和善的行为却让他对人性了解得很少，因为他并不是一个优秀的心理学者。他的一些朋友在他们能充分利用他的时

---

① 乔治·勒孔特（Georges Lecomte，1867—1958）：法国小说家和剧作家，同时也写作一些文学、历史和艺术类学术作品。——译者注

候，却也在威胁他的安全，例如鼠窃狗盗之徒法布尔·代格朗丁、疯狂的卡米尔·德穆兰、腐化放荡的艾罗·德·塞舍尔，以及其他二十个朋友，都是不幸的选择。其他人，像被他解救出苦海的俾约 - 瓦伦，以及被他长时间视为"最好朋友"的罗伯斯庇尔——这些人以他们的背叛，将他置于死地。而这个"玩世不恭"的家伙，对每一次新的背叛行径都感到痛苦和惊讶，并因此伤心流泪。他似乎从未特别恨过任何一个人，或者说至少没有长时间特别恨过某个人。卢瓦耶 - 科拉尔①显然得到过丹东的宽待，特别强调过他保护人的这种品质。"应该说他为人仁慈大度。"科拉尔说道。这一点确实是真的，丹东一直都愿意原谅任何对他的伤害，他很快就会忘记争执，而争执的消散很可能只是因为敌人一旦向他低头，他从来都不能下决心将对方干掉。

丹东还有最后一个也是最糟糕的弱点：他似乎在金钱问题上有些肆无忌惮。他在性格方面并不是真的唯利是图，但就像他的慷慨和奢侈一样，对金钱却从来没有足够的头脑。我一直都怀疑在这方面对他的指控是否完全属实，而我的职责使我认为这些都是我的同行马迪厄②揭露的，他就像罗伯斯庇尔本人那样痛恨丹东。我从头到尾仔细检查了马迪厄的指控，并且得出一个非常明确的结论：丹东肯定从各方面都收受了钱财。和米拉波一样，他宣称，尽管他接受金钱报酬，但没有出卖自己。"像我这样的一个公职人员，是不可能被收买的。"他这样对法庭说道。他没有将这些钱大量地用于个人私用。他仍然继承了香槟农民血脉中的本能，只在他的祖产周围一处接一处地购买了小块儿田产，但用在这方面的金钱总数并不大。他赠送出去的钱真的几乎和他收受的一样多，因为如果他不把钱攒得

---

① 皮埃尔·保罗·卢瓦耶 - 科拉尔（Pierre Paul Royer-Collard, 1763—1845）：法国政治家和哲学家。大革命爆发后，他一直对革命持温和态度。1792 年 8 月 10 日起义发生后，他支持吉伦特派的主张。1793 年 5 月，在他面临生命危险的时候，他母亲勇敢地去当地国民公会代表处保护自己的儿子，丹东也放了他一马，使他死里逃生。——译者注

② 阿尔伯特·马迪厄（Albert Mathiez, 1874—1932）：法国历史学家，以用马克思主义分析法国大革命而闻名，对乔治·勒费弗尔和阿尔伯特·索雷尔影响很大。马迪厄对罗伯斯庇尔非常推崇，赞扬恐怖统治，其观点比较激进。有意思的是，他晚年受过斯大林主义历史学家们的抨击。——译者注

紧一点儿的话，钱很快就会变得分文不剩。令人奇怪的就是，偶尔会剩下些钱的话，还能剩下多少留给他自己，因为他的朋友们是如此狡猾、贪婪的生物。

这些就是他的弱点，而它们的性质都很严重。丹东主要的力量在于他的大脑，那完全是现实主义者的大脑，而大脑控制着一条慷慨激昂的舌头说出所有火焰般炽烈的言辞。正如我已经指出的，他是个现实主义者，一个面对现实的人。我不用在这个问题上多耗笔力，因为后续部分将清楚地说明一切。他的演说是即兴发挥的，缺乏章法和准备，而与此同时，他的演说词会按照西塞罗的演说那样精心打磨，遵守这一规则而不是成为例外。他不想为书写操心，所以现存的丹东亲笔信几乎只有十封，而他在讲坛上也不用便条帮忙。在进行演讲时，他会急匆匆地开始，也不使用任何开场白，就快速直入他的主题。他的风格在琐碎和庄严、感人和严厉之间轮转，他的语调极其含糊，而活力充沛到了近乎野蛮的地步，但他将自己的全部身心都投入到演讲中去了。这种演讲看起来像是河流中的波浪般，此起彼伏，咆哮着冲刷崎岖的河岸，挟着河床里的淤泥粉砂，闪耀出金色的灿烂光芒。此外，他演说的方式是直截了当的，而且其中铺排大量的、几乎无休止的、在那些日子的辩论当中都会用到的短语，有许多短语都值得关注。他的演讲风格就像他本人那样大胆，而且这种狂野的天然风格蕴含着惊人的表达效果。他的想法是完全相似的，而在阐述想法的时候，他会把谨慎都扔进风中。

我重复强调一下，当时他的全部注意力都被边境吸引住了。1790 年，作为一个人道主义者，他陶醉于废除所有边境"给全世界带来的幸福"之中；但是现在，作为一个在法国拥有财产的人，他毫不犹豫地表现出比起全世界他更爱他的国家。他希望看到争执、党派分歧甚至合理的观念冲突都停止，只要这能确保法国受到攻击时足够安全。"我们所有的争吵能杀死一个普鲁士人吗？"他在某一天大声疾呼道。而如果争执继续下去，各政党和派系坚持他们的破坏性政策，他就会急于用冷酷和残忍的暴力去粉碎这些因素，如果需要的话，他准备让这些人倒在血泊之中。

丹东是司法部长，但他对这个部门几乎没有投入过注意力。他把部门的一切事物都留给他残忍阴险的"掌印秘书"法布尔·代格朗丁，这个人夸张地滥用职权，而部门里的事务就此落入代格朗丁在旺多姆广场罪恶的双手之中。实际上，丹东认为他自己是临时政府的首脑。在说服外交部、陆军部和海军部这三个特定部门的同僚将事务都交给他后，他召集下级行政官员进行了首次碰头会，并且让自己为国防问题忙碌起来。

8月19日，一支八千人的敌军越过了洛林边界，而且在不到一个月的时间里，拿下隆维 ① 和凡尔登 ②，越过了阿尔贡地区，进入香槟，并且威胁巴黎。早在8月11日，他就预见到了这些灾难无法避免，因为他了解法军部队缺乏训练、纪律涣散，而且领导不力，从整体上来说，陆军处于一种无法令人满意的状态。但比起武装力量更加严重得多的问题是：整个国家看起来已经瘫痪，无法全力以赴地准备一场保卫战。

长时间以来，各外省都没有参与大革命，他们只是很勉强地接受了君主制的垮台。当各省起来反抗的时候，他已经习惯于面对困境，对事态的认识也并不缓慢。他告诉委员会："8月10日的各种事件，将法国分为两派，一派支持君主制，另一派希望建立一个共和国。你们不得不承认后一派的人数在这个国家是极少数，而你们只能依靠这个少数派去战斗。"但各外省几乎都超出了控制界限：为了便于攻击国王，1791年宪法削弱了中央政府的权力，而现在执行委员会继承了这种权力。

丹东依赖于巴黎的支持，因为他从巴黎肯定能找到革命的力量，一种仍然燃烧着炽烈能量的驱动力量，而这也是一种能创造出实力的能量。在他看来，在巴黎建立一个专制政权是唯一能为国家提供足够防御手段的办法。但巴黎的情况怎么样呢？在他看来，他亲自在市政厅建立的是一个糟

---

① 隆维（Longwy）：今法国东北边境默尔特－摩泽尔省的一个市镇。——译者注
② 凡尔登（Verdun）：今法国东北部洛林大区默兹省的最大城市，著名的军事战略要地。——译者注

糕的自治会，那是一群拥有恐怖和可怕激情的疯狂革命者。从那时开始，他自己不得不遵循某种暴力政策，并且服从这些疯狂的行为。他曾经为了进攻一大帮人怀着仇恨火烧巴黎，但现在如果敌人的前进不能被阻止，巴黎将会受到威胁，乃至丢失。多亏了自治会，前国王的朋友们在某种程度上，已经激起了仇恨；在杜伊勒里宫，玛丽·安托瓦内特和她的朋友们与奥地利暗通款曲的证据被找到了。但是，即使在那之前，保皇党人都被视为应为敌人的入侵负责。丹东送往边境的成千上万的志愿兵正在热切地列队出发，但他们满怀恐惧，因为按照他们的说法，在他们身后留下了成千上万的叛徒，这些人现在就能向他们的背后捅刀子。突然间，凡尔登陷落的消息传来，犹如在一片看来已几乎燃烧的空气当中打出了一道闪电。

全体委员会成员来到议会，丹东以发言人的身份，在议会发表了他职业生涯中最伟大的演说。他宣布，首先，法国最重要的就是巴黎，这座首都将会竭尽全力帮助政府。应向各外省派遣特派员"指导性质如此高尚的群众运动"。他补充道："我们要求将任何拒绝出力或者拿起武器的人处以死刑。……你们很快会听到的警钟声不是警示信号，而是向国家的敌人冲锋的号角。"现场已经爆发出一阵热烈的掌声，然后，丹东做了一个令人印象深刻的手势，据一位目击者说，四十年的光阴都不会令它的光辉黯淡，他说："为了粉碎他们，我们必须大胆，更大胆，一直大胆，而胜利将会是我们的。"

一位议员写道，这个丑陋的男人，在这一刻，是"英俊的"。

议会聆听的这项政策意味着要对德意志人采取大胆措施；另一方面，对巴黎自治会来说，意味着要在他们的监狱里大肆屠戮保皇党和教士。因此，整整三天血流成河。

审判丹东时的这项指控需要进行仔细研究，而且要逐步审查相关证据。他应当为这些屠杀负责吗？他只是允许这样的事情发生，还是在推波助澜呢？经过对事实的检验后，我趋向于这种观点：丹东实际上并不真的希望，或者更具体地说，没有下令进行这场大屠杀，但他拥有无可置疑的权力去阻止屠杀；而他纵容了这种暴行的发生——这是一种最可怕的想法。他告诉委员会："必须让保皇党人害怕。"他发现恐惧是他兵器库里最有用的武器，而根据他的政策，他给了"九月大屠杀"充分的口实。这是丹东记忆中的可怕印迹。他一直有着承担责任的习惯，所以毫不犹豫地说大屠杀应归咎于他。"那是我干的。"这是他的悲鸣。当他看到自治会试图将屠杀目标从保皇党转向吉伦特派时，他终于让屠杀中止，然后他花了一年时间与吉伦特派修好，使他们免于被屠戮。

丹东已经将他的全部注意力都投入到战争事务上，并且忽略了他的司法部，将他的时间都用来和陆军部长塞尔万在一起。"我已经变得更像陆军部长的副官长，而不像个司法部长了。"但他比副官长重要多了。丹东很快就让塞尔万完全服从他，极力敦促这位不幸的部长，而且按照他自己的方式处置所有事务。他强制征召志愿兵，抨击武器和弹药问题，而且派出那些不是"温柔女生"的代表们去军队鼓励将领们采取大胆措施，如果他们还是不够大胆的话，根据需要，可以恐吓他们。然后他取代了勒布伦在外交部的职务，并且派其他代理人前往欧洲各国。这绝不是一个疯子的行为：他正在试图通过谈判使反法同盟解体。在瓦尔米战役之后，当普鲁士军队为法军士兵的坚决抵抗震惊并转身逃跑时，人民会更加乐于看到他们就这样一路撤到边境。这是一件多么光荣的大事，而丹东在这个广为流传的半传奇故事当中，是最重要的人物。但很可能只有他知道，他的国家通过几位密探，花了数百万金钱才让布伦瑞克公爵做出了这次惊人的撤退。两个月后，当吉伦特派决定要得到丹东部门的账目时，他耸耸肩说："所有秘密支付款项都要公布于众吗？"让半真实、半传奇的瓦尔米大捷的故事，这一个启发和激励法国同胞们热情的奇迹，保持现状会更好。

瓦尔米战役的第二天，国民公会举行会议，而各党派已经在面对面交锋了。

如我们所知，巴黎已经拒绝了所有吉伦特派候选人，同时他们又在另一方面通过各外省重返议会。首都选出来的人没有一个是"干净"的，领衔这份名单的罗伯斯庇尔，仅得三百三十八票，而名列第二的丹东得了六百三十八票，这代表投票人的一致意见，也让他的朋友们同样受益。有人认为奥尔良公爵（当时已被曾为"平等菲利普"）的当选，是因为丹东的影响，而后来在法庭上，有人试图以此来指责他。他心中可能还有其他计划，但从各外省来的议员们不是能做出重大决策的人。

注意到国民公会决定同意使用"共和国"的字眼有多不容易，是一件有趣的事情，加入这个词并不是宣布共和国成立，而仅仅是因为无法避免使用这个词。

各外省主要是对巴黎的混乱无序不满，由冷静的资产阶级组成的国民公会，被选出来去反对屠杀政策。我曾经说过，最初的委员会都由吉伦特派组成，但第一个出现在讲坛上的演说家是丹东。令每一个人都觉得惊讶的是，他首先提出，为了打消可能会在各外省发生异常社会革命的恐惧感，"永久"财产权不可侵犯的原则应当被宣布。"让我们宣布彻底放弃所有的极端政策，让我们声明私有财产权应当在所有的时候都得到承认。"

在丹东的敌人看来，他这是故作姿态，但他们错了。他犯过很多错误，但这一次没有错。当他发表这个声明的时候，起最重要作用的是他身上的现实主义精神。他期望在严厉批评他所谓的"9月狂热攻击"后，整个国家能团结起来重建国内秩序，否则的话，保家卫国是不可能的。他还打算让社会的各阶层，哪怕是保守派，都能支持他所倡导的大胆政策。

如我在前文所说，吉伦特派对丹东，尤其是他对罗兰夫人沙龙里的他们的态度怀恨在心，串联起来反对他，拒绝了他建立一个联盟的建议。这激怒了丹东。"你们的争辩是无用功。"他喊道，"我只知道一件事——敌人。让我们一起打败敌人。"在使私有财产权不可侵犯后，他流露出了不应干涉宗教的忧虑。11月30日，丹东发表了关于教士的著名演说。他说，教士是"安抚人心的人，被百姓视为圣徒，因为对他来说，他们的童年、青年和老年时代，由于教士，才得到了稍纵即逝的快乐。"他已经在向往一种稳定的政策。他说道："我将会让大革命的战车顺利行驶。"他焦虑地渴望不会横生事端。11月，拉默来找丹东，乞求他拯救路易十六，丹东对他说道（而他知道全部谈话内容会被报道）："尽管无法相信国王是清白的，但我认为由我将他从困境中解脱出来是合理的，也是合适的。"他补充说他会尽全力推迟、拖延或防止审判发生，因为一旦进入审判，问题就被提了出来，国王肯定会死，而他将会投赞成票。在这个问题上，他希望能和罗兰夫人的党派达成一个协议，从志在必得的罗伯斯庇尔派手中保全国王的性命。吉伦特派固执地拒绝与丹东联合，他们对丹东的称呼只有"大杀人犯"而没有其他，路易十六为此丢掉了自己的脑袋。

我已经叙述过吉伦特派和山岳派领导人之间的斗争是如何开始的。丹东被马拉和罗伯斯庇尔两人的粗暴攻击激怒，而他们的抨击和让人尴尬的账目问题甚至令他更为恼火。这激发了罗兰派起来积极反对他，他们认为从这些事情当中发现了敌人的大错。丹东对针对他的指控进行了争辩和抵制，然后，他采取攻势，努力澄清了自己的形象。最终，他回到自己的初衷，建议组成一个联盟。

他唯一真正念念不忘的仍然是国防问题。如果他强调有必要建立一个统一战线，这是因为他试图以此恫吓法国的敌人。"组成这个神圣联盟的消息一定会让奥地利人惊恐不安，然后我发誓这将意味着我们敌人的灭亡。"他没有将普鲁士人纳入他的这番预言，因为他对他们非常尊重。

但对他的攻击仍在继续，而且争议越发激烈。吉伦特派的攻击仍然显得那样直截了当，令人担忧，他们急于审判国王，而且很快就开始了，这件事彻底违背了丹东的意愿。丹东心碎了，从而想退出是非之地。他争取到一项任务，这项任务一开始的目标是比利时，杜穆里埃率领他的胜利之师已经进入了这个地区，后来的目标是莱茵区，那里会被屈斯蒂纳①的大

---

① 亚当·菲利普，德·屈斯蒂纳伯爵（Adam Philippe, Comte de Custine, 1740—1793）：法国将军。他早年在路易十五的皇家军队服役。法国大革命爆发后，他以准将军衔加入革命军，在被选入议会后一度辞职。1791年，他再度以中将军衔重返军队，深得军心，曾出任寺日山军团司令。1792年9月至10月，他在德意志境内连克美因兹和法兰克福各地，在当地推行革命措施。但当年冬天，即被普鲁士军队逼回莱茵河西岸，他一度为此受到审判，但得到罗伯斯庇尔的辩护，随后转任北方军团司令。由于他裹足不前，未能解救被奥地利围困的埃斯科河畔的孔代城，因而被革命法庭逮捕，最终被判有罪，1793年8月28日，他被推上断头台。——译者注

军征服。

丹东在东部边境地带的过境之旅是法国历史上一件值得关注的大事。

我可能对制宪议会的举措提出过颇带批判性的意见，曾评论过那是多么的非同寻常，在我看来，那些主导这一举措的立法者应当是深深地被他们永久和平的幻觉所迷惑，为了将他们的梦幻化为现实，他们宣布法国的边境将由永久的命运来决定，并且永远禁止任何侵略行为。但是以前的五十代立法者和他们的国王与大臣，为法国获得它的"天然边界"曾奋斗了上千年。先辈们并不是被一种傲慢自负的帝国主义精神推动来采取这一项政策的，而是出于一种很常见的想法，那就是只要那些屏障——比利牛斯山、阿尔卑斯山，尤其是莱茵河，脱离法国的掌握，就会使他们的国家不断地身处外国入侵的危险当中。制宪议会，通过一种在法国历史上绝无仅有的行为，表示要废除这一著名的法则，而且甚至在德意志人的另一次入侵之后，新议会似乎都不急于全面打破这一新的和平宣言。

丹东到达莱茵区的时候，是一个庄严的时刻。就在最后一位法国国王正在被推上断头台的紧要时刻，丹东，这位伟大的革命者，正在见证边境的真实情况，明白了君主制政府上千年以来铭记于心的计划的思路。他以新生共和国特使的身份从布鲁塞尔来到亚琛①。问题在于现在由杜穆里埃掌握的比利时，是否要与正被屈斯蒂纳的军队占领的莱茵河左岸地区合并。他对这个问题形成了非常明确的看法，但当他返回巴黎时，所有的注意力都被对国王的审判吸引。右派希望他会投票反对处决国王，但他已经开诚布公地对拉默说过他的做法会是：如果发现不可能拖延审判，他会投票赞成极刑。当丹东亲自宣布他赞成处死国王时，从右派的座席上传来了惊呼声，这证明了他们曾寄希望于他的慈悲。因为决定与欧洲开战，国王就要被处死，这是已经赢得的胜利不可避免的后果，问题在于他是否想以这一新的暴行将恐惧打入法国敌人的内心。

---

① 亚琛（Aix-la-Chapelle）：今德国西部边境靠近荷兰和比利时的一座城市。——译者注

在处决路易十六的翌日，丹东出现在讲坛上。不再是仅仅几个人提出问题的重点了，当下的问题就是国防问题，丹东对此进行了更宽泛意义上的解释。列日、萨伏伊和不久后加入的莱茵区的人民，请求与法国合并，但国民公会踌躇不决。不能忽视的事实是，如果这些合并真的生效，战争将不会结束。制宪议会的和平主义者们，甚至1793年国民公会的这些和平主义者们，仍然没有准备好放弃他们永久和平的梦想。

1793年1月31日，丹东走上讲坛，发表了众人期盼已久的著名演说。这是一篇杰出的宏论，循着论述轨迹，他得出了这些振聋发聩的结论："在我看来，对共和国领土扩张的任何疑虑都毫无用处。法国的疆界是大自然之手标定的。它们就在东南西北四周，而我们将到达所有这些天然边界线——大海、莱茵河和阿尔卑斯山。那些地方必定会成为共和国的边界，天地之间没有任何力量能够阻止我们达到目的。"也许在1918年就缺少这样一个人，如果那时有这么一个人，历史就将会是另一种写法了。

丹东让议会和他保持一致，而在回首法国以往的国策后，他立即开始为未来进行准备。他再度为东部边境离开巴黎，去安排那些要求合并的人民所在地区并入法国的事务。值得注意的是，他比过去更激烈、更严厉，而且近乎残忍无情。为处决国王，他肯定非常不情愿地投了赞成票，这在折磨着他。在逗留比利时期间，他看上去躁动不安，而且坏脾气比往常更厉害。他的灵魂已经在承受煎熬。而当他在2月7日回到巴黎时，只发现他的家在他离开的时候已残缺不全，因为他的妻子死了。

他看上去简直悲伤成狂。尽管他可怜的女人的尸体已经落葬将近一周，他还是将尸身挖掘出来，从而使他能送上他的吻以让她安息，并且见上妻子最后一面。然后他让她回到坟墓中去，但在接下去的几周里，他似乎陷入一种疯狂状态。

吉伦特派继续攻击他，但他们的攻击性政策并不是引起丹东焦虑的主要原因。西班牙、英国和意大利的各邦现在和德意志各邦结盟。（像他过去所说的那样）与整个欧洲的生死大战爆发了。丹东斗志昂扬，但他的快意很快就变得黯淡无光。他建立统一战线对抗入侵大军的提议无法得到认可，他急于促成公安委员会去掌握这个国家的一切，并且达到了目的。他希望用这种方式能威吓那些反对他计划的人，如果需要的话，会粉碎所有违抗计划的人。因此，他为建立公安委员会投赞成票，为建立革命法庭投赞成票，实际上，他为所有最终导致恐怖统治的措施都投了赞成票。如果说他没有积极参与推翻吉伦特派的话，那么他也没有干扰马拉以及他自己一派的人进行的毁灭行动。而我们已经看到这些毁灭行动是在怎样的情况下完成的。

在这个关键时刻，他重新掌权，并且将自己的满腔热忱投入到新的工作中去。4月6日，他和他所有的朋友们一起被选入公安委员会。那确实是一个丹东的委员会。他发现他的新职位非常有必要取得自由裁量权。"为战胜法兰西的敌人，为了在一部优秀的宪法框架内重建秩序。"——这就是4月10日，他以公安委员会发言人的身份提交给国民公会的自由裁量权计划提案的开头部分。他不认为"征服敌人"的方式只能限定在使用武力上。阿尔伯特·索雷尔已经揭示了丹东是怎样和联合起来对付法国的整个欧洲进行艰苦谈判的。而他在"法国恢复秩序"的计划也并不意味着一种无差别的镇压政策，即使最激烈的提议也明显意图避免使用极端手段。而这种有节制的政策令"纯粹派"震惊和愤怒。当时丹东和他的狂热支持者把持新公安委员会，而罗伯斯庇尔和他那一派对这位人民领袖的大权独揽不满，已经在暗中进行一场反对他的运动。即使直到当时都还是丹东政策坚定支持者的巴黎自治会，也有人第一次说他"太温和"了。他正在竭尽全力拯救王后，他认为，如果释放玛丽·安托瓦内特，将会是与奥地利更接近和平的一步棋。他提出的建议向欧洲表明，他正在试图开展一种有节制的政策。他变得非常软化，并且试图挽救那些身陷囹圄或者被迫流亡的吉伦特党人。有目共睹的是，他紧张的情绪开始放松下来，而这使得周围的人们都错愕不已。从外国各内阁到雅各宾各俱乐部，每个人都非常惊讶。

这种突变的解释是，这个非同寻常的男子已经在一个新环境当中，重获家庭幸福。在加布丽埃勒死去四个月后，他娶了她的一位年轻的朋友露易丝·热利。她才十六岁，而且是个非常迷人、很有魅力的女孩儿。丹东以一个男人的深情热恋着她。她要求婚姻不仅应当得到上帝祝福，而且应当得到一位天主教教士的祝福。他没有反对，就在基督崇拜被摧毁的时刻，德·克拉文内神父聆听了这对奇异夫妇的婚姻誓言。甚至有传言说，前一天晚上，神父还倾听了丹东的个人隐私（我不敢说这是丹东的自白）——而这些肯定都与老生常谈相去甚远。因此，在这种重新获得的幸福和他身居高位承担的重任影响下，他寻求和平的愿望变得越来越明显。

可是丹东再次遭到攻击，这次的攻击来自左派。罗伯斯庇尔仍在犹豫是否要与丹东决裂，但圣茹斯特怂恿他的导师采取行动。在关于罗伯斯庇尔和他圈子的下一章节里，将更适合去描述圣茹斯特这个英俊而可恶的年轻人。但既然已经提到了他，那么说清楚他对丹东总是恨意难平，一直都在憎恶他是很重要的。甚至连他对罗伯斯庇尔的崇拜都使得他极其嫉妒偶像的这位竞争对手。圣茹斯特在得到马克西米利安允许后，发动了反对丹东委员会的运动，而且抨击委员会对反革命同盟共谋者的软弱态度。极左派的政治写手们将会形容它是一个"公众破产委员会"。

在婚姻生活的幸福当中，丹东正在经历一个阶段，这一阶段他天性中的懒散显得太过强烈，伤害了他身上的一种能量，这种能量从整体上标志着他身为一名政治家的行动力。他现在都很少出席公安委员会，这使得委员会在国民公会受到抨击时，只能采取苍白的辩解，而且被要求对旺代的失利负责。国民公会决定组建一个新的公安委员会，而这样一来几乎是彻底改组，在几个小时内，丹东和他的朋友们就发现他们不再是委员会的成员了。罗伯斯庇尔和他这一派变成公安委员会的主宰，而且在他们统治下，委员会变成大恐怖时期可怕的公安委员会，而大恐怖在随后的篇幅当中将会显得如此突出。

丹东是个好演员，他故作冷漠地面对那些精心策划的反对他的阴谋。他认为自己仍然强大，而他的推测是正确的。他得到雅各宾派的前呼后拥。当他重新出现在国民公会时，被选为议长，并且宣布他不再隶属任何委员会，而他将成为"所有人的驱使者"。他经常被发现置身讲坛，而他关于国民教育的著名演讲就是在这一时期发表的："教育是仅次于每日所需的面包的人民的基本需要。"他这样宣讲，引起了热烈掌声。罗伯斯庇尔集团的敌意与日俱增，这没有使他不安，相反，他高声宣布他不同意他们全部可怕的政策。

不久，恐怖统治大行其道，而断头台开始天天落下屠刀。革命法庭仍在装腔作势地组织一种形式上的审判，但富基埃-丹维尔已经开始他著名的"速审"法，将人们分批送上断头台。公安委员会的整个体制在丹东看来，比起击退德意志人更适合于屠戮法国人民，因为就在同一时期，战争仍在进行，而新占领的边疆防御不力，法国此时得以保全仅仅是由于列强之间缺乏统一指挥。而从相反方向来看，恐怖统治，很大程度上是他自己的创造物，在以可怕的方式启动后，已经开始令他感到厌恶。

此外，他在 1793 年 8 月蒙受的耻辱，对他的影响要比人们普遍认为的更深。他急于攻击新委员会，但另一方面，他害怕引起新的纷争。另外，他的生活继续在度一个悠长的蜜月，这使他对政治心不在焉，而且占用了他投入政务的时间。

突然之间，他就消失了，议会整整两个月没看见他。他带着他的家人离开了巴黎，去了阿尔西，在那里试图忘记一切。

在危急时刻，关于缺席者的一句老话是——"他会一直被错误围绕"，这句话非常正确。国民公会和许多议会一样，善变而且易被影响。丹东经常会压倒国民公会，但现在议会非常需要他现身，于是他被要求返回巴黎。然而，他非常乐于继续留在他阿尔西漂亮的房子里，在奥布河泛舟，心灵安静地生活下去。在答复国民公会的征召时，他说他"厌倦了人群"。但自从他远离之后，对权力集团行为的谴责、王后之死和吉伦特派被处决，所有的事情都发生了——这是一场令他陷入最深切悲痛的灾难。他似乎精神极度疲惫，而他一再说起的是："丹东将会醒来。"一切都还是一样，到了 11 月底，他的朋友们非常惊慌，告诉他罗伯斯庇尔正在破坏他的地位,而且他已经处于致命的危险之中。他耸了耸肩膀。"你太沉着了。"信使说道。"去告诉罗伯斯庇尔,"他答道,"我将会及时去打垮他和他的跟班。"无论如何,他已决定重返巴黎。

他立即采取了一种最为坚定的态度,而且要求恐怖统治应当结束。"他想要赦免罪恶,因此他希望成为一个反革命。"罗伯斯庇尔后来如是说道。实际上,丹东试图影响他自己的党派,从而能显示出一些"宽容"。

卡米尔一直都是丹东的新闻发言人。丹东敦促他创建了《老科德利埃报》,而现在这个年轻的作家能够通过报页来捍卫导师的政策了。"拿起你的笔,"丹东说,"然后去要求宽容。"丹东在讲坛上坚持相同的政策,从而拿自己的生命冒险。他仿佛酒醉一般发表讲话。"被送上断头台要比成为刽子手强百倍。"在议会里,他发表了同样有力的讲话,并且取得了同样的成功。他同过去一样,没有指责罗伯斯庇尔。他曾长期与罗伯斯庇尔保持亲密友谊,这也使得他心怀最大的悲痛之情,投入到和这个从表面上看来并没有与他为敌的人进行的生死之战中去。另一方面,马克西米利安又开始将丹东视为一个朋友,并且看上去他被过于煽动性的法规激怒,利用丹东攻击埃贝尔的极端派团体,在他将注意力转移到他那位竞争对手的温和党派之前,他打算先摧毁埃贝尔这一派。在议会,丹东这位人民领袖对企图在法国摧毁基督信仰的伪善企图、对教条式的平等、对那些使得大革命成为仇恨和嘲笑对象的蠢货们发动了攻击。但是当埃贝尔在丹东和德穆兰的猛攻前垮掉时,罗伯斯庇尔突然将矛头转向他们。因为觉得仅靠他独自一人没有足够的实力制伏他们,罗伯斯庇尔将圣茹斯特从莱茵军团召回,委托他将丹东派推翻。

丹东看上去坚不可摧,而德穆兰栖息在他的羽翼之下。德穆兰因他在7月14日的作为被人记住,而丹东则因8月10日的所为被铭记。但他们的追随者令人厌烦,就像我已评论过的那样。人民领袖丹东是一个非常不体面的党团的领导人:法布尔·代格朗丁是个贼,他已经身缠大约十起合同欺诈案;艾罗·德·塞舍尔就是个好色之徒,另外还有七八个人也是一路货。罗伯斯庇尔为了毁掉他们的领导人，所以想先毁掉他们。他一个接一个地除掉了他"敌人"的支持者，而每一次丹东的朋友因为一些不幸的事件被逮捕，就会使他的地位被倍加削弱。

与此同时，罗伯斯庇尔和丹东之间的决裂成了公开的事实。他们共同的朋友促成的一次会面结局非常糟糕，丹东拂袖而去时，使劲关上了门。

罗伯斯庇尔对打击丹东仍心存犹豫，但他的朋友们正为"泰坦"的首级叫嚣。瓦蒂埃说："我们将掏空这条脑满肠肥的比目鱼！"圣茹斯特已准备好他的报告，报告由罗伯斯庇尔给他的材料组成。罗伯斯庇尔曾是丹东派的朋友，在过去五年间，对丹东的生活做了笔记，而且收集了他的言论，一切都被认真记录下来。

当圣茹斯特的演讲稿准备好时，已决定将丹东逮捕。毫无疑问，如果请示国民公会的话，逮捕令肯定会被拒绝，因此他们决定先造成既成事实，再向国民公会摊牌。在事情发生前一天，曾有人将罗伯斯庇尔派的意图告诉丹东，建议他选择去国外避难。他给出了著名的答复："一个人不能把他的国家装在鞋子里带走。"此外，他仍然相信自己太过强大，不会被逮捕。他继续说道："他们不敢的。看看我的头颅，它在我的肩上稳如磐石，不是吗？而且他们为什么要杀我？这么做有什么好处？这么做的意义何在？"

然而，到了芽月9日，丹东和德穆兰同时被捕。国民公会被吓坏了。屠户勒让德尔是丹东的一个老朋友，曾试图抗议，但他胆小如鼠而且孤立无援。罗伯斯庇尔走上讲坛说道："我们将在光天化日之下，看到国民公会是否知道该如何去打破一尊虚假的偶像，这偶像早已腐朽了。"然后，他的视线紧盯着勒让德尔，补充道："谁敢动摇也是同罪。"这个屠户进行了辩解，但他实在太害怕了，唯恐不久以后会被杀。国民公会尽管真的感到非常恶心，但是很安静，并且以议会一直以来的懦弱性通过了当天的日常议程。

审判真的应当专门用一章来讲。应当由一个章节来记录这些难以置信的庭审的每一分钟，尽管限制辩护的所有措施都被采用，但"泰坦巨人"轻松摆脱掉了他们试图栽赃给他的那些指控。检察官、法官、陪审员，全部都忠于罗伯斯庇尔，而他们从一开始就决定要杀死他的敌人，但全被惊呆了。围在公平法院外的群众听见了墙内"丹东的隆隆雷鸣"。连圣茹斯特都不得不迫使国民公会专门为这种场景通过一项法律，从而使得审判长在审讯几乎无法收场的时候，突然宣布休庭。"休庭！"丹东大声喊叫道，"休庭！怎么能休庭！我们都没有看到宣判书！根本就没有证据。"辩护甚至都没有人听了，而得益于"雅尔纳克式的一击"，他们都被判有罪。丹东发现罗伯斯庇尔出现在圣茹斯特的身影后方，而圣茹斯特刚刚祭出了一张将他们全都勒死的强弓。他怒吼道："怯懦的杀人犯！无耻的罗伯斯庇尔！你也会上断头台的！你将步我的后尘，罗伯斯庇尔！"

丹东！8月10日起义的领导人！这一切都没有让几位陪审员迟疑。他们被告知，如果"丹东不被推上断头台，那罗伯斯庇尔就会被送上断头台"。他们都是罗伯斯庇尔的朋友，而他们的裁决将丹东送上了断头台。

芽月16日（1794年4月6日），押送犯人的囚车到了。囚车从未送过类似的一批囚犯，因为这批人由德穆兰、法布尔·代格朗丁、艾罗·德·塞舍尔、丹东和其他十一人组成，所有人都在大革命历史上因各种头衔而闻名。"玩儿大了！"一个警察对来到司法部监狱进行不祥准备工作的刽子手说道。

虽然在过去一年里，群众最常见的做法是对可怜的囚徒进行最恶毒的侮辱，但据一位目击者说，这次他们以一种近乎悲哀的沉默，让这辆非同寻常的囚车通过。丹东真是个豪杰。"他硕大的圆脑袋傲然昂起，凝视着无知的人群。"可怜的卡米尔绝望地低声念叨露茜尔的名字，丹东还在用令人鼓舞的甚至时而诙谐的话来鼓励他。

囚车经过了马克西米利安居住的杜普莱家的房子前。丹东再次高喊道："你会步我的后尘！"这时他正怒不可遏。德·克拉文内神父乔装改扮，跟着囚车，为连赴死都如此自傲的这名男子祈祷。

当他们走下囚车的时候，丹东想去拥抱他的朋友们，但刽子手的助手却横加阻挠。"白痴！你能阻止我们的头颅在篮子里接吻吗？"他依然是原来那个丹东。

像维尼奥一样，丹东最后一个走上断头台。"尽管他是去赴死，但看上去仍像是要颁布法律。"一位目击者写道。

雅克·丹东

　　和所有人都一样，在和屠刀面对面的时候，他有个感伤的时刻，他想起了他的小露易丝，她才十七岁，就要被断头台变成寡妇了。他叹息一声："亲爱的，从此我再也见不到你了！"但他立即控制住自己："来吧，来吧，丹东，不要懦弱！"这位人民领袖再度转过身对刽子手说道："你要拿我的头颅给人民去看，这是一件值得做的麻烦事。"片刻之后，那颗有力的头颅掉入了篮筐。

　　在司法部监狱里，丹东曾说过："一年前的一个极其相似的日子里，我建立了革命法庭。我为此乞求上帝和人类的原谅。"但他在那个时候，首先应当为"九月大屠杀"乞求原谅。也许他在灵魂当中默默地这么做了。巨大的不幸在于，所有的那些人只有在他们不再有权力去纠正错误的时候才会发现他们的错误。

　　丹东的确犯过许多严重的、不可原谅的错误，他要为所有在他自己流血之前所流的鲜血负责。但他为他的错误追悔，他试图避免新的罪孽，甚至因为求仁得仁而死。而且，尽管他一度犯下很大的错误和深重的罪孽，但他拯救了他那受到威胁的国家。这不应被遗忘。

　　所以一个人要用一句话去指责他或赞美他时都同样会犹豫不定。我没有避讳他的任何缺点或优点。他是一个性格坚强的人，带有被大革命不可避免地引入歧途的那类人表现出来的所有危险因素。

　　总而言之，重新研究他后，我会以十二年前同样的结语来结尾：他肯定不是圣徒，但他是一个男子汉。

第七章　罗伯斯庇尔和他的朋友们

现在是讨论历史上最难理解的人物之一，当然也是大革命时期最难理解的人物之一的时候了。

当有人在圣赫勒拿岛问起罗伯斯庇尔时，拿破仑摇着头回答道："他被当成了替罪羊。"而这就成了审视这个人的言简意赅的注解。

在我从事历史研究的过程中，我已试图从三个方面去理解他的独特性格：我在研究富歇的时候遇到过他，我在研究丹东的时候涉及过他，我在大革命的每一个阶段都会发现他。没有其他人给我造成过比他更多的麻烦，而且还冒着夸大其词的风险。我还要补充一点，也没有人使得我如此严重质疑过。

后人将他钉在耻辱柱上，他确实成了"替罪羊"。他在无情地将所有党派抛在一边后被打倒，而且在大多数人看来，是他制造了可怕的恐怖统治。打倒他的人为了使他们的"热月政变"正当化，尽管没做到他那种程度，但也对他大肆羞辱。而他那一派几乎伴随他一起覆灭，因而几年之中都没有人为他辩解。历史学家们通常都不相信这些耻辱性的人物。我已对他的案件进行过三次研究，非常仔细地去发掘此事的真相。我的同行马迪厄也投身于这一案件，发掘了海量文件、论据和新的事实，他希望以此让罗伯斯庇尔浮出水面，还他清白名声——我几乎可以说，他希望给他荣耀。而我已经阅读了马迪厄先生的著作。我同样也荣幸地拜读了亨利·贝

马克西米利安·罗伯斯庇尔

劳德①的杰作《我的朋友罗伯斯庇尔》，这本书中涌动着一股同情的暗流。而为此我第四次发问："现在！这个人到底是个怎样的人呢？"但我已经无法改变我的观点。马克西米利安是个诚实的人，正直而真诚，纯洁而拥有一种不会削弱的忠诚。尽管如此，对法兰西而言，他还是个"神圣的"祸害。我想不到任何比这个真诚的人用他的沉着冷静、全无节制的自负、毫无顾忌且几乎冷酷无情地制造流血更可怕的处事方式了。

就算是他的朋友也注意到了他的这种自负，这是他从青年时代开始形成的主要性格特征。

---

① 亨利·贝劳德（Henri Béraud, 1885—1958）：法国记者和小说家。他在第二次世界大战期间曾为维希傀儡政府效力，因此在战后曾被判死刑，但莫里亚克等几位作家对他在战时的处境表示同情，后来死刑判决一直未执行。1950年，他因健康原因被保释出狱，八年后在家中病逝。——译者注

罗伯斯庇尔的童年是不幸的，这也是造就他性格的关键因素。罗伯斯庇尔在丧母时只有七岁，而他的父亲，阿拉斯的一名执业大律师，患上忧郁症后，突然失踪，没有留下任何关于他下落的线索。四个孩子由他们的外公照顾，在相当不快乐的氛围中长大。他们的悲痛无法宣泄，使他们非常痛苦。而七岁的小马克西米利安十分努力，他有学者头脑，而且是那些能让老师们热心对待的学生之一。他是阿拉斯礼拜堂学院最聪明的孩子之一，在路易大帝中学 ① 时更加拔尖，德·圣瓦斯特修道院甚至为他在那里就读提供奖学金。他完成了他的法律学课程，和他未来的对手布里索，一同在一位律师迈特雷·诺留（我的外曾祖父）的办公室里出任办事员。虽然他看上去刻薄而认真，但他也可以满怀热情。他将卢梭视为老师，但更确切地说，是将他当作一位圣徒。在他十九岁那年，当得知这位不幸而痛苦的老哲学家在埃尔芒翁维尔 ② 避难时，他到那里进行了一次朝圣之旅，而当他结束这次会面时已是一个狂热信徒。因为反过来让 - 雅克对他赞不绝口，让他觉得从前辈那里收获了关于美德的定义。从那一天起，美德就成了他的信条，而这可能是那次会面造成的最大不幸，因为他成了美德的信徒。

因为罗伯斯庇尔在进行各种考试时获得了如此之多的奖项，而且得到了卢梭的指教和赞誉，在二十四岁那年，他就认为自己的名字将永垂青史。他回到阿拉斯后成为当地律师会成员，而他发现他的名声先他本人一步传到了那里——这往往是一种相当危险的情况。1781 年 2 月 27 日，这位名噪一时的优等生在他的第一起案件中败诉，他在这起官司中显得傲慢而平庸，于是被人认为笨拙而令人生厌。最终他在一些官司中获胜，但没能如他所宣称的那样极快地获得显赫声誉。由于对这种状态不满意，他开始逐步投身一场激进的政治事业。政治召唤了他，于是他得到机会走上了

---

① 路易大帝中学（Louis-le-Grand）：位于今巴黎第五区的一座历史悠久的学校，因法国国王路易十四曾为其提供赞助而得名。——译者注

② 埃尔芒翁维尔（Ermenonville）：今法国北部瓦兹省的一个市镇。——译者注

这个舞台。

　　罗伯斯庇尔继续研读了从孟德斯鸠到雷纳尔的所有启蒙哲学家的作品，但卢梭仍是他的至爱，他将卢梭的数百页著作都铭记于心。到他去世为止，在他那令人战栗的书桌上，都一直放着一本《社会契约论》。他受过法律训练的才智引导他很快就领悟到，所有这些奢华的著作注定会陶醉人们的心神而并非去统治他们。

　　在阿拉斯得知三级会议正在召集的那一天，罗伯斯庇尔写下《告居民选举书》一文，他在文中描绘了理想的候选人：这样一个人在具备其他品质之前首先应具备的品质是"廉洁"，换句话说，候选人应该像他那样。而早在这个时候，他就吐露他希望法国成为"至高无上的存在"。他得到了选民的认可。1789 年 4 月 26 日，他被选为阿图瓦选区的第五位三级会议代表，他深信，如果正在开始的大革命在它的道路上大步前进的话，他会很快在革命中发挥重要作用，也会在议会成为要人。而对此他再度大失所望。

　　他是个瘦小的人，宽阔的额头上稀疏地覆盖着仔细地抹了粉的卷发；他闪亮的绿眼睛近视得很厉害，从而使他的额头分外苍白；他的鼻梁稍微有些粗，加上他噘起的嘴巴，使他的方脸给人一种刻薄的印象——有几位目击者说，他的脸长得就像一只恶毒的猫。尽管他身形瘦小，但他很结实，而且懂得约束自己。他总是穿着高跟鞋，从而让他高了不少；他故作高雅，总是穿着花哨的贴身外套，双腿都紧裹在长筒薄袜里，这种袜子在后来的小律师中间很流行；他永远绷着脸，对人民怀有傲慢的偏见。他这么一个三十岁的年轻人装腔作势地故作庄重显得相当幼稚而虚荣，而他一直都这样做的话，真令人哭笑不得。当他走上历届议会或各俱乐部的讲坛时，他总是显出一副能从西奈山① 上领受法律的模样。

---

　　① 西奈山（Mount Sinai）：又称摩西山，位于埃及西奈半岛南端。在《圣经》故事中，摩西率领以色列人出埃及后，在这座山上代表以色列人从耶和华的使者手中领受律法十诫。——译者注

罗伯斯庇尔

　　另一方面，他的口才既不能证明他并非露骨的故作姿态，也无法弥补这种伪装。阿拉斯的法官们认为他很迟钝，而代表和议员们在听他演讲的时候，都立即暗自认同这种评价。他发现很难阐明自己的风格，而且要精确表达他的思想也非常困难，实际上，他没有提示纸片几乎就什么都不会说，为此他会在前一天晚上耗费许多精力写完自己的所有讲稿，这又使他过度劳累。如果现在有人阅读他那些极为复杂的演讲稿的话，很快就会中断，而且被弄得精疲力竭，会觉得他演讲的方式过于矫揉造作、搜肠刮肚，而且过于繁复。他的思想，几乎一直都是从启蒙哲学家们那里借来的，而且会以极为公式化的语言表达，以至于他那激进的表达方式都被模棱两可的语句抵消了。他非常啰唆，而如果他发觉没有得到支持，他就会激动地试图迫使别人留意他的意思，但表现方式仅仅是做出不耐烦的被激怒的手势。

　　他晦涩的表达方式，他的眼镜，他猥琐的外表，他"恶毒猫"一般的面相，以及他招牌式的外省口音，让他从一开始就受到各种讥笑。性格与他相反的米拉波拿这个年轻人的种种特征来嘲弄，而且被他的冷酷庄重逗乐了。事实上，他说："罗伯斯庇尔会有前途的，他相信他所说的一切。"但他的一位政治评论员朋友指出，议员们抱怨的是他"易怒"的能量。他肯定相信他所说的一切，而且多么笃信那些话呀！实际上，他是唯一彻底相信和倡导他自己言论正确性的人。讥笑，甚至更为严重的漠视，只会激怒他，而且他对议员们回以蔑视，恼恨他们对他表现出的态度。然而，尽管反复碰了钉子，他还是继续宣讲他的信条。

他所有的结论都倾向于民主理想，而且他自以为是人民的捍卫者。"人民！"这个词在这位矮小严谨的资产阶级的五十篇演讲中出现了上千次。马克西米利安从来没有看到人民的真实形象，人民经常很善良，有时很野蛮，可以狂热而残忍，也可以做出最为愚蠢而仁慈的姿态。他甚至不愿去看到这些。他从未走上街头，像德穆兰、丹东和其他一百多人那样，和群众混在一起。甚至在人民向他欢呼的时候，他都惧怕与他们接触。他热爱和夸耀的人民是一种理想化的、几乎完全循规蹈矩的人民。"如果你想让人民平静下来，就要告诉他们什么是正义和权利。"这段话是他从卢梭那里抄录的。"哦，好的，善良的人民……"罗伯斯庇尔不停地写着，而且表现出对他们的爱，尽管他厌恶去熟悉他们，他很长时间在和人民对话的时候都只用第二人称，就像英国人向上帝祈祷时那样。

罗伯斯庇尔是卢梭的好学生，认为人民就是模范。为此已经提及的"美德"这个字眼出现在他所有的句子当中。他在他所有的演讲当中如此频繁地使用这个词，以至于议会的理想主义议员都不禁莞尔。

他将理想主义引入荒谬的地步。他的工作不是建立在基本的现实上的，而是在哲学理论上的。他取得过一次只属于他的完胜，这次胜利发生在他捍卫一种彻底和平政策的那一天，即使米拉波反对，他仍设法让议会通过了著名的永恒国境原则。直到最后，他都保留了对议会的反感，但他从未放弃将他的意见强加于议会的希望，而他实现希望的手段是超过五十次故作优雅的演讲。在左右两派看来，他都非常无聊，而他却被这一事实激怒。但是因为最终他显得是在孤身一人为民主理想而战，人民宣称他是议员中唯一的正人君子。马拉称他为"廉洁先生"，而这个绰号很快就在各俱乐部传开，1791 年他在沙龙里的一幅肖像画就以"廉洁先生"这个词组为名。

罗伯斯庇尔是共和派吗？1791 年时他看上去并不像。因为他是左派忠实的支持者，而且在我已经提到过的战神广场的不幸事件中妥协了。在那短暂的反动时刻过后，他认为——就像其他人所想的那样——他会在他的家里被捕。一天晚上，在接受过一种复杂的接待后，他走出雅各宾俱乐部，一只手搭在了他的手臂上。一位公民拉着他一起往前走，结果他发现是一位他不知名的支持者，名叫杜普莱的木匠。这个人住在圣奥诺雷街。杜普莱急于使罗伯斯庇尔免于被捕，将他带进了自己家。罗伯斯庇尔就在那里过了一夜。最后，他和主人一起留了下来。他的虚荣心一直渴望关爱，而在杜普莱的家里，他发现了一个狂热崇拜者的家庭围绕着他，充满了一种奉承的敬意和感人的热切关注氛围——可敬的人民令人感动的持久的爱是动人的，而且还相当惹人同情。只有极度以自我为中心的人了解这种盲目热爱何等受用。罗伯斯庇尔为此着迷，他对他简陋的房间很满意，因为他的品位简单，而且他不喜欢卖弄。此外，被人发现住在一个亲切的木匠家里，对一个政治人物来说是一种优势。这个木匠在院子里刨木料，而屋子里的政治家在斟酌字句。木匠杜普莱一家从那时候起就开始为他的民主光环、他对人民的友谊以及他的真挚增光添彩了。

这种已经可见的光环环绕着罗伯斯庇尔。他无疑受到大众的喜爱，但这种喜爱不是出自热情，而是出自宗教式的狂热尊敬，而他还只是一个年轻人！1791 年 7 月，罗兰夫人称他为"这个可敬的人"，仿佛他是个年过五十的长者。他获得的所有掌声都伴随着一种偶像崇拜情结，而他只会用精挑细选的词语，诸如"优秀、善良的人民"之类的奉承来感谢民众。

这届议会走到了终点，而罗伯斯庇尔当选刑事检察官。很明显，这样一个受到广泛认可的贤才应当被用来打击刑事犯罪。他勉强接受了这一职务，因为这不是他真正的目标。他想在政治俱乐部将他的真正事业进行到底，他要在那里继续扮演大祭司的角色而不是一个辩手。他在刑事法庭的工作，从 1791 年 9 月开始，到 1792 年 9 月为止。

从那时候起，他开始和那些立法议会新当选的议员们进行面对面的交流。那些年轻议员一开始都围着他转，而且像世上的其他人那样，将他奉为偶像。但他们比他更为善辩，也更有才智。罗伯斯庇尔虽然年仅三十二岁，却认为这些新晋议员是性急而疯狂的年轻人，而他们很快就受够了这个年轻的"教皇"，这个学究式的家伙永远有任务交给他们，而他们在受处分时，变得焦躁不安。他认为这些年轻人肤浅而虚荣，没有任何坚定的目标或决心。他预见到了吉伦特派是幻想派革命者，而且和他们在一起的那些人会让美德毫无分量。他们时常反驳他，而且干了一件他永远不会原谅的事情：他们把他的朋友布里索拉到了他们一边，而且使这个人反过来对付他。

如我们所知，在 1792 年春出现的关于战争的严肃问题，使人民热议不绝，这揭示并加深了他们之间的分歧。罗伯斯庇尔反对布里索和他那些支持开战的朋友们。这些人甚至在雅各宾俱乐部获得了比他更多的支持，而他对此深为怨恨不平。

一段时间以后，法国决定开战，而当国王允许左派为他挑选一个"爱国"内阁时，马克西米利安再度失望。在维尼奥家中，有人提议给罗伯斯庇尔一个阁僚的职务，但吉伦特派拒绝了这项动议。他记下了这次耻辱，并且以犀利的言辞报复，甚至在很早就质疑包括议员们和内阁大臣们在内的整个吉伦特派缺乏爱国精神。

他变得满腔怨恨，而更糟糕的是，由于受到罗兰的朋友们和布里索的蔑视和羞辱，他又有些不知所措。

罗伯斯庇尔不是个善于行动的人，而在 1792 年炎热的 7 月和 8 月，议程都是关于如何行动的。而他和行动派丹东为各种事件争论，丹东推翻了王权，国王与名誉扫地的罗兰追随者的协议也被推翻。随后在 8 月 10 日晚上，一个临时政府成立了。丹东和罗兰都在新政府占有一席之地，而在议会里，没有人哪怕有一次考虑过罗伯斯庇尔，他看上去似乎被抛弃了，而更糟糕的是，他的清廉也被遗忘了！

　　没有什么事情能让罗伯斯庇尔更加恼怒了。事实上，罗伯斯庇尔并不认为丹东想除掉他。如果在巴黎拥有巨大影响力的丹东想让他出局，马克西米利安可能永远都不会有复出的机会了。但9月5日，罗伯斯庇尔以三百三十八票第一个当选巴黎的国民公会议员，他的对手、吉伦特派候选人佩蒂翁得到一百三十六票，而丹东只是在次日第二个当选，得票六百三十八张，这就是实际情况。为了让他那危险而心怀不满的朋友获胜，"泰坦"丹东在竞选第一天几乎不可能袖手旁观。后来几天当选的议员都是丹东的朋友。因此罗伯斯庇尔能进入新议会，只能感谢他与强大的人民领袖丹东的友谊，因为丹东是当时形势的主宰。罗兰夫人写道，在这一时期，罗伯斯庇尔只是"丹东的傀儡"。

　　根据记录，罗伯斯庇尔在议会的处境相当艰难。从一开始，他就处在吉伦特派成员和强大的人民领袖丹东的阴影下。他在左派形单影只，而吉伦特派和丹东分别执右派和中派牛耳。此外，罗兰夫人的朋友们都对这位雅各宾派的大祭司深恶痛绝。至于山岳派，其中多数是丹东一党，不会站在颐指气使的小个子罗伯斯庇尔一边，而且不信任他的"激进暴烈"。甚至连原先支持他事业的马拉，在和他会晤并在了解了他的清廉和他那令人非常沮丧的激情后，也疏远了他。"他有一位明智议员的见识和一位有产者的正直品质，但他缺乏一个政治家的见解和勇气。"这就是马拉对他的看法。

　　这届议会对罗伯斯庇尔如此不信任，制宪议会结束时的旧事难道会再次重演吗？这时他开始着手自己的计划。他会成为比以往更加不会为信条妥协的人，他不会与现实主义者或者反对理想主义原则的人一同做任何事情。当大革命因战争而变得过激并让位给肆无忌惮的激情时，他成了那个从不妥协的人，从此将会像革命的导师、领袖和主宰那样行事。

　　但在这一天到来之前，他感觉相当孤立，而如果盘算着立即打垮他的吉伦特派已经开始攻击他的话，他可能还会延续这种孤立状态。但正如我已经提到的那样，吉伦特派首先抨击的是马拉，然后连丹东都在罗伯斯庇尔之前受到口诛笔伐。这使得山岳派苏醒过来。由于吉伦特派在对付罗伯斯庇尔之前先抨击马拉和丹东的友人，所以他成了三巨头中最后遭到攻击的人。

不仅预定会受到批判的罗伯斯庇尔，就连整个议会都受到卢维10月29日著名的"喀提林阴谋"式讽刺的猛烈抨击。卢维的开头是"罗伯斯庇尔，我控诉你……"罗伯斯庇尔看上去被这项指控弄得十分窘迫——这是在指控他已经致力于成为一个独裁者。他深感不安，请求给他一周的时间来准备他的辩护词。11月10日，他带着一整本书来到议会，而且这次他表现得非常谦虚和谨慎。他，一个最微不足道的大革命战士，要想成为一名独裁者，真是异想天开！议会继续讨论当天的日常工作。但在同一个夜晚，他在雅各宾俱乐部昂起头，将针对他的谗言驳得体无完肤，甚至将他从前的朋友布里索和"贤人"罗兰与"无耻的"卢维并列，大加挞伐。

罗伯斯庇尔已经在自己心中将这几个人一同谴责。而且看起来他似乎觉得应当从对国王的审判中为自己谋利。他对此事的态度不再仅止于毫无动摇，而且变得冷酷无情。据说革命领袖们打算对国王做出裁决。但他们有权审判他吗？从法律角度来说，这个案例根本没有可能讨论，因为国王受1791年宪法保护，这份宪法宣布他不可侵犯。"你们根本就不是法官，你们是而且仅仅是政治家。"他说道，这意味着处死国王与法律无关，而是一种政治需要。比起其他革命领袖来，这位德行高尚的君子更多地促成了国王被推上断头台的结局。而且他利用了吉伦特派投票赞成推迟处决这一事实，将之当作利器促使吉伦特派垮台。

1793年5月31日和6月2日，罗伯斯庇尔在对吉伦特派的斗争中大获全胜。

罗伯斯庇尔不是个实干家。他让街头领袖们去干具体事务。他将8月10日起义留给丹东，5月31日和6月2日则委托给马拉。在马拉出动自治会的军队胁迫国民公会时，罗伯斯庇尔只是走上讲坛宣布逮捕吉伦特派首领。然而，他在结束他冗长而冷静的演讲时，要求得到那些牺牲品的头颅。当他的要求获准时，他小心翼翼地防止那些人从他的手指间溜走，在审判吉伦特派时，没有人比他更具活力了。一旦他主宰了局势，结局看来就已注定——卢维的朋友们都会死。

主宰！当吉伦特派仅仅是受到怀疑的时候，罗伯斯庇尔还没有取得这样的地位。为将国民公会的大权集中于一个小型机构而设立的公安委员会，还只是由丹东和他在议会的朋友们组成的。

我已经讨论过罗伯斯庇尔和人民领袖丹东之间的关系，两人的关系看似极为密切。在加布丽埃勒·丹东去世时，马克西米利安给她悲痛欲绝的丈夫写了一封信，在信中称他是"一个亲爱的忠诚朋友……至死为止"。然而，他开始为"泰坦巨人"所发挥的过多影响力而恼火，而且对这个粗鲁男人的斗争方式有一种清教徒式的挑剔。可是，如果没有他的伙伴圣茹斯特在一旁将他憎恨的火星煽动成烈焰，他很可能永远不敢公然攻击丹东。

1790 年 8 月的一天，当时的制宪议会议员罗伯斯庇尔收到了一位年轻绅士舍瓦利耶·圣茹斯特的来信。圣茹斯特在信中称自己是他忠实的拥护者。"你完成的那些奇迹让我将你视为上帝。"马克西米利安极易被奉承感染，而这种云里雾里的赞美使他的虚荣心得到了满足。他接受了这位偏执的党徒，即使到了需要举出实证检验的时候，圣茹斯特的狂热也从不让步。当圣茹斯特追随罗伯斯庇尔的时候，年方二十一岁。格勒兹为这个可怕的年轻人画了一幅肖像。他相貌英俊，若有所思，眼神近似于悲悯，额头上覆盖着漂亮的刘海，体格结实，衣着考究。在这幅动人的外表后面，掩藏着一个可怕的灵魂，而在他额头下方，是一个更加可怕的大脑。这个来自讷韦尔[①]的年轻人生性狂热，而他崇拜罗伯斯庇尔是为了满足自身的需要。他对他的热爱一心一意，而对任何试图阻挡他的上帝胜利前进的

---

① 讷韦尔（Nevers）：今法国中部勃艮第大区涅夫勒省的一个市镇。——译者注

人都极其残酷无情。圣茹斯特以他清晰而冷酷的理智、充满智慧和力量的思想，为罗伯斯庇尔的理想服务，而他的才智远在罗伯斯庇尔之上。圣茹斯特更为坚强的意志使罗伯斯庇尔变得更为大胆果决。马克西米利安不易被一种理论阻止，但若涉及行动计划，他就会显出一个政治家的摇摆不定来，尽管他追求最终目的，但会稳妥地寻求达到目的的方法和手段，常犹豫不决，而且有时会贻误时机。而圣茹斯特达到目的的方式直截了当，会将所有的障碍都横扫到一边去，用某个人对他的评价来说，就是"走直线一路到底"。"记住，罗伯斯庇尔，"他说，"只有镇定而毫无动摇的性格才能赢得世俗的权力。"而他自己身处在那些恐怖中时，冷漠得异乎寻常。

这个英俊而令人敬畏的年轻人以他的无限忠诚，赢得了马克西米利安的喜爱。在 1792 年的选举以后，圣茹斯特和罗伯斯庇尔一同进入国民公会时，他几乎凭借自己明显更为优越的天赋控制着罗伯斯庇尔。但是，他嫉妒他导师的所有朋友，尤其讨厌丹东，丹东曾诙谐地将这个"帅哥"当作说笑的对象。因此，这个"帅哥"敦促狡猾而谨慎的罗伯斯庇尔进入对抗胆大无畏的丹东的战场，而且他也在这次斗争中扮演了领导角色，这是推翻丹东委员会的主要动力。一向慎重的罗伯斯庇尔使得以圣茹斯特为首的他这一派，在 1793 年 7 月 10 日被选入新公安委员会，而他自己在 24 日，确定他的朋友们已经就任时，才进入委员会。

他们在公安委员会逐步推行恐怖政策。虽然并不总是很快，但叛乱的各外省最终都被征服。特派员们首先被派往实际发生暴乱的城镇，然后又被派到那些可能会跟风造反的地方。这些特派员有权采取最严厉的刑罚，到处都竖起了断头台。即使在巴黎，死刑的数量一开始很少，而到了 1793 年 7 月以后，当罗伯斯庇尔开始觉得自己的统治更加稳固时，死刑数量立即快速增长。我对这场蔓延全国的屠杀已经写了很多，在这场大屠杀中血流成河。

我现在可以写一下对拿破仑称他为"替罪羊"的看法。显然罗伯斯庇尔可能并不赞成一些残忍行径和犯罪行为的爆发，但是他仍然为刽子手们提供了武器，因为他们只是将他创造的恐怖理论付诸实践——"没有恐惧，美德是无力的。"罗伯斯庇尔的这句名言盖过了狂乱的喧嚣骚动，这是在洗白那些可耻的刽子手，而且在扼杀那些受难者的哭声。

当他到达他寻求的地位时，他另外补充了一句："没有美德，恐怖是灾难性的。"

美德，这是马克西米利安·罗伯斯庇尔性格的关键词。他是个崇尚美德的君子。

他在所有形式上表现出活生生的美德代言人风范。他一丝不苟地恪守诚实之道，他"害怕金钱"，就像丹东嘲弄的那样。除了衣着考究的倾向之外，他的品位简单，生活俭朴，只喝水，而且对和杜普莱一家在一起共度夜晚非常满足。他憎恨金钱的力量，也不需要来对抗这种力量，而且对那些财迷心窍或者谋取金钱利益的人无情相向。实际上，他的"金钱恐惧"事出有因，是为了努力让大革命脱离大量的"金钱交易"。而他不仅品位简单，在道德方面也很纯洁。但是，他的道德洁癖再一次使他严酷而几乎令人厌恶。他还有一种怪癖，对此所有人都一致认定，那就是他似乎对女人有一种本能的反感。虽然他曾经是杰曼·德·斯塔尔[1]、玛侬·罗兰和露茜尔·德穆兰家的座上客，但他对这三个懂得管理男人的女人，尤其深恶痛绝。而他有可能是因为在将玛侬和露茜尔送上断头台之后，又竭力想将特蕾莎·塔里安也除掉而身死人手的。当然，他身边有杜普莱家的女儿伊丽莎白和埃莱奥诺蕾围着他转，但事实上，他接受他们一家是因为他们将他奉若神明。他没有爱情经历，甚至从不和女人打情骂俏。在男女关系方面，他就像对待金钱一样，"不会被腐蚀"，而他对金钱、美色的双重厌恶提高了公众对他人格的评价。一个明显的事实是，法兰西民族是如此高卢化，而且有时如此喜怒无常，往往会让"君子们"强迫自己变成这个

---

[1] 安妮·路易丝·杰曼·德·斯塔尔-荷尔斯泰因 (Anne Louise Germaine de Staël-Holstein, 1766—1817)：通称德·斯塔尔夫人，法国女文学家。她是内克尔的女儿，与当时的知名文学家和法国多位政要都有往来。——译者注

样子。

在罗伯斯庇尔本人看来，他在感情方面几乎质朴到无知是一种对他美德的保障。在所有市民们制造的混乱情况下，他都保持着行为的正当性，因为这位暴徒的领袖身穿薄布马裤，对那些市民们来说要穿上实在是相当困难，为了取悦他，他们都戴着红帽子，而且显摆着他们的肮脏夹克，弄得他们好像是旗帜一样。他的房间里挂着波斯风格的蓝色窗帘，摆着整洁的书桌，总是十分干净。而他房间里最典型的特征是通过素描、油画和雕塑——如一位访客所说，"以每一种形式"——制作的自己的肖像。

这是因为罗伯斯庇尔是个以自我为中心的人。没有一个人自尊自大到这种程度，而他的那些奉承者（过去四年间，他收到了数以千计的崇拜者寄来的可笑信件）只是助长了他的虚荣心。他最终得出结论：他的使命是受到神圣感召的，而他就是上天选出来建立尚德统治的人。处在这样一个就像克伦威尔那样的先知统治之下，是法兰西可怕的不幸，这种人每一次都以清除"邪恶"和"腐败"的面目出现。这些人都认为他们的专制是受神灵启示的，无论如何都是正义的，而且会越来越过分，直至成为最糟糕的暴君。

为了神圣使命的利益，一切都可以牺牲，而友谊是被首先抛弃的东西。所有他孩提时代的朋友们，从布里索到德穆兰，都被马克西米利安下令推上断头台。罗兰夫人写道："罗伯斯庇尔是一个用谎言使他的良心得到安慰的恶棍。"她错了。正相反，罗伯斯庇尔最大的问题是绝对服从自己的良心，而他的良心沉浸在他要完成更重大的使命的信念之中，这使得他牺牲了卢梭用满怀情感的词语表达的"人性"，甚至诚实。他无所不用其极，诸如使用不光彩的而且时常子虚乌有的诽谤手段，推翻了艾罗·德·塞舍尔。所有的这些莫须有的手段都服从除掉美德之敌——"恶棍们"的需要。

身为美德的化身，罗伯斯庇尔严格地敬奉真理，而且从中悟得一种"类似修行者"般平静安详的方法，来对付那些从 1790 年开始和他有所接触的人。"罗伯斯庇尔是个祭司"，这一点被一再书写过。他是个大祭司，而且非常接近一位先知。蒂博多① 说过："在他身上同时存在穆罕默德和克伦威尔的某些特质。"但他更乐于他的信徒称他为一位弥赛亚。他当然像一位大祭司那样泰然自若，而且在主导他人生的理念之中他是永恒不变的。由于他认为自己是自由、共和国和大革命的化身，于是他非常坦率地认为所有他个人的私敌也会对这些理想有害。

因为他是个大祭司，自然就非常教条武断。

罗伯斯庇尔的三项主要教义是：恐惧是美德的支柱，存在至高无上的神圣和平等权利，但还要附加一点，那就是社会上的不平等必须得到尊重。每一个人时刻都必须服从这种教诲。而像丹东这样肆无忌惮地宣讲恐怖主义应当结束，或者像巴拉斯和塔里安那样在施行恐怖主义时缺乏美德的人，在他看来都不是善类。情况类似的还有否定至高无上神圣存在的肖梅特，以及不相信灵魂不朽的富歇。类似的情况又降临到可怜的雅克·卢身上，他是最早的"平等派"，而肖梅特也再度和雅克·卢一起受到攻击；其他还有许多人，例如主张所有权的人，以及声称应当进行财富再分配的人，都遭到攻击。但是，如果是这种情况的话，那么多恶棍当中还能选择相信哪一些人呢？他认识到了这一点，而且变得极度忧郁。他发展了审讯精神，当狂热的清教徒厌恶面对这些不符合教义的大众时，根据卢梭的建议，应当清洁这座城市。在这位大祭司眼中，他所有的私敌都是异端和分裂主义者。

仅有的"遵奉者"是围绕着他转的朋友们的小团体，而且这个小团体

---

① 安托万·克莱尔，蒂博多伯爵（Antoine Claire, Comte Thibaudeau, 1765—1854）：法国政治人物。他是法国中部普瓦捷的一位律师的儿子，与其父一同被选为三级会议代表。1789年10月，他从巴黎回到普瓦捷后，建立了一个地方革命俱乐部。三年后，他当选国民公会议员，重返巴黎，成为山岳派成员，投票赞成处死路易十六。1793年5月，他奉命回到普瓦捷，阻止他所在的省份加入反革命同盟。后来他短期担任过国民公会秘书和议长职务。热月党人统治时期，他一度退出政治舞台，在执政府上台后复出，为著名的《拿破仑法典》的制定做出过贡献。波旁王朝复辟后，他被迫流亡海外多年，直到1830年"七月革命"爆发后，才重返法国。他留下的大量关于大革命和拿破仑时代的回忆录和历史著作，是研究相关历史的重要参考资料。——译者注

会通过这种心态变强。

在这些人当中，有两个人特别突出，对罗伯斯庇尔的神圣指引尤其虔诚恭敬，那就是库东和圣茹斯特。

其他人，像菲利普·勒巴斯和他的弟弟小奥古斯丁·罗伯斯庇尔，仅仅是他的朋友，将身心都奉献给他，但这两个年轻人对罗伯斯庇尔温情的爱慕是那种后辈对长者的崇拜。他们仅仅是出于对导师真诚而狂热的崇拜，而去实现他的主张。对圣茹斯特和库东来说，导师的理论是他们的精神食粮，能让他们提升和武装自己。

库东，一个来自奥弗涅的律师，是一位奇人。他有一副讨人喜欢的雍容相貌和清晰如洪钟般的嗓音。但近四年来他一直身患重病，双腿都残疾了，结果他只能使用一把残疾人小座椅，而且用这把椅子把他抬上讲坛，到了讲坛上，他再坐进一张高背椅子。就是在这张病人座椅上，他发出了他的诅咒。他甚至比罗伯斯庇尔更像一个宗教裁判官，这使得他倾向使用诸如开除教籍的权力，而不是进行祝福。虽然他比罗伯斯庇尔更加心软一些，对让-雅克也更加像神灵一样顶礼膜拜，但他将这种信仰带到了狂信的边缘。他在憎恨罗马天主教和天主教士的同时，想用另一种方式弥补基督信仰，即不去摧毁基督信仰，大革命应当将这种信仰庇护在羽翼之下，甚至将信仰强加在非信徒身上，如果必要，可以使用武力。在他看来，宗教是道德准则的唯一支柱，而且他认为所有体面人都有义务见证美德战胜不道德。他的演讲充满了一种永恒的宗教气息：大革命是为了恢复这个国家"被天主教士们篡夺的权利"，如果他在执行任务的时候摧毁了圣徒雕像的话，那他也同时创作了一种共和派的祷文。在一些场合，他会祈求"上帝保佑我们"，而他的演讲全都是在重复"诚挚的人都有承认和崇奉一位至高神圣存在的需要"；而没有感受到这种需要的人，不论是谁，都是一个要被流放或镇压的恶棍。他甚至比罗伯斯庇尔更极端地要求处死那些非宗教信徒。这样一个人是他的导师极为尊敬的顾问。

罗伯斯庇尔对圣茹斯特倾听得更多。我们已经了解这两人之间的关系。库东称颂马克西米利安的宗教理论；圣茹斯特提出罗伯斯庇尔所希望的狂热主张，在民主胜利的基础上建立公安委员会独裁政权，整个罗伯斯庇尔集团就是他一人构想的彻底完成《人权宣言》的方式。圣茹斯特是恐怖主义原则的突出拥护者。他的朋友勒瓦舍尔说："他的狂热是对他观点的正确性演算得出的必然结果。"而且他还补充道："他会为建立他心爱的共和国抛头颅洒热血，而且会像牺牲他自己那样牺牲别人的十万颗头颅。"他的另一位同僚说："他视所有持不同政见者的观点为犯罪。"而这与罗伯斯庇尔在相同问题上的想法是如此契合。

罗伯斯庇尔对圣茹斯特比其他任何人都更加信任。我已经说过，尽管罗伯斯庇尔很强大，但仅限于思想，当需要采取行动时，他反而会犹豫不决。每当他觉得到了出击的时候，他总是派出他年轻的信徒去完成这项使命。当罗伯斯庇尔留在幕后时，是圣茹斯特在勇往直前地出击。"罗伯斯庇尔的鹰从。"有人写到他时这样形容。罗伯斯庇尔借这个鹰从之手，杀了埃贝尔，然后又杀了丹东。

埃贝尔和丹东都在几天之内被推翻了！随着这两次重击，1793 年至 1794 年冬凭借强大地位阻挡大导师前进的两块绊脚石都被踢开了，罗伯斯庇尔的前路畅通无阻。

埃贝尔用他的报纸《杜申纳老爹报》将巴黎掌握在手中。他取代丹东，将自己置身于科德利埃派首脑的位置，而且很快就成为革命极端派最突出的人物。他的追随者当中有人是公开的无神论者，还有人宣称土地法应成为全面再分配财富的第一步。在巴黎建立起理性教的主教堂对他们来说是一个暂时的胜利，他们在市政厅建立的一个彻底的社会主义政策制度也是如此——如果我可以使用一个当时还不存在的词来称呼这种制度的话。现在罗伯斯庇尔在库东的认同下，不仅谴责这些异教徒的堕落行径，而且用他自己的话来说，"这一制度会导致人民将一切都置于平等基础之上"。在这个问题上，他并不像圣茹斯特那样彻底，而是保持一种温和的激进姿态，只在口头上承认这种早熟的民主，而圣茹斯特对此很可能至少会采取一种国家社会主义政策。罗伯斯庇尔在雅克·卢一案中，已经在狠狠打击当时刚刚开始露出面目的共产主义。

罗伯斯庇尔非常乐于看到丹东对埃贝尔和他的追随者们发动攻击，多亏了他的帮助，埃贝尔一党大败，而且全部被推上断头台。随后，当他自己拥有了那些不幸的人花费了很长时间所准备的武力——自治会、警察、革命军——而且还控制了法庭后，等了不到一个月，就开始出手打击丹东。罗伯斯庇尔将丹东和他的宽容派送上断头台的情况，我已经在上一章讲述过了。

从此以后，在共和历芽月到热月的三个月间，罗伯斯庇尔成了时局的绝对主宰。

一切的一切都向罗伯斯庇尔屈膝：放弃了丹东的国民公会变成了他的奴隶，法令无须讨论就能通过，而议员们如博多所说的那样，竭力做出满意的样子，他又补充道，除非他们想变成"被圣茹斯特注意的尼禄时代的反对派 ①"，否则就只能这么做。一个人在国民公会甚至不能表现出像是在思考的样子。一位议员在神游物外时，突然发现罗伯斯庇尔的眼睛正盯着他看，于是哭喊道："老天哪！他会认定我正胆敢思考什么事情呢。"

在各大委员会里，每一个人看似都被驯服得"唯命是从"。得到新自治会支持的新任巴黎市长弗洛里奥，极为忠实于这位主宰，而且将市政厅都拱手让给他。罗伯斯庇尔通过革命法庭庭长迪马——他被称为"红色迪马"——和检察官富基埃 - 丹维尔，控制了革命法庭。他还控制了陪审团，陪审团的人都是他的下属，由木匠杜普莱领导。巴黎的军队也在他囊中，指挥这支军队的是卑鄙的昂里约——坊间给他的绰号是"罗伯斯庇尔的驴子"。

共和二年确立了尚德专制。在巴黎和外省的各俱乐部之中，自夸道德高尚成为一种时尚。试从千万桩案例中选取一例，根据"任何教师没有立

---

① 尼禄是罗马帝国时代的暴君，此处的言下之意是这些议员不想死就必须顺从。——译者注

即将他们爱人的地位合法化的话，将被判有罪"，一个名为普罗万的民众社团被送入监狱。公安委员会关闭了所有的妓院，而且把妓院里的娼妓在断头台上处决。罗伯斯庇尔唯一的话题就是美德，他对罗贝尔·兰代说："我们正在建设一座萨伦特城①。"

在等候理想之城到来的那一天的同时，恐怖统治的残酷暴虐日益肆无忌惮。流血是如此毫无节制，断头台从革命广场转移到王座门前，每天晚上，尸体都被抛进在皮克毕街楼房后面挖掘的一条巨沟里。从杰出的拉穆瓦尼翁和受人尊敬的巴伊到埃贝尔的那些下流堕落的党徒，从王妹伊丽莎白夫人到普通女佣，每一个人都被视为"恶棍"。这样的方式就是美德的证明。在人满为患的法庭上，富基埃称博韦②的修女为"愚蠢的处女"。

各外省简直就像在血海里打滚，而大屠杀的威胁使暴力剧增。监狱里人满为患。热月 7 日，阿拉斯的监狱里关押着一千人，斯特拉斯堡监狱三千人，图卢兹监狱一千五百人，巴黎的监狱里超过七千人。他们几乎都因为受到"道德沦丧"的指控而被判死刑。

为了使美德获得完胜，必须进行奉祀的隆重典礼。库东敦促罗伯斯庇尔授权让公众尊崇无上神圣。热月 11 日，塔里安对此冷笑道："这个小个子罗伯斯庇尔会乐于占据全能之神的位置。"芽月 17 日，所有不信无上神圣者都被送上断头台，库东宣布公安委员会正在准备为无上神圣的荣誉举办一次圣典。21 日，他写道："所有真诚的人都觉得需要一个他们能承认和崇拜的卓越智者。"花月 18 日，罗伯斯庇尔也发表了他的著名演讲。这次演讲是关于"共和理想与宗教和道德的和谐共处"的，他认为这些因素都由相同的精神孕育产生，而且通过神祇崇拜达到目的，所以这是神圣的天意。理性女神从此被正式逐出她的祭坛。

无上尊神的祭典被安排在牧月 20 日进行，为了让罗伯斯庇尔主持这

① 古代意大利的一座尚德人民居住的城市，费奈隆的小说《忒勒马科斯历险记》第十卷描述过这座城市。——作者注
② 博韦（Beauvais）：一座有两千多年历史的古城，今法国北部皮卡第大区瓦兹省省会。——译者注

次祭典，他在 16 日被选为主席。

这次异想天开的祭典已经至少被画了十幅油画。主持祭典的马克西米利安就像大祭司那样，身穿他著名的天蓝色外套，而且还戴着巨大的三色羽饰，这使得这个小个子男人看上去高大起来。在一座似乎暗示通往一个宝座的平台上，他发出了一声开始狂想曲的尖叫，十万个声音唱起了戈赛克①的赞美诗，献给无上神圣。然后，他攀上一座焚香的假山，被笼罩在缭绕香烟之中。这一些都有助于让他自视比上帝的代理人天使更高贵，是一个名副其实的神。

但是当他在人民面前走过、带领一众议员返回杜伊勒里宫时，听到了一些不满的杂音，甚至在他们的队列中还响起一些谩骂声。他已经超出了他的极限，反抗的暗流涌出了地平线。

对他这样的人来说，从这次事件只会得出一个结论：需要再次流血。22 日，库东在议会提议通过一项法案，目的在于铲除他导师残余的敌人。根据这一法案的一部分，已经无视基本公正规则的法庭，会被允许对嫌疑人进行集体审判和宣判，而不用再像至今为止的案例那样逐个审理。根据该法案的另一部分，法庭获准无须经国民公会批准，只要根据各委员会的命令，即可逮捕议员。数百名议员觉得断头台冰冷的屠刀正在逼近他们的喉咙，于是强烈抗议。"如果这项法案通过，"茹安普喊道，"我就等于在向自己开枪，我提请休会。"但罗伯斯庇尔站了起来，他要让法案通过，他要他想得到的人头。他只说了三个辛辣嘲讽的字眼，这项法案就成为法律了。次日，议会对这项法律条文的最后部分重新斟酌，试图恢复他们的豁免权。马克西米利安竟敢公然要求他想要的人头，给这场斗争打上了如此绝望的封印。"有一些阴谋者，"他说，"为了某一派，正怀着重选党首的目的诱骗山岳派。"不幸的议员们喊道："那你就点他们的名啊！"他应当点出这些名字，因为议会在恐怖的状态当中，会将这些人交给他。然

---

① 弗朗索瓦-约瑟夫·戈赛克（François-Joseph Gossec，1734—1829）：法国比利时裔作曲家，作品以歌剧和宗教音乐为主，也谱写交响曲，在法国大革命期间相当活跃。——译者注

而，他没有走这一步，任他们内心产生恐惧，却不去让众人安心。他冷冰冰地说道："到了必要的时候，我会点名的。"他们顺了他的心意。最后一项条款重新产生法律效力，但每个人都觉得自己会被怀疑、审判和判刑，这是一种非常危险的情况。

牧月 23 日会议后是可怕的七个星期。在四十九天内，获得新权力的法庭将一千三百七十六人推上了断头台。有时一天就要处死六十人。恐怖统治使巴黎惊恐不安。大约一百名议员再也没有来议会，而是像富歇一样藏了起来，而且每一晚都改变他们的住所。然而，公众舆论在悄悄转向。战争正在走向胜利，敌军正在被击败，而且内战已经几乎被压制住了。当国家安全看起来能够保障的时候，所有的屠杀又有什么好处呢？于是怀疑这一点的议员们觉得舆论在他们一边，为了他们自身的安全，试图让罗伯斯庇尔这个暴君垮台。

甚至在丹东倒台后的那一天起，罗伯斯庇尔一向期待会取悦他的委员会就已经开始对他失去好感了。我已经在其他部分叙述过当罗伯斯庇尔的同僚对付他的时候，所发生过的暴力场面。此外，那个严厉、坦诚、不易通融的人，卡诺，正忙于"组织军事胜利"，也对罗伯斯庇尔和圣茹斯特摆出的颐指气使的架子完全失去了耐性。俾约 - 瓦伦在那个以被他们拒绝承认的无上神圣名义擅定法律的大祭司独裁专制下，陷入了激烈爆发的怒火之中，有时科洛·德布瓦也和他一样。罗伯斯庇尔试图通过打垮他们来结束这种事态，但圣茹斯特在外随军出征，于是他在获月 10 日将圣茹斯特召回，以便在爆发冲突时，这条右臂能在身边。但涉嫌反对罗伯斯庇尔的议员们，塔里安、弗雷隆，尤其是富歇，找到其他人说："你们会死的！要么他必须去死，要么我们会死。"

热月初，所有密谋反对罗伯斯庇尔的人集结一处。山岳派在那些希望为埃贝尔和丹东报仇，或者逃过和二人同样命运的人的影响下，动员这一派的力量对抗罗伯斯庇尔。但山岳派需要中派的支持，而中派对科洛、塔里安、俾约和富歇等人，比对罗伯斯庇尔更缺乏信任，所以对牺牲罗伯斯庇尔、对这些埃贝尔政权的余孽施以援手犹豫不决。罗伯斯庇尔曾领导过这个泥沼派（即中派）至少一年，而且由于试图在大革命中树立一些权威，他曾倾向惊恐不安的资产阶级来获得支持。议会在十五天内，表面平静无波，暗中的斗争却如火如荼。

热月 8 日，马克西米利安完全没有意识到风暴已经为了他而蓄势待发，并且完全沉浸在他的专制野心之中，登上了议会讲坛。在休会的几天时间里，他为一份冗长的演讲稿或者说是一份宣言进行了润色。他在这份讲稿中矢口否认所有暴力措施的责任，谴责了一些恐怖宣扬者的嗜血主张，并且恳求议会"最终摧毁权威，并且在权威的废墟上建立公平和自由的政权"。这次演讲将种种罪责安放到他的山岳派同僚肩上，而且意图安抚中派，他也的确从中派那里获得了掌声——鼓掌的人是如此之多，以至于库东能下令让讲稿付印，这意味着中派对演讲不仅仅只是认可。

但尽管山岳派有那么一刻恐惧得浑身僵硬，但还是恢复了自我控制。罗伯斯庇尔说各委员会应当"净化"，但委员会的众人可不愿被"净化"。觉得自己比其他任何人都更靠近断头台的富歇，一个星期以来四处奔走，使最近还一盘散沙似的罗伯斯庇尔的敌人们达成和解，接近埃贝尔和丹东的老朋友们，并且将愤怒和恐惧煽动到一种疯狂的程度。但他自己不敢在议会现身，需要某个人在议会发出行动信号。

填补这个空缺的人是康蓬，他被罗伯斯庇尔如实描述为一个不诚实、不走运的金融家，而他在讲坛上大声吼出了自由的信号："在名誉受损之前，我要对法兰西呼吁。有一个人想让国民公会的意愿瘫痪，那个人就是罗伯斯庇尔！"

国民公会里响起了这一声平地惊雷，箭已离弦，一群人争先恐后地冲向讲坛。最先冲上去的是有"直线革命家"之称的俾约-瓦伦，他慷慨陈词，猛烈抨击道："是时候揭开那些假面具了。我宁可让我的尸体成为暴君的王座，也不愿再缄口不言，成为他罪恶的共犯！"然后对罗伯斯庇尔的责难从四面八方涌来。

罗伯斯庇尔还没有意识到自己的危险，他仍然无动于衷，以为他能重新控制议会。帕尼斯说他已经起草了一份嫌疑人名单，许多痛苦的眼神都投向了那个独裁者。"把你要指控的那些人的姓名告诉我们！"他们吼道。罗伯斯庇尔拒绝了。对他的指责再次如雨点般落下，而且印发他演讲稿的命令被撤销——这是警报响起的第一声。

但是他仍然可以依靠俱乐部——他的俱乐部，从 1792 年起就没让他失望过的俱乐部。他早已强迫富歇离开了俱乐部，后来自己当选为主席。7 月 8 日晚上，当他出现在那里的时候，心满意足地主持会议，而且这次直接点名抨击科洛·德布瓦和俾约 - 瓦伦，而在场的这两人不得不在如同冰雹般的侮辱下撤退。当他们走出去的时候，身后就有人喊："送他们上断头台！"这只会让这两个在时机最有利时不会坐以待毙的人去采取断然措施。

但是当罗伯斯庇尔再度气定神闲地回到杜普莱家时，这一家人都为他冷静的乐观精神赞叹不已。

罗伯斯庇尔一如既往地依靠圣茹斯特。圣茹斯特建议应当给导师的敌人们致命一击，而他已经花了一整晚时间写成一份恶毒的报告，准备好在第二天用来对付委员会的"罪犯"和"贪污纳贿分子"。

黎明宣告了一个大热天的开始，中午空地上的气温到达 104 华氏度（40 摄氏度），天空中压着低沉的乌云。

9 点，委员会的成员们在度过一个心惊肉跳的夜晚后，再度重新联手，却发现讲坛已经被圣茹斯特占据。议会里剑拔弩张。各党派在夜间进行了谈判，山岳派试图争取一些中派的议员们来帮助他们对付暴君罗伯斯庇尔。

罗伯斯庇尔就在议会里。他穿着那件在牧月 20 日非常显眼的天蓝色外套，头发和往常一样抹好了粉，面无表情一如既往。值得注意的是，他坐在中派的第一排座椅上，而不是山岳派的席位上。这也许是在发表那些演讲后他更适合采取的行动，但这么做也可能是表示在旧山岳派的废墟上会建立起一种新政策。他并不知道这些可怕的敌人之间达成了怎样的决定，而中派的态度暧昧不明。

对罗伯斯庇尔和他的朋友们来说，最不幸的一种情况是科洛主持当天的会议。另一个问题（当时没人知道）是，几天以来因为害怕而减少活动的塔里安在一大早收到了妻子特蕾莎的一封信。在信中，他那身陷囹圄而且已经判定在 10 日被集体处决的妻子，将她不可避免的死难的责任都归咎于丈夫的懦弱。塔里安爱这个女人，而他的爱让一个懦夫变成了最敢向罗伯斯庇尔发难的人。圣茹斯特刚刚用他尖锐的声音开始控诉，塔里安就登上讲坛，将他推开，喊道："我请求把黑幕都揭开！"山岳派掌声雷动。他们喊道："说得对！说得对！"俾约第三个登上讲坛，他利用有利形势，谴责昨晚雅各宾俱乐部的会议，称会议"意图胁迫国民公会就范。国民公会如果现在示弱，就会灭亡"。

罗伯斯庇尔的朋友们试图发言，但他们的声音无法盖过满场喧嚣，而科洛大声摇动主席铃，用铃声将他们的声音淹没。中派岿然不动；在右派几乎空空如也的座椅上，一些人面色苍白，想起了他们被送上断头台处决的吉伦特派的朋友们；但所有这些左派的人，当初就像攻击罗伯斯庇尔那样攻击吉伦特派，是杀害吉伦特派的凶手。

最后罗伯斯庇尔冲上来想登上讲坛，但他始料不及的抗议如此猛烈，将他轰回了他在中派的座位。众人都高呼："打倒暴君！"塔里安再度占据讲坛，他大声怒吼道："这个新克伦威尔！"然后从外套里拿出一柄短刀，喊道："如果国民公会没有勇气去指控他，我这里有一把匕首会刺进他的心脏。"这个戏剧化的举动达到了预期效果。国民公会马上下令逮捕昂里约和迪马，先出手对付忠于罗伯斯庇尔的将领和法官。

巴雷尔和瓦蒂埃先后登上了讲坛，但这两个话痨对罗伯斯庇尔虚弱而不痛不痒的攻击可能是在帮他而不是伤害他。塔里安把话题转回对罗伯斯庇尔的控诉，再度痛斥这个暴君，用谩骂压倒他。

罗伯斯庇尔再度站了起来。他无法保持平静，正相反，他气得脸色发紫，双眼圆睁。他摇摇晃晃地走向讲坛，还在说着话，伸出手臂威胁左派。科洛已经精疲力竭，杜里奥接替了他的主席位置。但他是罗伯斯庇尔的另一个敌人，是个能精神饱满地继续摇铃、让"被告"说的话一个字都不能让人听见的生力军。铃声听起来就像警钟。一个不起眼儿的、名叫罗切的议员大声盖过一片喧嚣，喊道："让我们逮捕他！"马克西米利安竭力让自己的声音能被听见，向一直在摇铃的杜里奥提出要求："这是最后一次，你让不让我说话，凶杀党的主席？"左派一片哗然，认为暴君在侮辱议会。"投票表决逮捕他！"他们叫喊着。

然后当罗伯斯庇尔向至今一直保持沉默的中派请求帮助时，出现了可恨又可怜的一幕。"正直的人们！有德的君子们！我恳求你们允许我讲话，那些杀人犯不准我说话！"

杀人犯！这个人和他们一样，是谁最早要见吉伦特派流血而且极力主张他们应当被处决的？是谁将丹东送上断头台的？又是谁应当为提出和强迫国民公会在牧月导致一千四百颗人头在六周内落地负责的？如果不是罗伯斯庇尔，还能有谁？中派"正直的人们"非常清楚地知道在那一刻，轱辘辘开向断头台的囚车里押送的是被富基埃起诉、被迪马宣判的无辜的受害者，而这两个人都是罗伯斯庇尔的爪牙。突然间，在西哀士和康巴塞雷斯①带领下，中派在罗伯斯庇尔绝望的注视下站起身来，为逮捕令投下赞成票，逮捕令随即通过。

逮捕圣茹斯特、库东和罗伯斯庇尔的法令生效。一开始，年轻的奥古斯丁·罗伯斯庇尔就以自己的名誉要求和他的兄长一起被放逐，热情而忠

① 让-雅克-雷吉斯·德·康巴塞雷斯，初代帕尔马公爵 (Jean-Jacques-Régis de Cambacérès, 1st Duke of Parma, 1753—1824)：法国法学家，大革命和第一帝国时代的政治家。他生于蒙彼利埃的一个从事法律工作的贵族家庭。大革命爆发后，他成为革命的支持者，曾被选为三级会议的候补代表。1792 年，以埃罗省代表议员的身份进入国民公会。审判路易十六期间，他提出过国民公会无权审判的意见，但在宣判时随大多数投了赞成票，不过同时提议缓刑。此后几年，这位国民公会中派成员很少介入政争，专心从事法律工作。恐怖统治结束后，他从 1795 年起又从事外交任务，参与法国同欧洲各国的和谈。督政府时期，他的意见常与督政官敌对，于是一度退出政治活动。但他于 1799 年复出，担任司法部长。"雾月政变"期间，他支持拿破仑上台，被委任为执政府的第二执政。执政府时代，他主持起草了后来被称为《拿破仑法典》的著名民法典。1804 年，拿破仑称帝后，他虽然一直都身居高位，但对拿破仑的集权做法并不赞同。他被册封为帝国亲王，1808 年又受封帕尔马公爵。波旁王朝复辟后，他一度流亡海外，但在他实际上反对处决路易十六这一事实披露后，得以在 1818 年恢复法国公民权。六年后，他在巴黎平静地离开人世。——译者注

诚的勒巴斯也希望和他同行。一刻钟后，所有这五个人都被押送到监狱里去了。

我无法详述此后所发生的事件，因为那一天的事情需要花费一整章的篇幅。

议会投票通过逮捕确实远没能让事情尘埃落定。明显忠于罗伯斯庇尔的巴黎自治会，开始发动叛乱，并且号召巴黎发动起义。他们从监狱里将五人劫走，把他们带到市政厅。

马克西米利安制造了几个问题。我已经提到过，尽管他是个娴熟、善辩的演说家，但他不是个行动派，害怕所有要负责任的事情，而且对任何看起来违法的事情都心怀恐惧。鼓动，而且更糟的是，领导巴黎起义的主意使得他十分焦虑。市长弗洛里奥几乎是拖着将他带到市政厅的，他在那里与他的朋友们重新会合。格列夫广场①人头攒动，但这些人茫然无措，而且被当晚的酷热风暴搞得全无精神。尽管如此，自治会仍在号召整个巴黎都武装起来。骑兵走街串巷，宣读自治会的号召，聚集在灯火通明的市政厅前的人数急剧膨胀。

国民公会虽然一开始为自治会组织的这次反抗大吃一惊，但多亏了罗伯斯庇尔的迟疑不决，让他们有时间恢复平静。国民公会委派代表们去市政厅宣布，已经通过了镇压叛乱的法令。指挥政府军的巴拉斯，会和他忠实的部队一起支持国民公会。

晚上 10 点，罗伯斯庇尔派仍在市政厅里争论不休，而罗伯斯庇尔拒绝签署呼吁人民书。他身上的法学家和律师特点占了上风，而且他是丹东所说的"胆小怕事的人"。他对诉诸武力所说的话是："要以谁的名义呢？"由此可见，他的内心在那两个小时正在激烈斗争。突然下起了倾盆大雨，群众都作鸟兽散，使得巴拉斯的部队能轻而易举地前往市政厅。当

---

① 格列夫广场（Place de Grève）：意为"沙滩广场"。1802 年以后，改名为巴黎市政厅广场。——译者注

军队进入市政厅时，罗伯斯庇尔才刚刚决定签署武装人民呼吁书。他签字的这份文件我们至今仍可以看到，他用纤弱短小的笔迹在文件上写下了他姓氏的头两个字母"Ro"。在文件上有一大摊血迹。当时国民公会的宪兵破门而入，闯了进来。

究竟是罗伯斯庇尔放下笔，然后拿起手枪，想要一枪爆了自己的头，还是一个宪兵给了他一枪，不是很清楚。一名叫梅达的宪兵自称是他开的枪，并且因此得到了一份好差事。

无论实际上发生了什么，罗伯斯庇尔都受了伤，他的下巴碎了。当他被捕时，脸颊上绑着绷带。勒巴斯成功自杀，在宪兵抓住他的时候，就已经死了。奥古斯丁·罗伯斯庇尔在试图爬墙逃跑的时候摔了下来，被捕时浑身都是伤。库东摔下了楼梯，直到第二天上午，这个倒霉的残疾人才被人发现，而他的四肢都摔断了。圣茹斯特从容被捕，他的举止端正得几近冷酷，甚至连衣服都没有打皱。

宪兵们把罗伯斯庇尔带到公安委员会办公厅里，他在那儿度过了可怕的几个小时。为了准备把他送上断头台，他的伤口都裹好了，但他被扔在一张桌子上，满身是血，肮脏不堪，而且不省人事。也许他只是为了自尊而假装不省人事，这样他就可以装作听不见那些胆怯的宪兵对他的大肆侮辱了。

4点，他们被当作不法之徒，押赴断头台。在三十五名"同谋犯"当中，走在第一位的是迪马大法官。

围观人群声嘶力竭地大骂囚车里的人，整个巴黎欣喜若狂，罗伯斯庇尔的死，让他们预见到了恐怖统治的终结。

这些不幸的人直到7点才走到断头台。库东面色青紫，他和可怜的、浑身是伤的奥古斯丁·罗伯斯庇尔一同被像尸体一样拖了上去。圣茹斯特径直走向断头台，外表镇定自若，不动声色。马克西米利安第二十个登上断头台。据一位目击者说，刽子手将他固定在木板上，在让他弯下腰之前，用力将他裹伤的绷带撕扯下来。他咆哮一声，"就像临死的虎啸一般，传遍了整个广场。"一位心怀敌意的目击者如是说。

三颗头颅被示众，那是"独裁者"罗伯斯庇尔、"他的法官"迪马和"他的士兵"昂里约。这仿佛是在说："太好了！"

然后十万人发出巨大的欢呼声："自由万岁！"

事实上，随着罗伯斯庇尔被判决处死，恐怖统治看起来是结束了。

罗伯斯庇尔被比他自己更糟糕的人打倒了，我们在讨论令人厌恶的热月党人时会发现这一点。罗伯斯庇尔是个正直、诚实、非常真诚的人，他的思想相当狭隘，而且意志不是很坚强。身为演说家，他太过咬文嚼字，而且他擅长言谈而不善于行动。支撑、引导和扭曲他的是他过度的自负。由于他听到的恭维奉承，他的自负使他确信自己是一个出色的真理和美德典范，而且因此，看到其他人服从这些美德就是他的职责。为强制推行这种观点，他认为任何手段都是正当的，哪怕是欺骗、谋杀和屠杀。他当然不是邪恶、残忍和嗜血的人。这使得他的情况更加恶劣透顶。他是在以美德的名义杀人。

罗马天主教将灵魂的自负视为最大的罪孽，是多么正确啊。

第八章　革命军人

最后三章我需要相当无情地讨论一下断头台。断头台一度被淹没在血海之中，热月9日以后被最终废除。回顾这段凄凉往事，一个人对热月9日的感觉可以非常准确地用所有人的呐喊来表达："血流够了！"我们还是寻觅大革命更具吸引力的侧面吧。一个热情而亲切的民族，经历了如此可怕的三年之痛，在它的这段历史当中，还能找到这样的侧面吗？

但是读者知道这段历史拥有更幸福的一面。1792年至1795年，法兰西显示出英雄本色，而且在恐怖统治时期，大革命通过为法兰西开疆拓土，赢得了后人的尊敬，你可以仿效这一时期的风格，称之为法国的荣耀桂冠。

我赶紧叙述这个悲剧故事的另一章，不仅仅是为了避开恐怖政策的沉闷氛围（这也是不太可能做得到的）。不。我这么做确实是因为有些人会对大革命——甚至是在最血腥的危机当中——产生错误的印象，而如果那些可怕岁月的故事和那种决定性的而且几乎可以解释（尽管不能洗白）一切事情的因素——战争再分开的话，那么对大革命的任何评判都会是不公平的。

时人写道："军营里找到了美德。"但这种美德不是罗伯斯庇尔以其之名将成千上万的受害者，包括维尼奥、布里索和丹东，推上断头台的那种

"美德"，而是一种激发青年军人的忠诚、热情和爱心的美德，促使他们以此去保卫从 1792 年以来一直受到威胁的首都。他们通过拯救国家挽回了它的荣誉，而如果我们跟随他们一起赶到边疆的话，就会对当时的重大危机形成更为清晰的概念。

"共和国现在一无所有，就像一座巨大的围城……" 1793 年 8 月 22 日，国民公会这样哀呼，当时他们正组建国防军来对抗整个欧洲。自从 1792 年 7 月 11 日，维尼奥宣称国家处于危机之中以来，法兰西确实受到了围攻。法国的动乱在一定程度上是由于这种危机引发的，而这种危机从 1792 年夏到 1794 年夏，一直都构成一种威胁。

自从 1789 年以来，这种危机日甚一日，由于新思想的火热气息在军中迅速蔓延，导致军队处于瓦解状态。

波旁王朝时期的军队由一群可怜的庸人组成，他们都是用一种凄惨的方式招募进来的。新兵被木棍赶着入伍，或者因和精明的招兵士官斗酒输了而被抓了丁——这样往往会造就一支无赖军队。事实上，原陆军军官杜布瓦 - 克朗赛①，毫不违和地将这支军队称为"强盗大军"。

除了极少数出色的军官外，大批可怜的军官，因为多种原因，对这群军事流氓毫无影响力。这些军官们都是绅士，他们的父母亲为他们买了一个连长，甚至一个团长的差事，其中很多人非常年轻，很符合"穿着开裆裤的上校"这个绰号。因为和他们的士兵之间有着一道深深的鸿沟，按 18 世纪战争的要求来看，这些军官们都不合格，虽然他们很勇敢，但通

---

① 埃德蒙·路易·亚历克西斯·杜布瓦 - 克朗赛（Edmond Louis Alexis Dubois-Crancé，1747—1814）：法国军人和政治家。早年是旧皇家军队的一名中尉军官，倾向自由主义思想。大革命爆发前，他当选为第三等级代表，旋即参与发表"网球场宣言"，加入国民议会。制宪议会时期，他参与协助军事改组事宜，并且成功促使议会投票通过解放法国的非洲奴隶。国民公会时期，他站在山岳派一边，但并不跟随任何特定首领。审判路易十六期间，他投票赞成处决国王。在法国军制改革时期，他采取了两项重要措施——让下级军官能通过累积军功快速晋升，并且让志愿兵和老兵混编，以提升整体战斗力。由于受到罗伯斯庇尔派排挤，他参与了"热月政变"。在督政府时期，他历任五百人院议员和陆军部长。由于反对拿破仑的"雾月政变"，他在执政府和帝国时代都处于退休状态，直到去世为止。——译者注

常都不称职。

士官们，也就是被称为低级军官的这些人，独力维持军队的团结。诸如拉杜利普、拉弗勒、拉格雷纳德、里斯克-陶特和桑斯-索西，这些士官可敬而又可畏，能让士兵们欢笑，反过来也能让他们震恐。真是多亏了这些士官，这支无赖军队尽管指挥官极为糟糕，但仍然相当强大。

这些士官们两百年来奋发图强，忠于职守，部分是为了实现晋升为正式军官军衔的微弱希望。自从 17 世纪以来，士官成为"幸运军官"的人倒也不算罕见。

但不幸的是，1781 年，特权阶级将不幸的法令强加给陆军大臣塞居尔元帅，不仅对每一个平民关上了哪怕晋升为最下级军官的大门，甚至还规定无法证明自己是贵族的青年军官就不能晋升较高级别的军衔。在 1789 年还是个士官的贝尔纳多特 [1]，都不能再指望得到尉官的纹章；拿破仑·波拿巴，因为贵族出身存疑，肯定无法得到任何比上尉更高的军衔。一些有才能的士官，如乌迪诺、马塞纳、缪拉，在这种情况下，只有失望地离开军队。其他人虽然留下，却在咕哝着发牢骚。下层贵族出身的军官达武、贝尔蒂埃，甚至波拿巴，简直都日夜期盼着能让他们干一番事业的大事发生。

因此军队已准备好欢迎大革命。从一开始，士兵们面对暴动就三心

---

① 让·巴普蒂斯特·儒勒·贝尔纳多特 (Jean Baptiste Jules Bernadotte, 1763—1844)：法国陆军将领，拿破仑册封的帝国元帅中最幸运的一位，后来成为瑞典和挪威国王。1780 年从军，在科西嘉开始服役。大革命爆发后，开始崭露头角。1794 年晋升准将。1797 年，他率部从莱茵增援波拿巴的意大利军团，屡建战功。1798 年任驻维也纳大使。回国后短暂代理陆军部长职务，显示了他的才能。"雾月政变"时期，他和波拿巴派保持了一定距离，没有提供任何帮助，但在执政府时代仍受到重用。拿破仑称帝后，他成为第一批陆军元帅。1804 年至 1805 年间出任汉诺威总督。在乌尔姆和奥斯特里茨战役中均立下战功，受封蓬特科沃亲王。然而同年，因他在对普鲁士的耶拿和奥尔施塔特战役期间的无为表现，受到拿破仑严厉斥责。1809 年的瓦格拉姆战役中，他因作战不力被拿破仑解职。1810 年，他被推选为瑞典王储，改名"卡尔·约翰"。1813 年，他率领瑞典加入第六次反法同盟，他的瑞典陆军在德意志战场屡败拿破仑部下的元帅们。在莱比锡会战确定同盟胜势之后，他转而通过战争为瑞典从丹麦手中夺取挪威。1818 年，他正式继承瑞典和挪威王位，开创了君临瑞典至今的贝尔纳多特王朝。——译者注

二意；法国近卫军的兵变甚至提前并促成了攻占巴士底狱的行动；10月9日，在凡尔赛宫的决定性夜晚，应当守卫通往宫城道路的士兵们都大笑着向暴动群众表明，他们的枪里没装子弹。

凯莱尔曼后来写道："大革命的存续取决于军心向背。"这意味着尽管军队也许可以扼杀大革命，但它不想这么做，而当需要起义的时候，它还会推波助澜。

贵族出身的军官并不悖逆革命而动。我的朋友皮埃尔·德·维塞尔已经出版了《贵族们的书信》一书，其中的数百封信件向我们揭露了这些不羁的军官们的自由灵魂，而他们显然没有表现出一种近卫军的精神。同时这些信件也向我们揭示了一种很大程度上由于情有可原的无力感而引发的痛苦悲伤。

此外，他们知道自己一直倾向于听从命运安排。首任国民议会陆军大臣拉图·杜·潘①，在七年战争当中就证明过他是一名勇敢的战士。他是个正直的人，彬彬有礼，敏感而病弱，我们都知道这样一个人一旦掌权，总是期望用海绵去扑灭大火。他在7月14日努力平息法国近卫军兵变的事迹众所周知，而在1789年8月12日以后，几乎被视为不带丝毫反动观点的诺阿耶，曾经怯生生地提请议会注意，各地都由于相似的原因而变得混乱无序。议会的答复是委任一个委员会负责组建"一支新军"——这成为旧军队解散的另一个原因。

1789年10月以后，煽动性言论仍然存在，到1790年6月，已是处处动乱，总是不受惩戒的兵变使得动乱难平。

---

① 让-弗雷德里克·德·拉图·杜·潘·古韦尔内 (Jean-Frédéric de La Tour du Pin Gouvernet, 1727—1794)：法国贵族和政治家，拥有卡尔维尼亚克子爵等多个爵位。七年战争期间，他是以勇敢闻名的法军中级军官。1781年，晋升中将军衔。大革命前夕，历任多个重要地方部队司令官职务。大革命前夕，以第二等级代表身份被选入三级会议。大革命爆发后，他在1789年8月至1790年11月期间，出任陆军大臣。他致力恢复军纪，得到国民议会赞赏。但雅各宾派出于政治目的抨击他，迫使他辞职，但被当时还有一定权力的国王拒绝。1792年，路易十六又再度将他召入政府。在革命法庭审判王后玛丽·安托瓦内特期间，他为王后辩护，种下祸根。1794年4月28日，他与兄长同时被推上断头台。——译者注

　　我已经在别处提到过，一连串的动乱最终以吕内维尔^①和南锡驻军大暴动告终。这是一场真正的大动乱，仅仅是因为德·布伊莱^②中将的勇敢坚强才阻止这次大乱演变为内战。

　　每次暴动，议会都会宣称它"悲哀的惊叹"。议会就只是哼了这么一声，但没有采取任何行动，而军官们如果试图抵抗暴动，会被视为采取了错误的行动。6 月 4 日，罗伯斯庇尔将军队的"正当"怒火归咎于带兵军官们的反革命态度。一位左派的议员写道："士兵们想强迫军官们集体辞职。"

　　事实上，许多军官辞职并移居国外，而且很快辞职人数大增。议会已经宣布，允许士兵们选举他们的军官，这种方法随之四处盛行。军事委员会再度出手抑制这种会"颠覆一切军纪"的措施。但 1790 年 2 月 28 日，最高军衔还是宣称向所有候选人开放。这一宣言令士官队伍如痴如醉，而且在士兵们的军饷每天增加两个半生丁后，军队已经积极地倾向大革命，对革命产生了一种强烈的爱。

　　但是军队正在瓦解。说实话，辞职造成的空缺大部分都是高级军衔，而且涉及各个不同兵种，有骑兵和步兵。而更专业的兵种，像炮兵和工兵，倒保留了四分之三的参谋军官，因为贵族们本来就不太喜欢这些兵种。但即使在士兵阶层当中，也出现了其他的空缺。原来许多流氓无产者撕毁兵役契约，跑到巴黎去冒险碰运气去了。因此在 1791 年，法国皇家陆军总兵力已经减少到六万人。

　　形势非常严峻，因为整个欧洲都明显正准备向法国开战。

---

　　① 吕内维尔（Lunévillle）：法国洛林大区默尔特 - 摩泽尔省的一个镇，位于默尔特河畔。——译者注

　　② 弗朗索瓦·克劳德·阿穆尔，德·布伊莱侯爵（François Claude Amour, Marquis de Bouillé，1739—1800）：法国陆军将军。他在七年战争中成名，1768 年被任命为瓜德罗普总督。美国独立战争期间，他指挥法军占据了西印度群岛的不少英属殖民地。在法国大革命期间，他是最著名的保皇党之一。旺代叛乱失败以后，他流亡英国，在那里继续为英国对法国大革命的军事行动出谋划策。1797 年，他出版了自己的回忆录，大获成功。1800 年 11 月 14 日，他在伦敦病逝。——译者注

　　欧洲一直都在留意着法国。三个世纪以来，这个大国人力如此富足，而且以它的团结一致、它的实力和它的繁荣，创造了辉煌功业，令整个欧洲又是钦佩又是嫉妒。从查理五世①到威廉·奥伦治②，他们羡慕和畏惧这个国家，威廉·奥伦治则称法国为"傲慢张狂的国家"。三个世纪以来，它经常战胜最强大的反法同盟，对这些意图打垮它的同盟发动战争，尽管有时它会受挫，但得益于它非凡的恢复能力，很快就漂亮地报仇雪恨。因为历代法国国王对国家的扶持，有时会依靠众大臣的天才代行职权，所以看上去正领导着这个国家快乐地努力走向复苏，而且国力更见增长，欧洲各国便得出结论，认为君主制是法国唯一的依靠。

　　欧洲各国的王公大臣都为法国国王垮台而弹冠相庆，因为他们认为这样法国肯定会衰弱。1790 年 5 月 22 日，当议会郑重宣布它放弃战争、拒绝征服的理念，并且将从黎塞留以来的所有法国政治家认为不完整的、纯属临时的疆界视为"永恒"疆界时，欧洲正如阿尔伯特·索雷尔所指出的那样，断定法国确实已经衰弱，而现在是考虑掠取战利品的时候了。

　　顺带一提，欧洲各国已经向波兰张开了血盆大口。法国应当不是另一个波兰，而是一个比波兰富庶千倍的国家，而即使它无法被瓜分，难道就不能蚕食一部分吗？这个国家已经像 1770 年的波兰那样被无政府状态搞得支离破碎了，所以不可能自卫。法国的军队显然处于瓦解状态，议会也承认了这支军队的衰败情况。法国还批判了他们的历代国王，而在所有外国宫廷看来，法国国王是这个国家最重要的支柱。

　　如我们所知，欧洲错了。正相反，法兰西民族在 5 世纪建国时，或者在更早以前，国力来自于它的历代国王，但也来自这个国家的诸大臣——大臣们来自这个国家的所有阶层，而他们只是代表全体人民，将他们的意

---

　　① 查理五世（Charles V，1500—1558）：神圣罗马帝国皇帝。从少年时代起，即拥有哈布斯堡王朝在西班牙等欧洲多个国家的君主头衔，长期与法国为敌。——译者注

　　② 威廉·奥伦治三世（William III of Oranje，1650—1702）：出身于荷兰执政的奥伦治家族，但在他出生前后，家族已经丧失了执政地位。1672 年英法入侵之际，受荷兰君主派拥护，重新成为执政。他是英王詹姆斯二世的女婿，1688 年被迎立为英国国王。在位期间，多次与法国为敌。——译者注

愿转达给国王。

我已经尝试在一部长篇作品《法兰西民族史》中，和那些令人钦佩的指导者一起，追寻三个世纪以来，这个忠贞不渝的独特民族联合体所走过的轨迹。比起他们的领袖来，法国人民对完成大法兰西的宏大构想甚至一直抱有更坚定的决心。无论在任何情况下，如我现在所说的那样，民族主义都渗入了法兰西的骨髓，法兰西已经准备好挺身而出，就像它过去成功做到的那样，保护自己免受侵略威胁。此外，敌人的计划不仅意味着要打垮法兰西，而且意味着扼杀它刚刚赢得的自由，而这个时候，自由是这个民族的精神寄托，这只能激起它的怒火。

1791 年 1 月，当制宪议会最终摆脱它的和平主义态度而起来行动时，外敌入侵的危险变得更加明显。修复被废弃的各要塞，以及军队的重建问题，被诉诸讨论。至今都在为敌的两个德意志强国普鲁士和奥地利，在俄国的敦促下，达成和解；瑞典提出增加德意志两强的兵力，同时撒丁国王在动员军队，而西班牙和意大利的波旁王室对法国保持一种敌视态度；英国密切关注大陆形势，想要为北美独立战争复仇。法国需要一支军队，因为要阻止仅仅德意志各邦国陈兵东部边境的三十万大军前进，六万皇家军队远远不够。但制宪议会一直都唯恐扰民，拒绝了征兵的主张。根据 6 月 11 日和 13 日的法令，议会呼吁志愿者从军，而志愿兵待遇从优——日饷十五个生丁，可以选举他们自己的军官，而且仅需为一场战役服役。他们估计能征召二十万人，但这个期望值过高了。实际招兵十万人，这已经很不错了。但同样好的一件事是，它迎来了首次在民族意义上的爱国主义精神的爆发。

卡米尔·鲁塞 [1] 在一本风行一时的书中，着手摧毁他称之为"志愿兵神话"的说法。通行的说法是，志愿兵们从侵略者手中拯救了法国！鲁塞

---

[1] 卡米尔·菲利克斯·米歇尔·鲁塞（Camille Félix Michel Rousset, 1821—1892）：法国历史学家。他在从事历史研究之前，是一位格勒诺布尔的教师，著作以法国军事题材为主。——译者注

言之凿凿地确信（而我为了证明这个观点，已经阅读过他的著作），没有旧皇家军队，没有常年服役、坚定地让他们保持团结的旧皇家军队士官们的有力力量，志愿兵将一事无成。反过来说，这些新入伍的、容易激动的士兵们，缺乏如何使用武器的训练，而且军纪涣散，看上去已经在 1792 年和 1793 年让军队陷入混乱，而且几乎使时局败坏。正如我们将会看到的那样，这种说法对那些受革命热情（你也可以说这几乎是一种癫狂）鼓舞的 1792 年的志愿兵们来说，是完全正确的。但用在 1791 年的志愿兵身上，则并非事实。

大部分志愿兵来自资产阶级，比来自更下级阶层的还要多。资产阶级在 1789 年形成的激情一直持续到 1791 年。他们和后来 1792 年的志愿兵不一样，无须令人激动的呼吁，无须敲响的点鼓，也无须三色征兵平台，火焰在他们心中燃烧。律师的办事员们和学生们、医生们和富农们、店员们、政府雇员们，这些人都为了他们好不容易赢得的自由免于受欧洲暴君们威胁而入伍。他们的热情无穷无尽，但不用大声喊出来。他们都认同年轻的贝罗在给他的父亲，一位拉布里的小资产阶级的信中的说法。贝罗写道："你把我送去与特权阶级战斗。你说：'去，快去边疆，让那些胆敢威胁我们的懦弱暴君们害怕！快去，如果你吝惜这条唯一对这个社会有用的生命，畏缩不前，那就留在这儿，然后从我身上学习一个人该如何报效祖国！'哦！我将为国而战。你留在那里，而且永远要相信你的儿子不会让你蒙羞！很快他就会和战友们在边疆向敌人证明，他们不会那么容易就如愿打垮一个渴望自由的民族！"有人可能想要对信中夸张的表达方式付之一笑，这封信的表达方式与我们在 1914 年离家上前线时的风格不同，而它只是在以一种令人振奋的方式表达一种催人行动的激动人心的号召。三十年后，1791 年还是洛林志愿兵鼓手的维克托，已经成为法国元帅和公爵，那时他以同一种方式抒怀道："1791 年那崇高的热情，足以让我为你高唱赞歌！这是任何一个民族能够向世界展示的最为壮观的景象！那洋溢着爱国主义和光荣的日子啊，用你不灭的火焰温暖着我们和我们的后辈！"

当时的热情如此伟大，有一百位姑娘偷偷混进了十万年轻男儿中间，一起走入军营。一年后，两个姓菲尼格的姑娘因成为杜穆里埃的副官，变得相当有名。一位国民公会的特派员这样描写她俩（尽管他的描写与实情差距很大）："君主制时代只出了一个圣女贞德，而我们拥有两个女中豪杰。"而实际担任副官职务的从未超过一个人。

所有这些 1791 年志愿兵的理性和智慧都不亚于爱国情怀，因为在相当草率地号召他们选举自己的军官时，他们做出的选择经常会被将来证明是非常正确的。事实上，他们选为营长的贝西埃尔、尚比奥内、达武、儒尔当、拉哈尔普①、勒克布②、马尔索③、莫罗、乌迪诺、维克托、絮歇，在三年内都成了共和国的将军，其中有六人成为帝国的元帅。

当他们如此满怀激情地自我表现时，从一开始便预示着他们会成为未来的军事领袖。"那些是法国人和他们的一位出色典范。"有人这样描绘他们中的一位，同时认定他们更为热衷军纪，他们希望同伴们能成为优秀的军人，不然的话，他们就会亲手把他们变成优秀的军人。

----

① 阿米蒂·伊曼纽尔·弗朗索瓦·拉哈尔普（Amédée Emmanuel François Laharpe, 1754—1796）：法兰西第一共和国时代的将军。1792 年被选为志愿兵营长，在土伦战役中表现出色。1794 年晋升为准将，从这一年起，开始在意大利军团服役。1795 年，他晋升为少将。在意大利战场，他随拿破仑多次打败奥地利军。1796 年，在一次混乱的夜战中，他不幸被友军误伤，不久离世。——译者注

② 克劳德·雅克·勒克布（Claude Jacques Lecourbe, 1759—1815）：法国将军。他从学校毕业后，在阿基坦的一个步兵团当了八年兵，直到大革命爆发前才晋升为下士。不久，他被选为汝拉第七志愿兵营营长，随部在莱茵军团和北方军团作战。1791 年晋升为上校，在弗勒留斯战役中成名。1794 年晋升准将，四年后晋升少将，在瑞士随马塞纳将军与俄国名将苏沃洛夫作战。由于勒克布与莫罗是好友，而且一直维护莫罗，令拿破仑不悦，迫使他在 1805 年退役。拿破仑首次垮台后，他被复辟的路易十八封为伯爵。百日王朝期间，他再度为拿破仑效力，在东部边境以八千之众对抗四万奥地利大军，坚守十五天后，与敌军达成停火协议。路易十八二次复辟后，他在当年 10 月退役，不久在贝尔福病故。——译者注

③ 弗朗索瓦·塞韦朗·马尔索-德斯格拉维斯（François Séverin Marceau-Desgraviers, 1769—1796）：法国将军。十六岁入法军服役，在大革命前一度退役。1792 年，被选为中校志愿兵营长，同年参加凡尔登保卫战，但因为战役的失利，他在 1793 年初一度被关押。获释后，他在对旺代省保皇党军队的战斗中迅速脱颖而出，9 月晋升为准将。10 月，他和克莱贝尔将军一同在绍莱战场交战，两人成为好友。11 月，马尔索晋升少将。当年年底，他继续随克莱贝尔在勒芒和萨沃奈战役中取胜。在巴黎养病度过一段时间后，他作为儒尔当将军的部下，再次与克莱贝尔并肩作战，在科布伦茨等一系列战役中均有上佳表现。1796 年，儒尔当和莫罗对德意志的入侵以惨败告终，马尔索奉命率部掩护儒尔当主力撤过莱茵河。9 月 19 日，马尔索在阿尔滕基兴受了致命伤，在两天后死去，终年仅二十七岁。——译者注

但在集结、编组和训练这十万青年健儿时，麻烦是如此之多，危机也变得愈发严重，他们还肯定不能在敌军面前不动如山。即使是旧皇家军队，由于欧洲大陆已经和平了三十年，也没有实战经验，而且由于大革命早期的混乱无序导致阵容不整。

所以，人们大可不必为 1792 年 4 月底战争序幕中出现的耻辱性事件大惊小怪。但是这场从瓦尔米战役到滑铁卢战役绵延二十三年之久的战争，变成了一场英雄之战。

1792 年 4 月 28 日，罗尚博军团在向当时的奥地利领地比利时边境进军、迎战德意志帝国大军时，发生了一场完全意想不到的踩踏事件，在这次事件当中，除了一位将军和几名军官在越过惊恐士兵们的通道时被逃跑的士兵们撞倒之外，甚至没有发射一枪一弹。目瞪口呆的奥地利人在次日嘲弄法国人的座右铭是"征服或逃跑"。此外，他们对这种奇特的胜利吃惊不已，唯恐是个陷阱，幸亏他们就这样在距离边境几个里格①的地方按兵不动，我们那群吓坏了的军队蜂拥而入的里尔和瓦朗西安②才没有遭到攻击。

巴黎很自然地将这次大溃败的成因归于叛国，而吃惊不已的议会向全国求助。法国再度征召新的志愿兵，新组四十二个营。法国全境都被宣布处于"危急状态"。

法国出现了一股新的骚动，变得更为狂热，也更为混乱，当然也更加吵闹。

在警钟敲响的第一刻，志愿兵"从每一块鹅卵石底下"现了身，这种说法就是那个时期的表达方式。然后布伦瑞克公爵发表了他的宣言。当巴黎得知普鲁士军队总司令威胁会消灭参与大革命的每一个人时，激起的怒

---

① 里格（League）：陆地及海洋的古老的测量单位，1 里格等于 3 英里。——译者注
② 瓦朗西安（Valenciennes）：法国东北诺尔省的一座边境城市，位于斯海尔德河畔。——译者注

火导致入伍人数激增。古维翁－圣西尔后来写道，布伦瑞克的宣言是使国防军扩充一百个营的工具。"一位贵族"马罗勒夫人写道："志愿兵们从地底下突然冒了出来。"巨大的征兵台搭建起来，上面悬挂着三色旗，几面鼓上搭了块木板，就当是办公桌了，一位市政官员在"桌子"后面收取入伍申请书。所有的年轻人都带着一种"放纵的"野性跑来入伍。

法国王位在 8 月 10 日被倾覆，如我前文讲述的那样，丹东对此起到了添油加料的作用。入伍人数成倍增加，申请入伍的人群围满了巴黎的各处征兵台。此时，在法国最小的乡村里，农民也踊跃参军。他们的信件有些保留有些至今，其中充满令人感动的热情；有些人回到村里的时候都没有军衔，有时还会缺胳膊断腿，但都对为他们的国家而战感到自豪；其他人，在经历为自由而战的诸多战役之后，成为帝国的军人，小小的志愿兵们成了拿破仑手下爱发牢骚的老兵；所有人都会满怀着他们自己的那份英雄美梦，继续踏上征程。他们从泪眼蒙眬的双亲怀抱中挣脱出来。他们中的一人，将来的勒热纳①将军写道："鼓声雷动，看着我们通过的人群欢呼着，高唱《马赛曲》，赶走了所有的离愁别绪，而我们都会欢呼：'现在我们是军人！'"

他们是糟糕的军人。兴奋之情无法造就出色的战士。他们应当先在战场后方训练自己。不幸的是，议会根据 7 月 22 日法令，将他们编入各军团，他们只会在那里传播混乱。将军们反对让这些勇敢的小伙子这么快就涌入军营。新志愿兵的一部分人出自满怀狂热激情的下层阶级，但在这个时候，只是成了军中一个麻烦又散漫的因素，而军队本身还有待改造。杜穆里埃和凯莱尔曼都被任命为军团司令，一个在色当，另一个在梅斯。杜

---

① 路易－弗朗索瓦，勒热纳男爵 (Louis-François, Baron Lejeune, 1775—1792)：法国将军和画家。大革命爆发期间，他还在巴黎学习油画，但 1792 年就离开画室，参加志愿兵，先后在步兵、炮兵和工兵部队服役。1800 年至 1812 年出任贝尔蒂埃元帅的副官，他参加了拿破仑的几乎所有重大战役。在萨拉戈萨围城战期间，晋升为上校。1812 年，侵俄战争爆发后，他晋升为准将，出任达武元帅的参谋长。1813 年 11 月，勒热纳离开了他服役二十多年的军队，此后专心油画事业。波旁王朝复辟后，他一度重返军队。1841 年，因心脏病去世。——译者注

杜穆里埃将军

穆里埃是一个聪明的军事老手，而且非常清醒；他不会瞻前顾后，更不受传统束缚；他为人精明，是个爱冒险而坚毅的人物。凯莱尔曼是个粗线条的阿尔萨斯人，在旧王朝统治下因服役表现出色而得到晋升。他还是个平民，所以理解新生的法兰西，但他是个天生的军人，崇尚纪律性，而纪律性才能形成一支军队的主要力量。这两位将军都认为原皇家军队需要掌握在手中，而此外，志愿兵们，哪怕是 1791 年招募的那些志愿兵，除非他们能够妥善驾驭，否则只会成为一种麻烦的源头。这就是这两人的伟大之处，他们取得的成功其实就是对形势正确判断的结果。他们没有流露出任何失望，而是表现出自己足以成为新精神的捍卫者。旧皇家军队是一团需要再揉捏的硬面团，而志愿兵将会发挥酵母的作用。奥地利人和普鲁士人行动迟缓，给了这两位军事领袖时间，在混乱中创造秩序，并且在军营里将蒙斯①和图尔奈②的溃兵变成将来瓦尔米战役和热马普战役中的战士。不久，他们就会在战场的熔炉里得到检验。因为身穿新的蓝色军服，志愿兵们都被敌人称为"蓝色陶器"。而看来在烈火煅烧下，这种陶器一开始就似乎要裂开了；但正如一位领袖所说，这些陶器"形状很好"，它们将会在烈火煅烧下硬化，而且不久之后这种蓝色陶器就会坚如青铜。我们也知道在 1915 年以后，另外一大批蓝色陶器的强度。

"他们在敌人开火时必须镇定自若。"陆军部长塞尔万写道，"兴奋必须被爱国心取代，而狂热必须被纪律取代。"凯莱尔曼的回信则更为实际，他说："要整顿一支有力的军队就要用志愿兵补足队列，用新建的各营来整合旧有的各营，否则法国就会失败。"这种设想早在八个月后成为国民公会的著名法令之前，这两位司令官就构思和实施了这一合并新旧军队的想法。

于是六周以后，这两位将军主持改造出一支可以作战的军队。从这个时候开始，军纪被树立起来，战士们的热情就只会产生好结果了。"热情

---

① 蒙斯（Mons）：比利时南部埃诺省省会。——译者注
② 图尔奈（Tournai）：比利时埃诺省斯海尔德河畔市镇。——译者注

弥补了一切。"古维翁－圣西尔后来不无激动地说道。不，热情不能弥补一切，但是，如杜穆里埃在他聪明的演讲中所进一步发挥的那样，热情使得最繁重的工作和最严厉的纪律措施都变得容易被接受。很快，军中的那些年轻人们都被说服，明白勇敢在于当等待重大军事行动时，要严格服从命令。"有了勇气，大部分事情都能带来一个满意的结果。"志愿兵弗利卡斯在勇敢的问题上如此写道，而他也只是在附和战友们的想法。

人们很难想象神秘主义也会是支持他们的一种力量。"正义之神，请保佑一个仅仅是为了平等而战的热情的民族吧。"这也是弗利卡斯写的。当时还是营长的达武后来说道："他们在投入战斗时高呼'祖国万岁！自由和平等万岁！'"多年之后，马尔蒙说道："我们生活在一种生机勃勃的氛围当中。我如今在五十五岁的年纪仍然和第一天时一样能感受到它的激情和力量。"当时也已是营长的克莱贝尔，深受阿尔萨斯志愿兵们的热情感染，他说："当出发的命令到来时，他们的喜悦和热情几乎无法形容。没有人哪怕有片刻想要离开三色国旗。为什么即使连病号都要求准许随营行动……哪怕法国的将军们只知道如何充分利用这些勇敢士兵们的才能和勇气，那么共和国有什么崇高的荣誉和成就无法取得呢？"如我们所知，色当的杜穆里埃和梅斯的凯莱尔曼没有坐等上级命令。在数周之后，尽管部队仍存在许多不足，而且缺乏组织性，但已经比春天溃逃的那支军队强得太多了。

法军的重整相当及时。正在向里尔进发的奥地利军，遇到了英勇抵抗，而普鲁士大军已经出发投入战斗。普军和一个法国流亡者组成的军队在雷当日 ① 越过边境线，而且以一种闻所未闻的傲慢姿态行军，认为路上不会遇到任何阻碍。就像后来德国人在 1914 年 8 月那样，当时的德意志军官们宣称他们自己是对抗大革命的至高圣器——"古老的日耳曼上帝"不是从昨天开始和我们耗上的——他们在 1792 年 8 月约定，9 月初进入

---

① 雷当日（Redange）：卢森堡西部边境地区。——译者注

巴黎皇宫，然后在巴黎市中心游行。

腓特烈大军的威名如此显赫，足以使隆维投降，然后，在 9 月 2 日，凡尔登——由于在 1791 年就缺乏准备——也落入普军手中。形势正变得十分严峻。德意志人再度向阿尔贡森林的各处通道施加压力，前往巴黎的道路似乎已经敞开。

与此同时，凯莱尔曼从梅斯率领他的军团经巴勒迪克赶来，9 月 8 日在阿尔贡森林后方的圣梅内乌尔德[①] 和杜穆里埃会合。这样法军就得到了加强，然后向瓦尔米高地进军。普军料到会遇上短暂的抵抗，而且他们断定，只会面对轻微的阻击，这使得他们的军纪异乎寻常的松弛。一次猛烈的炮击和几次骑兵冲锋就足以阻止普军前进。但可以肯定的是，步兵们聚集在高地周围的坚决态度、万众异口同声的火热激情呐喊，以及所有法军步兵坚守的前方阵地，都给布伦瑞克公爵的大军留下了深刻印象。歌德永远都不会忘记那些"小小的黑压压的人影"带来的压力。

但这无法解释普军为何士气大丧且快速地退往边境地带。我在其他地方已经提到过真实原因。但这场奇异到近乎奇迹般的胜利，成为永远的法兰西奇迹，满足了创造新军胜利精神的需要。从那一刻起，他们的热情转化成了信心，而尽管在取得更伟大的胜仗之后遭遇过挫折，这种胜利的信心此后也从未抛弃过这些军人们。在瓦尔米高地战役后的二十年间，正是这种胜利的信心将他们带领到维也纳、柏林、加的斯和莫斯科。

1792 年至 1793 年的战役胜负参半。杜穆里埃凭借热马普一战占领了比利时，而指挥莱茵军团的屈斯蒂纳将三色旗先后插上美因兹和法兰克福城头。法军已经采取攻势，这只是依靠加强士兵们一开始就高涨的热情和一种名正言顺的自豪感来提升他们的士气而发动的进攻。然后他们就被德意志人在比利时和莱茵河两岸的反击抑制。内尔温登[②] 之战以后，法国几

---

① 圣梅内乌尔德（Sainte-Menehould）：法国东北部香槟 - 阿登大区马恩省的一个市镇。——译者注

② 内尔温登（Neerwinden）：比利时弗拉芒 - 布拉班特省邻近法国边境的一个小村落。——译者注

乎失去整个比利时；布伦瑞克公爵收复了法兰克福，莱茵军团则快速退往
兰道①，而孤立的美因兹被普军包围。

当然，这些挫败是杜穆里埃的优柔寡断以及他后来令人震惊的背叛的
结果，也是狼狈战败的德意志人受英国、荷兰、西班牙和所有意大利邦国
加入反法同盟激励、重振士气的结果。法军指挥官的报告还指出 1792 年
新征召的志愿兵没有做好身心两方面的准备，就大量涌入战场造成的伤
害：他们一开始就惊慌失措地逃跑，打散了队列去劫掠，而且不服从命
令。摩泽尔军团司令伯农维尔②写道："由于志愿兵开小差，我失去了三分
之一的兵力。"在内尔温登，新志愿兵的脱逃使最坚定的军队陷入混乱。
在布伦瑞克公爵进攻莱茵河时，如公爵本人所说，这些新志愿兵"像野兔
般逃跑了"。于是法军又被逼退到旧国境线。经过长期围困，法军英勇坚
守三个月后，美因兹在 7 月 28 日投降，但克莱贝尔的军队是带着军事上
的荣誉出城的。法属佛兰德遭到入侵，奥军于 7 月 15 日和 27 日先后占领
孔代和瓦朗西安，到 1793 年 10 月为止，法军都未能取得一胜。形势极其
严峻，整个欧洲都在武装起来对付法国。内战正在国内蔓延，需要更多的
部队，而法军在东北边境、默兹河、阿尔卑斯、比利牛斯，实际上在所有
地方的兵力都少于敌军。

但在同一时期，公安委员会政府在巴黎成立了，并且从 4 月起由丹东
掌权。

---

① 兰道 (Landau)：德国西南莱茵兰 - 普法尔茨州靠近法德边境的一座城市。——译者注
② 皮埃尔·德·里埃尔，德·伯农维尔侯爵 (Pierre de Ruel, Marquis de Beurnonville,
1752—1821)：法国将军。在殖民地服役期满后，他返回法国，在普罗旺斯伯爵——未来的路易
十八的瑞士卫队里，花钱买了个中尉职衔。大革命爆发后，他成为陆军中将，参加过著名的瓦尔
米战役和热马普战役。1793 年 2 月，他出任陆军大臣后，向国民公会谴责老上级杜穆里埃将军，
是后来国民公会派去监视杜穆里埃的四名成员之一。同年 4 月，杜穆里埃叛变时，将他交给奥地
利人。直到 1795 年 11 月，他才在战俘交换时获释，随即再度进入法军，先后指挥桑布尔 - 默兹
军团和北方军团，1798 年又曾出任英格兰军团步兵总监。1800 年和 1802 年，他先后出任法国驻
柏林和马德里公使。帝国时代，他受封为伯爵。拿破仑首次垮台后，他曾参与临时政府的活动。
百日王朝时期，他跟随路易十八一起逃往根特。路易十八二次复辟后，授予他陆军元帅军衔和侯
爵爵位。六年后，他在巴黎病逝。——译者注

国民公会没有坐观成败。2 月 24 日，议会通过了一道进行另一次志愿兵招募的法令，这是迈向征兵制的第一步。这道法令至少宣布了征兵制的原则。

由于美因兹、孔代、瓦朗西安的陷落，旺代的挫折和各省的叛乱，征兵原则被迫应用于法国。即使在 1792 年，法国也未曾陷入如此危险的境地。

8 月 21 日，卡诺的一份报告被巴雷尔提交给国民公会。报告中充斥着这样引人注目的警句："共和国现在就是一座庞大的围城，而法兰西必须成为一个巨大的兵营，巴黎则要充当兵营的军火库……"而巴雷尔朗读了一份提案，这份提案后来在一种无法形容的热烈氛围中被颁行为法令。尽管这份法令为赢得胜利，用词风格气势磅礴，但人们肯定不会对它报以微笑。

"从这一刻开始，直到每一个敌人被赶出共和国的领土为止，每一个法国人都永久性地等待应召服兵役。"这就是法令的原则。而第八条宣称："将进行全面征兵，从十八岁到二十五岁的未婚公民或无子女的鳏夫将首先入伍。他们将在所在省区的主要城镇聚集，不得拖延，将在那里每天学习使用武器，直到他们出征为止。"第十一条称："每个省区组建的各营都将聚集在绣有如下字样的军旗下：法兰西民族武装起来抵抗暴君。"

很难想象这份法令对法国产生的效果，法国正处于对导致 1792 年人心惶惶的一次新入侵的恐惧之中。被选入公安委员会的卡诺说有必要"为军事用途整顿普遍存在的怒火"。"怒火"如此巨大，国民公会已经决定，为了获得他们需要的四十万人，在第一批之后还要征召第二批兵员，来达到这个数字。于是又有众多志愿兵加入到第一批兵员当中去，直到督政府时代的最后几年，一共为法军补充了四十二万零五千兵员。巴雷尔高呼这是"自由的召唤"。所有的士兵都不觉得他们有那么自由，但没有人胆敢逃避兵役。后来里瓦罗尔又叫喊道："这些人成千上万地被送往边境，颤抖着想去使欧洲战栗。"这是至理名言，塔西佗式的名言，但却是一个恶毒的保皇党人的话。而很多人是因心怀义愤而颤抖的。

　　一种措施使得这次新征兵变得相当有效。革命政府根据经验，当然不希望 1792 年的志愿兵军纪涣散（1793 年的征募兵就更令人担心）。所有新兵，包括志愿兵和征募兵，都会被原有的一线军队吸纳。这是凯莱尔曼先前就倡导的新老兵融合方式。查辛先生和卡米尔·鲁塞已经告诉我们，他们所使用的方法，以及两个志愿兵营是怎样和一个老兵营混编成准旅的，这种编制变得非常出名。

　　这种体制是当时的通行做法。据查辛先生说："一位国民公会议员，也就是一位征兵特派员，会来到每个军团，两个志愿兵营和一个一线老兵营会被召集起来接受检阅。特派员会宣布将这三个营合并，然后让他们宣誓团结一致捍卫自由、平等和共和国，除非殉职，绝不分离。他任命三个营里最称职的军官为营长，去领导保家卫国的战士们取得胜利。新营长宣布解散，所有的战士们相互拥抱着说'共和国万岁'，然后他们进行重整，之后这个准旅就会在特派员高唱的《马赛曲》歌声中出发。"这就是他们锻造军队的方式，当时这支军队已经在烈焰中经过考验，不久就会令整个欧洲震颤。小小的农民和手工艺人现在成为共和国军人了，他们被仔细地分配到各旅，这些旅都有久经沙场的精锐部队来加强，然后一同踏上荣耀之路。

　　军纪和战术意识都被注入军队当中。正如黎塞留某一天写给他的元帅们的那样："打胜仗的方式是去进攻。"国民公会的一位军事顾问杜布瓦-克朗赛，也说过同样的话。他的一切指导就是"集中兵力作战"和上刺刀冲锋。法军会集中最大可能的兵力投入精心选择的进攻点上，然后在攻击点上用刺刀攻击被动摇的敌军，克朗赛又补充道："战斗的形式，是符合民族性格和其冲动情绪的。"

　　将军们应当彻底理解这些战术，而且不能为失败寻找任何借口。一位公安委员会成员指出："是时候让这些将军们身负重责大任了，他们哪怕是无意识地犯错也是不可原谅的。国民公会要求将军们服从公安委员会的命令。每一位将军的项上人头都取决于他们的行动。"这并非空头威胁：

杜穆里埃、屈斯蒂纳、博阿尔内①、胡沙德②、弗莱尔斯③，以及其他十多名将军都被处分，或被解职，或被处决，原因不仅是由于他们的军队战败，大多数是由于莫须有的罪名，或甚至是因为和军队特派员不睦。甚至连凯莱尔曼和奥什在"热月政变"前夕都被撤职和逮捕。这些可怕的特派员们现在被派到各军团，本应监管各军团的军需和一般行政管理，但实际上却是为控制各军团司令。如一位国民公会议员所说，这些特派员都用"雷电武装自己"，而且"比国王还要跋扈"。一些特派员滥用权力，有时会体现出一种非军职人员的弱点，那就是试图迫使将军们接受他们的计划，把他们的不悦甚至是恶劣情绪强加给这些将军。尽管如此，大多数特派员还是积极地与军事领导人合作的，当需要他们挺身而出的时候，像卡诺、圣茹

———————

① 亚历山大·弗朗索瓦·马里·德·博阿尔内，德·博阿尔内子爵 (Alexandre François Marie de Beauharnais, Vicomte de Beauharnais, 1760—1794)：法国政治人物和将领。生于马提尼克岛的皇家堡，1779 年在法国与后来的帝国皇后约瑟芬结婚。美国独立战争期间，他在路易十六的军队服役。后来，他成为三级会议的贵族代表。革命战争爆发后，他成为一名将军。1793 年 6 月，他拒绝出任陆军部长一职，同年被任命为莱茵军团总司令。1794 年 3 月，他被公安委员会以防御美因兹不力的罪名逮捕，在恐怖统治时期被处决。他的妻子约瑟芬在监狱里被关押三个月后熬到罗伯斯庇尔垮台，大难不死，后来成为拿破仑的第一任帝国皇后。博阿尔内的一子一女欧仁和奥坦丝也和波拿巴家族结下了不解之缘。欧仁被拿破仑封为亲王，是颇受重用的亲信之一。奥坦丝和拿破仑的弟弟路易结婚，他们的第三子就是后来的第二帝国皇帝拿破仑三世。——译者注

② 让·尼古拉·胡沙德 (Jean Nicolas Houchard, 1739—1793)：法国将军。他十六岁在德意志皇家步兵团开始自己的军事生涯，后来回到法国。保利在科西嘉领导岛民反法独立的时候，他是科西嘉龙骑兵团的一位上尉，在平乱时表现勇敢，嘴部受过枪伤。1793 年 4 月，胡沙德出任摩泽尔军团总司令，8 月，又改任北方军团司令。在翁斯科特战役中，他击败了约克公爵指挥的英军。尽管法军获胜，但他却由于没能乘胜追击，在里尔被捕。当革命法庭指责他懦弱怯战时，胡沙德脱去自己的衬衣，露出一身伤疤。革命法庭仍然判他有罪，同年 11 月 17 日，他在巴黎被推上断头台。——译者注

③ 路易-夏尔·德·拉·莫特-安格，德·弗莱尔斯子爵 (Louis-Charles de La Motte-Ango, Vicomte de Flers, 1754—1794)：法国将军。早年参加法国皇家军队，大革命爆发后，于 1791 年出任杜穆里埃将军的副官，曾在激战中身负重伤。伤愈后，他被任命为师长，随杜穆里埃大举入侵比利时。1792 年 11 月，他在热马普战役中指挥左派预备队。1793 年，内尔温登战役法军失利后，他指挥被包围的布雷达驻军。被困十几天后，他被敌军允许投降，然后带着军事荣誉离开。同年 5 月，晋升少将的他继任东比利牛斯军团司令。东比利牛斯军团一开始连遭挫败，但 7 月 17 日，他在佩皮尼昂战役中以少胜多，击败西班牙侵略军。但 8 月 4 日，他在法军丢失孔夫朗自由城之后被逮捕，送入巴黎的监狱。1794 年 7 月 22 日，他在罗伯斯庇尔倒台五天前，被推上断头台处决。——译者注

斯特、梅兰·德·蒂翁维尔[1]、勒瓦舍尔·德·拉·萨尔特这些人，就会将自己暴露在敌军的火力下，成为众人效法的楷模。另外，一些特派员不仅机敏地揭发了一些确实无能的老将军，而且指出了军纪问题和补给制度的缺陷。实际上，他们是国民公会和武装力量之间的纽带，不但没有背叛军事指挥官们，有时反而使他们免于盲目仇恨国民公会。

国民公会相当天真地陷入了一个诱人的憧憬之中，期望一下子能出现"十四个军团"，十四个十万人的军团！这根本是一种孩子式的想法。但卡诺冷静的头脑将巴雷尔冠冕堂皇的说辞变成了现实。国民公会在1793年征兵后，共征集了七十五万零两千人，是卡诺将这些人按照不同的数量派往各个边境和国内地区的。

卡诺！他是一个以其全部实践天赋为国防效率负责的革命家。

阿尔伯特·索雷尔称卡诺为"大革命的伟大的总参谋长"。他是将一切都组织起来的合适人选，躁动而夸张的革命热情，如果没有他，可能会酿成最可怕的错误。

1793年，四十岁的卡诺只是一个上尉。他是勃艮第人，有坚强的性格和强大的头脑，虽然出身于一个律师家族，但他在很年轻的时候，就被数学深深吸引。所以他参加了专业武装部队，而且将注意力转移到复杂的工程科学上。在当选为立法议会议员时，他是左派成员，因为他是个热情的爱国者，所以无法将大革命与强大的法国从理念上分开。而他的专业军事知识让他成为公安委员会成员，委员会很自然地将军事的相关事务委任给他。

卡诺顽固到冥顽不灵的地步，而且不是很随和，反而独断专行；他无

---

① 梅兰·德·蒂翁维尔（Merlin de Thionville，1762—1833）：原名安托万·克里斯托弗·梅兰（Antoine Christophe Merlin），因生于蒂翁维尔，为和另一个名字相近的人物区分，通常被称为梅兰·德·蒂翁维尔。他出身律师，大革命时期历任多个立法机构议员，参与过大革命早期的多次重要运动。在当选为国民公会议员后，前往军中出任特派员，在美因兹保卫战中表现出色。"热月政变"期间，参与推翻罗伯斯庇尔，后进入五百人院。执政府上台后，他退出了政治舞台。——译者注

法忍受不同意见，非常严厉，有时甚至达到严酷的程度，而且始终宁折不弯；他不苟言笑，而且从不阿谀奉承。因为他不信任政治家，所以他没有追随丹东，但是与罗伯斯庇尔也有矛盾，而且后来还得罪过巴拉斯。他为人正直、无私，而且恪守诚实。有这么一个故事，在他被派去军队执行一项任务时，有两万四千法郎公款委托给他。而当他回到巴黎时，却返还了一半数额的公款，这是如此的不同寻常，乃至于公安委员会都不知道该以什么样的名义来处置这笔前所未有的回款。他在瓦蒂尼①冷静而勇敢地敦促部队，这位布衣先锋在那里带领步兵们一同在敌人的炮火下冲锋陷阵，而当掠夺或酗酒的士兵们在他身边威胁他甚至动手时，他的勇气也丝毫不减。尽管看上去冷酷而矜持，但他实际上热情满怀。"所有的伟人都必须拥有一个能驾驭深厚感情的灵魂。"他后来说道。这些话准确体现了他自身的进取精神。尽管拥有一个有条不紊的头脑，但他被不公正地批评为不能正确识人。当你注意到他一开始在公安委员会后来在督政府提拔的军团司令人选时，怎么可能会有这样的感觉呢？后来米什莱以他口吐莲花式的风格说道："卡诺是一个拥有美妙的未卜先知能力的爱国者，他慧眼识英雄，一开始发现了儒尔当，后来是奥什和波拿巴。"

卡诺生性勤奋，责任只是让他投入工作的另一种动力。"在公安委员会，没有人比他更勤奋工作。其他人经常迟到，因为他们之前会去看戏，或者去雅各宾俱乐部。从早到晚，卡诺都是最先到而最晚走的一个。"他的一位对手这样写道。

卡诺埋头于他的报告和文案当中，除非正好需要付诸行动，他确实很少会离开那堆文件。拜他的许多可靠而和谐的品质所赐，他在这个热情洋溢的民族中间，成为冷静的胜利组织者，因为他尽管怀有深深的激情，但可以有条不紊地安排自己的工作。在某些人看来，所有的豪言壮语和恐怖统治的流血事件就足以产生胜利果实，但如果那些炽热的熔岩没有被这位

---

① 瓦蒂尼（Wattignies）：法国东北边境北部 - 加来海峡大区诺尔省的一个市镇。——译者注

严厉的工程师引入能够为有益用途服务的渠道，就更加有可能将灾难送到边疆。我和其他许多人的观点一致，在这里再重申一遍，是卡诺在他那充斥新手的部门的努力工作，使法国从侵略者手中得救，而且让大革命免遭耻辱。

尽管如此，著名的"十四个军团"的武器装备、衣食和军饷这些问题上还留下一大堆事情要去完成。通过没收流亡贵族的财产，军费算是筹集到了。军用弹药工厂被建立起来。卡诺不是那种会说"共和国不需要化学家"的人。他征用了所有的化学家和药剂师，包括富尔克罗瓦①、蒙日②、贝尔托莱③、盖顿·德·莫尔沃④，后来他们都成了他在法兰西学会的同僚。莫尔沃发明了气球飞行技术，这项技术令各军团在弗勒留斯大吃一惊。沙普⑤被以中尉报务员的军衔征召。因得益于军事经验，科学取得了巨大进步。至于衣服和粮食，军需部门有一部分是从马赛筹集的，巴拉斯和弗雷隆在那里突然间要求两万富裕市民捐出他们的衬衫；还有一部分从里昂筹集，富歇在那里收走了所有的靴子，这就使得全城的人都只能穿着木屐走路了。而为了供给士兵们吃饭，"共和国八分之一的猪"都被征用了。

从屈斯蒂纳到胡沙德，老将们被大批处死，他们经常被残酷而不公地安上罪名。而这使得刚刚崭露头角、更熟悉和了解新的机动战斗方式的年轻人成为各军团司令。我将会更多地谈论这些人：奥什、克莱贝尔和许多其他准将。所有这些青年将领都拥有和尚塞尔将军一样非凡的精神。尚塞

---

① 安托万·弗朗索瓦，德·富尔克罗瓦伯爵（Antoine François, Comte de Fourcroy, 1755—1809）：法国化学家，和拉瓦锡等人一同编制化学术语的 IUPAC 命名法。——译者注

② 加斯帕尔·蒙日，德·佩吕斯伯爵（Gaspard Monge, Comte de Péluse, 1746—1818）：法国数学家，投影几何学的创始人。——译者注

③ 克劳德·路易·贝尔托莱（Claude Louis Berthollet, 1748—1822）：法国化学家，拉瓦锡化学理论的支持者，主要学术成就为确定氨气的化学组成、发现氯气的漂白作用。——译者注

④ 路易-博纳德·盖顿·德·莫尔沃（Louis-Bernard Guyton de Morveau, 1737—1816）：法国化学家和政治家。在化学方面的主要成就是，和拉瓦锡、富尔克罗瓦等人一同编制化学术语的 IUPAC 命名法。大革命时期，他先后当选立法议会和国民公会议员。——译者注

⑤ 克劳德·沙普（Claude Chappe, 1763—1805）：法国发明家。1792 年向世人展示了他的发明——一个实用通信系统，这是工业时代的第一个实用通信系统。——译者注

尔曾这样答复他那些饥肠辘辘的士兵们的埋怨："你们必须明白,只有受苦受难才能赢得为国而战和为国牺牲的荣誉。"

尚塞尔了解他处理问题所使用的方式。两年后,革命军经历了一个短暂的战争阶段后,士兵们已经成为经验丰富的战士,但他们仍然像在市民时代一样,对他们相当神秘的信仰保持活跃的关注。

革命军从内尔温登到法兰克福受过好几次沉重打击,但他们对自由战士最终会战胜暴君的信心从未动摇过。自从皇家军队的老兵们和自由战士们融合到一起后,自由战士们从老兵们的经验教训中获益良多,都成了优秀的军人。他们的信心因为失败正在转变为胜利这一事实,而变得更为牢固。1793 年 10 月 16 日,儒尔当在瓦蒂尼取得胜利,将奥地利人赶出了低地国家;奥什在阿尔萨斯取得一系列胜利后,12 月 26 日在维桑堡①击败德意志帝国军队;而在所有边境奋战得胜的六个月后,即 1794 年 6 月 26 日,儒尔当在北方发动了进攻,在弗勒留斯取得大胜——这是革命军至今取得的最大成功。两周后,法军进入布鲁塞尔。法军的征服战争还在继续。法军的各军团威胁着西班牙和意大利,穿过荷兰,重新征服了莱茵河左岸,在科隆大教堂升起了三色旗,这面旗帜在那里飘扬了很长时间;法军抵达从巴塞尔到大海的天然边界线,迫使西班牙和普鲁士退出反法同盟,两次越过莱茵河———一次是儒尔当,一次是奥什,进而威胁多瑙河;拿破仑·波拿巴的军团越过阿尔卑斯山,经过十八个月的难忘战斗后,迫使奥地利人投降。法军就这样以前所未有的一连串胜利,在欧洲大陆重建和平。

自由的志愿兵已经成为欧洲的征服者。

战事的胜利进展得益于一群高级指挥官的指挥,这群人在 1791 年和 1792 年大批参军的人群中崛起,由大多数来自广大人民的年轻人组成。

---

① 维桑堡(Wissembourg):临近德法边境,今法国下莱茵省境内的一个市镇。——译者注

原先的士官马尔索、马塞纳、奥热罗、缪拉、蒙赛、苏尔特、勒费弗尔、乌迪诺、贝尔纳多特（以前的贝尔 - 尚布中士），他们的职业生涯曾受阻于塞居尔法令，但现在已成功复仇。他们成为准将师长，而穿着短上衣开始军事生涯的几位年轻的志愿兵，在三年后也已穿上了将军的镶边外套，而且晋升得更快。拉扎尔·奥什，一个凡尔赛菜贩的侄子，是那一群耀眼将星中最有个性的人物。他二十一岁入伍当兵，三年内连升八级，登上了摩泽尔军团总司令的高位。保罗·路易·库里耶①讲述过他拜访这位年轻将军的事情。奥什的参谋长稍微比他年长些，当时二十五岁，而且奥什身边的那些将领们，年龄最大的都不超过二十六岁。"奥什将军看上去和大革命一样年轻，和人民一样强大。"一位访客说道，"他的目光像鹰隼般骄傲而犀利。我的朋友们，让我们期盼，他会像法国需要的那样去领导我们。"而实际上，他做到了这一点。在得知他的军队是怎样劫掠而且变得军纪涣散时，他对他们说道："如果你们这样的爱国者能够纪律严明，那么做任何事情都一定会成功。你们为自由而战，而且在传播自由的真谛，你们必须让自由变得可爱。……要秩序井然，军纪严明，这样国家才能得救。"当需要变得坚定和庄严的时候，奥什会像一位了解士兵们的优点和缺点的年轻兄长那样发表讲话，通过呼吁他们的优良天性来告诫他们。骁勇无比的克莱贝尔，拥有粗犷的乐观性情和十分迅猛的阿尔萨斯人的勇气，洋溢着爱国热情，由于年届四十的缘故，看上去就像一位大家长。必须提到的还有颇具骑士风度的马尔索和尼斯人马塞纳，这两人炽热的目光已经显示出他们的天赋；而梦幻般的布列塔尼人莫罗，则拥有不可思议的冷静和不可动摇的勇气，这位三十一岁的将军，同样已经是一位军团司令了。"有年轻的指挥官们与战士们一同承担战争的艰险，那军纪也就变得

---

① 保罗·路易·库里耶（Paul Louis Courier，1773—1825）：法国政治作家和希腊文化研究者。1793 年 9 月，他以见习尉官军衔进入莱茵军团服役，此后参加过大革命战争和拿破仑战争期间的多次大战，1802 年开始从事写作事业。1809 年后，他离开军队，成为一名专职的学者和作家。——译者注

容易忍受了。"拉瓦莱特①这样写道。事实上，维护军纪的主要是这些年轻的军事领袖们，他们是非常坚强勇敢的男子汉，普遍都亲切、平易近人，经常能鼓舞人心。此外，他们正为热爱祖国，为热爱共和国，为热爱大革命，而热情地燃烧着。奥什为"不幸的自由使徒"马拉哀悼，而直到1795 年为止，这些将领们都只声称竭尽所能地为法兰西服务，而从未有哪怕一刻将祖国、革命和共和国区分开来。

除了智慧以外，所有这些将领的特性与他们的士兵都非常相像。

法军士兵们，无论出身如何，都是 1792 年式的爱国者。"美德"——这里要以旧有的含义来使用——这个词促使他们前往边疆保护他们的国家维持完整。

军人们的内心仍忠于那些在 1789 年取得完胜的原则：自由，平等，博爱。他们根据好恶行事，拥有革命的热情和偏见，使用"罪恶的暴君们"和"狂信的教士们"之类的革命流行语。尽管在感情上强烈反对教士阶层，但他们中的一些人仍保留着自己的宗教信仰，例如，一位名叫若里克勒的燧发枪手在他为自己负伤的肩胛骨哀悼的信中，删除了"这些无赖教士"的字句。因为他们热爱自由，所以他们会憎恨那些正在法国的敌国军队服役的保皇党人。另一方面，他们对共和国各党派的纷争不加分辨，相反，他们总是站在成功的党派一边，认为这样的党派总是最诚挚的。通过这种方式，军人们相继赞赏、咒骂过布里索和马拉，以及丹东和罗伯斯庇尔。据巴拉斯说，有一段时间，他们将在各军团随处可见的埃贝尔的

---

① 安托万·马里·夏曼斯，德·拉瓦莱特伯爵（Antoine Marie Chamans, Comte de Lavalette, 1769—1830）：法国政治家和将领。法国大革命期间从军，后来他逐步晋升为路易·巴拉杰·迪里埃将军的副官。1796 年，阿科尔桥战役结束后，他被巴拉杰·迪里埃推荐给拿破仑，并很快获得了信任。拿破仑以他为自己的私人幕僚，委托他执行外交任务。1798 年 4 月 22 日，他娶了约瑟芬皇后的侄女埃米莉·德·博阿尔内为妻。他随拿破仑回到法国后，参与了"雾月政变"。执政府和第一帝国时代，他历任政府要职。1808 年，他受封为帝国伯爵。波旁王朝复辟后，他为了正怀孕的妻子和十三岁的女儿，没有和拿破仑一同流亡。1815 年 11 月 21 日，他一度被判死刑。就在他被处决前夜，他的妻子和女儿在探监时，成功地让妻子和他调换衣物，瞒过看守，逃出死牢。此后，长时间在各国流亡。1830 年，他在逝世前不久才得以重返法国。——译者注

《杜申纳老爹报》视为大革命的福音书。他们认为公安委员会拯救了国家，而且直到 1793 年 10 月以后，巴雷尔奉命向国民公会传达军队的捷报，于是这些可敬的人在冲向敌人的时候就高喊："巴雷尔！巴雷尔！把巴雷尔送上讲坛报捷！"

而军人们在自己对共和国和祖国的爱之间也不加区分。他们一直都思念着亲爱的祖国。毫无疑问，大多数军人的内心都希望能早日回到自己的家园。"我们无法想象战争会旷日持久。……这里有一些肯定能早日实现和平的好消息。上帝保佑和平早日实现！"一名军人如此说道。然而只要有必要有需要，他们就会继续全副武装。"一个人必须为救国做出一些牺牲。只有在和平的时候，我才希望回国。"一名军人这样写道。我在另一封信中看到了以下这些内容："你们会看到我荣归故里，或者你们会拥有一个配得上法兰西公民之名的儿子……人们将会知道怎样为保家卫国捐躯。"而在另一个军人的信中这样写道："只要国家需要我，我就会继续服役。"

大革命、共和国、祖国，军人们热爱这一切，其热爱就像《马赛曲》的每一个跃动的音符那样激情洋溢。我们根本就无法估量《马赛曲》对这些军人的意义。曾经有人听到拿破仑这样说过："一首《马赛曲》抵得上十个军团。"而他的评价几乎没有夸大这首歌的重要性。当将士们疲惫不堪、心情沮丧、受到打击的时候，《马赛曲》会为他们鼓劲。这首歌是进攻的信号，在火线下催人奋进，是敌人的丧钟和胜利的赞歌。一位将军在战争开始时写道："给我送一千人和一份《马赛曲》来。"一位士兵说："我们在战斗中众寡悬殊，但是《马赛曲》在和我们一起并肩战斗。"在各个军营里，每当唱到"祖国神圣的爱"这一句时，士兵们有时甚至会双膝跪地。

军人们都很勇敢，而且经过长期体验习惯了劳心劳力。尽管法国想尽办法为他们供应衣食，但他们几乎一直都半饥不饱，衣不蔽体。古维翁 - 圣西尔写道："三分之一的士兵们光着脚行军，而他们的制服唯一仅剩的

完好部分就是皮带。"我的朋友丰克 - 布伦塔诺①出版了若里克勒的那些令
人陶醉的信件，而这些信件的主人在一整场战役中都穿着一条他在旺代
省找到的女式围裙改成的裤子。他们几乎一直都在挨饿。若里克勒写道：
"我们经常赶了六天的路都得不到任何口粮。"但他们耐心地忍受饥饿，甚
至还拿这事来开玩笑。"我是你们吃饱了撑的儿子……但今天是一个面色
苍白的星期三。""我正在忍受饥渴寒暑；我没有烟抽，也没有白亚麻布衫
可穿……我穿着破鞋和更破旧的衣服。可古怪的是，我居然没发烧，也没
觉得哪里绞痛，胃口总是很好，问题是我没有东西可以满足它。"这是怎
样的事情啊！ "为了共和国的命运，战士们没有什么苦是吃不了的。"战
士们和尚塞尔将军都认为，只有先忍受一系列的物资匮乏，一个战士才能
赢得为国捐躯的荣誉。

　　战士们在面对更为严峻的痛苦、藐视危难、对伤病开玩笑、嘲笑死
亡的时候，会表现出同样的幽默感。一位士兵写道："我被霰弹打伤了鼻
子，但这颗霰弹太浑球了，所以只能擦掉一块它没瞄准的目标。"而在美
因兹被围的弗里卡西写道："所有在围城中战死的那些人都从未抱怨过他
们承受的痛苦。他们的面色平静而安详，而他们的最后遗言是'共和国万
岁！'……那些为自由而战的人祝福打倒他们的子弹，因为他们知道自己
的血只为自由而流！"

　　要让士兵们既勇敢又服从，这对他们的领袖们来说一直都不是一件容
易办到的事，有时会出现掠夺和不义行为，但优秀的领袖在该说的都说
过、该办的都办到时，会赢得所有人的心。而当他们认为自己是自由的
使者时，他们就会在德意志人、比利时人、荷兰人和意大利人面前，极
力鼓吹大革命"打碎奴役枷锁的"美德。我所了解的这些士兵们可以在艾

---

　　① 弗兰茨·丰克 - 布伦塔诺（Frantz Funck-Brentano，1862—1947）：法国历史学家。他本
是一位图书馆工作人员，这家图书馆保留了大量法国旧制度时代的史料，令他对这段历史发生了
浓厚兴趣，后来写成多部史学专著。作品有《贵族的兴亡》、《法兰西民族史中世篇》、《旧制度》
和《信件录》等。——译者注

克曼 - 夏特良 ① 所写的《特蕾莎夫人》的动人故事中找到最佳的历史写照，他们同时具备以下品质：粗俗又爱夸夸其谈，衣衫褴褛但思维敏捷，尽管激进但都是些头脑非常清醒的人。他们将自己粗俗的平民战士素质与使徒式的热情结合起来，承担乃至热爱传播忠诚信念的任务。

军人们的努力和卡诺在公安委员会紧张的熬夜工作，对胜利同等重要。法国的胜利在欧洲看来就好像是下层社会的居民带来的奇迹。而这只是再次证明了（就像我在本章的开头所说的那样），欧洲看见这个国家处于内战阵痛之中，认为摧毁它的时机已经成熟的想法绝对错误。法国王室的显赫声誉和它的政府曾经掩盖了这个真实的民族，几个世纪以来都以爱国主义为核心的这个民族，其尚武精神再次燃烧起熊熊烈火。外国人应当还记得当初一个人民的女孩儿拯救了旧时的法兰西。成千上万有着相同血脉的年轻人，为了"祖国危险"的悲情号召，挺身前往边疆——他们有什么理由不为国效力呢！

1796 年到 1799 年之间，军事领袖和士兵们虽然从未改变过他们的原则，但态度在一点一点地改变。军人在逐渐了解自己做出的贡献以后，决心为政治纠纷画上一个句号。几年前，我描绘过这些督政府的军人们，而我会在下一章里再简要介绍一下他们。共和国被大战逼进了角落里，将会接受圣茹斯特已经预言过的命运："有朝一日，一些野心家会从他们的队列中崛起，杀死我们的自由！"

同时，这些军人们试图拯救这个国家，他们在当时的互相残杀当中挽救了民族的荣誉，而且向瞠目结舌的外国人表现了在当时可以被称为法兰西真性情的性格。

---

① 艾克曼 - 夏特良 (Erckmann-Chatrian)：法国作家埃米尔·艾克曼 (Émile Erckmann，1822—1899) 和亚历山大·夏特良 (Alexandre Chatrian，1826—1890) 两人合用的笔名。两人的绝大多数作品都是合作完成的，最擅长军事幻想和灵异题材。《特蕾莎夫人》是他们 1863 年合作完成的作品。——译者注

第九章　热月党人

"热月政变"是一个悲剧性的误会。公众和政变参与者对这次行动附带的重要意义的看法大相径庭。

在很大程度上，热月党人是恐怖分子，他们在过去三年都持极端观点，而且在过去一年参与了最可怕的多次屠杀。他们连做梦都没有哪怕一刻会想到要采取行动反抗恐怖统治——这毕竟比反对大革命要容易一些。他们受到罗伯斯庇尔的威胁，为了拯救自己的脑袋，不得不杀掉他，此外并没有其他原因发动政变，就像一群野狗扑翻"老虎"（这是他们给罗伯斯庇尔的绰号）那样，让老虎掉进了一个精心设计的陷阱。蒂罗 - 丹然①将这次行动写作"宫廷政变"，而在他之前，约瑟夫·德·迈斯特②将其称为"家族纠纷"。

这场悲剧的主演和演员都众所周知：站在后台的有富歇，可能还有弗雷隆；科洛·德布瓦和俾约 - 瓦伦在公安委员会登场；在决定命运的会场，出面的有瓦蒂埃、亚马尔，还有最重要的塔里安；后来在热月9日晚

---

① 保罗·蒂罗 - 丹然（Paul Thureau-Dangin, 1837—1913）：法国历史学家，法兰西学术院院士。主要研究路易·菲利普统治时期的法国史，同时对19世纪英国的天主教思想复兴史也有研究。——译者注

② 约瑟夫 - 马里，德·迈斯特伯爵（Joseph-Marie, Comte de Maistre, 1753—1821）：萨伏伊哲学家、作家、律师和外交官。法国大革命爆发后不久，他就为传统社会体制和君主制进行辩护，1796年写成《论法国》一书，后来其著作被收入《信仰与传统——迈斯特文集》之中，对法国大革命时代的种种乱象多有批判。——译者注

上，巴拉斯带领部队给了"暴君"最后一击。他们肯定是山岳派最差劲的成员。科洛·德布瓦和俾约-瓦伦先前为了埃贝尔抛弃丹东，一直在委员会的幕后会议里坚决支持恐怖统治。当他们奉命和执行恐怖任务的人员通信时，一直都敦促他们最大范围地去行动，因此他们对大屠杀也负有责任。南特的卡里埃和阿拉斯的勒蓬这两个大屠夫，以及另外二十名野蛮的刽子手，都曾经在他们的庇护下大开杀戒。

在公安委员会，瓦蒂埃和亚马尔最渴望使用他们的生杀大权。他们确实是害死丹东的杀人犯。亚马尔甚至一度希望将整个国民公会都送到断头台上，让他们也在那里变成"一大片血红"。

富歇是最凶残的地方"刽子手"之一。他已经表明过他自己对大革命方式（他称之为"完全革命"）的想法是在中央各部门实施埃贝尔的主张，在无神大教堂的祭坛上，他支持将无神论法理化。根据他的法令，他曾经试图传播几乎等同于共产主义的学说，如果他事实上没有组织的话，那他也肯定主持了里昂布罗托平原臭名昭著的大屠杀，在那里，人们被霰弹大批扫倒。直到至少杀害了两千人为止，他都没有离开里昂，对此他写道："他们血腥的尸体被抛进罗讷河呈现出一幅可怕的景象，也展现出人民无限的力量。"而他是"热月政变"最积极的策划者之一。巴黎自治会成员塔里安，据说确实在可怕的 9 月期间，参与过监狱里的大屠杀。他在波尔多干着富歇在里昂干的那些勾当，急急忙忙将成千上万的保皇党人和共和派吉伦特党人推上断头台。巴拉斯和弗雷隆在法国南部一直都干着这种事情，分别在马赛和土伦进行他们所说的"科德利埃派的重击"。弗雷隆吹嘘他在土伦枪杀了八百人，而据巴拉斯自己的文章所说，他将马赛的人口从两万九千降到了七千，成为"南方的救世主"。在推翻罗伯斯庇尔的那群人中间，有很多这类"救世主"，实际上，热月党人谈不上停止恐怖统治，而且很快就在考虑加强恐怖力度。在任何情况下，他们都会嘲笑那种认为他们的所作所为最终会导致一种针对革命的反动行为的想法。但舆论对此事的看法则完全不同。

这段时间，法国人民饱受大革命折磨，这场革命总是走得更远，歪曲了它的本意，而可怕的血腥暴乱已经持续了一年，使这场革命变得令人厌恶。因为人民被恐怖支配得如此彻底，使得这种血腥暴乱的爆发成为现实。必须承认的是，有人支持公安委员会制定的政策。1793年春，强大的反法同盟给法国带来的巨大危险，说服了一些人在谴责恐怖统治可怕暴行的同时，支持其达到的效果。但恐怖统治的这种用处后来不再明显。失败已变成胜利，遭到攻击的不再是法国，而是原先的入侵者。弗勒留斯战役让法国占领了比利时；准备占领荷兰的计划也在制订；再次占领莱茵河左岸后，法军正在准备跨过这条被士兵们戏称为"大溪流"的河流。罗伯斯庇尔清楚地意识到这些令人鼓舞的胜利会对他所创造的政权产生怎样的后果。后来，巴雷尔写道："军事胜利最终将罗伯斯庇尔搞垮了。"圣茹斯特曾经要求奉命向国民公会宣布军队胜绩的巴雷尔"不要再给军队唱这样的胜利赞歌了"。实际上，军事形势的好转使得公安委员会没有理由继续存在下去了。

然而，恐怖统治还在继续，而人民只能愈发频繁地起来反抗这样的统治。一开始很短的几个月里，被推上断头台的只有大贵族、高级教士、出名的资产阶级、议员、金融家、前政要和国王原先的官员；但随着谋杀的欲望变得全无拘束，肆无忌惮的谴责激情泛滥，而且私仇得以自由报复，监狱里迅速被无足轻重的公民、仆人、工匠、店员和农民塞满了，所有人都以最离奇复杂的借口被当作"共和国之敌"送进监狱。在牧月（1793年）之后的那些可怕日子里，沦为牺牲品的下层公民数量大增，这一点尤为突出。整个民族都相信自己正被威胁，而尽管那些下层受害者的双亲和友人怒火中烧，但在面临这样一种可怕威胁的时候，没有任何阶级之分，每一个人都战栗不已。政府的恐怖统治能够运作下去，仅仅是因为各委员会、特派员、密探、警察、告密者、监狱、法官和刽子手形成了严密的组织。人们都觉得好像被一个可怕的陷阱束缚住，没有人敢于打破。就像在法国一直以来经常发生的那样，每个人都只是在等待奇迹的发生。

罗伯斯庇尔的倒台似乎是个奇迹。如前所述，他象征着恐怖统治。虽然根据捍卫他的拥护者的说法，这么说并不公平。应当承认的是，如果说在"热月政变"之前，马克西米利安可能真的打算在流血无数之后给断头台的统治画上句号的话，那退一步说，人民又怎么会相信呢？这个人将自己塑造成恐怖统治的大理论家，恐怖统治光彩夺目的辩护律师。他说过："离开恐怖的美德是无力的。"而且，除此以外，人民都知道他将各委员会攥在自己的手心里。他们知道巴黎市政厅里的自治会合伙参与过大屠杀，而巴黎驻军司令昂里约将军让他的军队为恐怖政权服务，他们都是罗伯斯庇尔的傀儡。人民也知道公共检察官富基埃 - 丹维尔、革命法庭庭长迪马，以及法庭的那些陪审员，都是罗伯斯庇尔的朋友和工具。人民自然而然地只能认为他就是恐怖统治，当他们得知他垮台而且被处死时，经过消息公布引发的短暂眩晕后，所有人都异口同声地高喊："断头台必须被摧毁，监狱要清空，废除恐怖统治！"当罗伯斯庇尔人头落地时，革命广场的巨大欢呼声中只有一种情感：这是一种令人狂喜的情感，他们终于从一种可怕的梦魇中解脱出来了！

国民公会在热月 9 日上午召开，杜伊勒里宫闭门二十四小时，直到 10 日下午，会议才结束。他们不知道公众会怎样看待罗伯斯庇尔和他的朋友们都被推翻这件事，而公众认为自己已经自由了，事实上是觉得成功地从死亡的阴影中解脱出来了。这些打倒罗伯斯庇尔的议员的名字传遍巴黎城，庞大的人群为了赞赏他们，在杜伊勒里宫聚集起来。而当议会成员走出杜伊勒里宫时，在欢迎的人群中间只是目瞪口呆着，反倒因为无法确定群众欢迎他们的原因而非常担心。但当群众认出塔里安、弗雷隆和巴拉斯时，气氛变得狂热起来。"市井妇女为他们献上鲜花，我还看到年轻人在亲吻他们外衣的下摆。"一位目击者这样写道。就像着了魔一般，这些昔日的刽子手——而且还会在这一天后继续充当这种角色的人——发现他们刚刚为恐怖统治画上了句号。

但是使公众醒悟显然是不明智的，因为"热月政变"获得的声望可能会丢失。

科洛·德布瓦和俾约-瓦伦是可怕的宗派主义者，而且对他们依然忠于的原则拥有不变的信念；但巴拉斯、弗雷隆和塔里安是政客，是深入骨髓的怀疑论者，是引导热月党人采取最激烈行动的阴谋策划者，他们没有任何信念或者原则，而且也不相信任何政府制度。突然间，身上还沾满鲜血的他们，察觉到鼓掌群众的内心所向。他们甚至大胆宣称他们是希望让整个国家从死亡的恐惧中解脱出来，才推翻罗伯斯庇尔这个暴君的。他们很快就认识到一场反动运动不可避免，于是便梦想获得这场新运动的领导权，如果有必要的话，会对他们热月9日的旧盟友开刀。如果可以让自己避免成为群众的复仇目标，他们会牺牲俾约、科洛、富歇、巴雷尔和瓦蒂埃等。

被迫趋于反动的这些政客们会在反动的路上走得更远，因为他们在呼吁中派对付罗伯斯庇尔的时候，吃惊地发现过去一年惰性十足、几乎垂死的中派，焕发了新的生机，而且现在宣称要取得反动运动的领导权。

自从右派的吉伦特派垮台起，中派就比全国的任何阶层都更加能感受到生活在恐怖统治中的惊恐不安。组成中派的是只有轻微的革命和共和倾向的、冷静的资产阶级，在国民公会最初的会议期间谨慎地帮助过吉伦特派。但中派在丹东到来的时候，自发地为他欢呼，而且从一开始就投票赞成"保护私人财产"。吉伦特派领导人最先投票赞成处死国王，使这些准保守派不知所措。中派的大部分议员跟从了吉伦特派，从康巴塞雷斯到西哀士，都投票赞成处决国王。但他们随后和右派断绝了关系，因为他们预见到右派只会犯错误，而且会采取不合理的行动。6月2日，他们任吉伦特派自生自灭。

后来中派又重新集结在丹东周围，但他们还是放弃了他，按照他们自己的话来说，这是为向罗伯斯庇尔表达对他镇压埃贝尔的"公平派"的感谢。他们对罗伯斯庇尔的一切都照单全收，甚至是他令人厌恶的恐怖统治。杜兰德相当天真地描绘了中派扮演的毫无生气的角色："我是那些诚实的、没有积极参与无原则争论的议员之一。"他们把自己埋藏在立法、教育和公共工程这些技术性委员会里，以这些委员会的工作来寻找无为的借口。他们还经常不参加会议，而且避免走上讲坛，通过这些方式，他们希望能被遗忘。而此外，在应该是他们朋友的七十三位吉伦特派成员被捕而右派被破坏后，他们也不确定能向谁寻求支持。为了避免和右派相同的命运，他们就留在幕后不动。而正因如此，虽然维尼奥、布里索、德穆兰、艾罗·德·塞舍尔和丹东都死了，他们仍想方设法渡过了恐怖统治的难关，就像他们这一派的西哀士说的那样，他们"活了下来"。

山岳派鄙视他们。中派被起了个"平原派"的绰号，但由于他们死气沉沉的态度，又被改称为"泥沼派"，而山岳派们嘲笑"这些泥沼里的蛤蟆"只会"哇"的一声叫。泥沼派以憎恨回报山岳派的不信任，但他们也害怕山岳派。事实上，罗伯斯庇尔急于粉碎他在左派的"敌人"时，在后来的几个月中，曾接近泥沼派，称呼他们为"这些诚实的绅士"。而他们似乎也受到罗伯斯庇尔的建议的吸引。杜兰德赞赏独裁者的精神素质，同时布瓦西·唐格拉斯①宣称尊敬这位"公平论"的反对者，而康巴塞雷斯自己乐于被罗伯斯庇尔奉承。所有的这些人，在热月9日，罗伯斯庇尔向他们求援，称他们为："正直的人们！有德的君子们！"……但他们就像曾经背叛维尼奥和丹东那样，背叛了他。

中派曾犹豫过几个小时，因为比起罗伯斯庇尔派来，他们更憎恨和害怕那些向他发难的人。但他们同样理解10日会议结束时，群众掌声的含义。正是这些中派成员完成了决定性的一击。他们的"勇气"得到赞赏，由于从来没得到过这种称赞，他们反而为此相当陶醉。"我是个可怕的家伙。"康巴塞雷斯现在可能会这样说。然而，由于国民公会的右派已经元

---

① 弗朗索瓦·安托万·德·布瓦西·唐格拉斯（François Antoine de Boissy d'Anglas，1756—1828）：法国政治家。他出生于新教徒家庭，后来成为一名律师。1789年，他被第三等级选入三级会议，参与了大革命爆发时期的一系列重要活动，在制宪议会和立法议会时期，主张对南方的保皇党阴谋分子采取严厉措施。在当选国民公会议员后，他加入了中派，曾以特派员身份前往里昂，为阿尔卑斯军团提供补给。在恐怖统治初期，他是少数支持罗伯斯庇尔的中派议员之一，但后来支持发动"热月政变"。督政府时期，他被选入五百人院，有时会抨击督政府。"果月政变"发生后，他流亡英国，直到执政府上台，才重返法国，此后继续在法国政坛扮演一些次要角色。——译者注

气大伤，而左派明显比较弱小，所以他们成为一股不容忽视的力量，至少形成了一个三百人的多数派。如果他们能号召右派的七十三名议员和他们一同制定一部建立在财产权基础上的可靠宪法，就能够为了发起这场革命的资产阶级的利益让大革命结束，而不是让那荒谬而不切实际的1794年宪法出台。与此同时，在一些山岳党人，或者说放弃革命派的跟从下，他们成功地削弱了山岳派，压制了科洛、俾约、富歇、瓦蒂埃和其他一些人，从而将大权掌握在自己手中。一位中派成员颇为自豪地写道："山岳派在如此长时间地扮演主人的角色后，现在成了仆人了。"而在看清这一事实时，巴拉斯、弗雷隆，甚至连塔里安自己，都无耻地坐在重新焕发生机的中派中间。热月成为国民公会座席彻底重新洗牌的起点。

舆论并没有被这种情况引导，而是走到了事态的前面。从10日开始，这一天以前被宣判了死刑、在监狱里被点过名的那些犯人，都产生了狂喜般的希望。不久牢门就打开了，仅巴黎一地就有七千多人出狱。而在此之前，五万多东躲西藏、惶惶不可终日的人突然都从他们的避难所里走了出来。这些人都欣喜若狂，而整个国家都对他们充满同情，就如蒂博多所写的："好像是他们自己死里逃生那样。"

也许大多数人都对他们的性命能够保全这一事实感到满足，但几天后，另一些人就高喊着要复仇。在最初的几天里，塔里安、弗雷隆和巴拉斯害怕遭人报复，但他们还是希望能够脱身，并为此欣喜若狂，于是他们情绪激动地说道："是的，在国民公会发生分歧的时候，我们站在审判者一边时，很可能对被告犯下了错误。"一开始，他们要求准予特赦。"一个已经发动一场革命的自由民族，都不应当向后看。"勒让德尔大声疾呼。但是现在人民的"复仇"呼声持续高涨。

不仅要反对革命而且要寻求报复的愿望变得普遍起来。以前被放逐的人又回来了，而吉伦特派的卢维就像一个怨灵一样，渴望为他的朋友们报仇。卢维成为一个比以往更强大的作家，重新出任《哨兵报》的编辑，但这次的攻击对象是大革命。在法国南部，另一个回归的流放者伊斯纳尔哭喊着反对革命派："如果你们没有任何武器，那就把你们兄弟的骨骸挖出来，用他们来消灭那帮匪徒。"解禁的报刊当时疯狂地攻击"罗伯斯庇尔的余孽"。人们认为已经被送上断头台的罗伯斯庇尔的巴黎自治会、革命法庭和陪审团的人数还不够。各外省宣布要惩罚卡里埃和勒蓬，而这两人后来实际上是被处决了；他们还要求惩办科洛、俾约甚至巴雷尔，因为他们和罗伯斯庇尔、圣茹斯特以及库东一同签署了那些可怕的文件，不但赞赏那些刽子手，而且还敦促他们进一步扩大恐怖统治。

如果这种运动没有入侵巴黎各剧院的话，还不会触动巴黎人的神经。在"热月政变"后的日子里，各种剧目纷纷上演，全都是反雅各宾派的，最初上演的剧目是《热月9日》，每周会演出两三个晚上，为了让人民能够对罗伯斯庇尔报以嘘声，连落幕都推迟了。然后上演的是《革命委员会内幕》，在这出戏剧中，暴君、告密者和刽子手可憎的面具一出现，台下的人就立即会辱骂他们；而当这些面孔突然被转向一把正在向舞台冷嘲热讽的观众座椅时，那个人会快速起身冲出座位，脸上带着苍白的恐惧神色。即使是经典老剧目也被用来攻击失败的恐怖统治者。伏尔泰的《穆罕默德》流行起来，因为年轻的观众每天晚上都会为这两句台词热情喝彩：

万能的上帝啊，从我们的视野里让他毁灭吧！
这个人喜欢让人流血！

当时确实存在一个反对前"嗜血者"的青年十字军组织，但是与一般的观念相反的是，这个青年团体根本就不是贵族子弟组成的。这些"金色青年"都是些巴索赫组织①的办事员和商店店员，实际上都由出身卑微的人领导。只有年轻人在这场运动中积极行动。法兰西青年在三年"尚德统治"时期受到严格限制，现在，他们被从令人厌恶的清教主义中解放出

---

① 法国皇家议会的办事员组织。当初法国国王亨利三世抑制了皇家议会选举"国王"的运动。——作者注

来，在传递这份喜悦的过程中爆发。从这种斯巴达式的生活方式中解脱出来是多么令人兴奋啊！每个人都可以纵情欢呼了，而且还能看见女性的胜利微笑，这当然是因为妇女和这些年轻人站在一边。罗伯斯庇尔不喜欢女人，而现在女性通过促使年轻人鞭笞雅各宾派、攻击"罗伯斯庇尔余孽"来报复他。这些年轻人手持棍棒，追打所有那些昔日密探或告密者的标志：即红帽子，一度在巴黎非常流行，在他们的打击下很快就消失了。很快这些浪子们就成了巴黎各街道的主宰，获得了居民们的热切支持。

弗雷隆成为这场运动的领袖。他有意决定大力参与这场反革命运动，越反动越好。巴拉斯和塔里安与他的观点相同。他们现在确定要得到原先参加"热月政变"的同伙的首级：科洛的、俾约的、巴雷尔的、瓦蒂埃的，以及一些冗员的人头——这些人掌握的证据可能会对他们不利。那个时候，甚至连富歇这个布罗托平原的冷血屠夫，也在国民公会的讲坛上大胆地赞同那几个人的主张，他嘲弄地说道："那些发生在里昂的可怕杀人场面，首先都是以马克西米利安的名义进行的。"

弗雷隆的辩解并不比富歇、巴拉斯和塔里安的少多少。对这几个革命派的道德品质进行一番检验会比任何论文都更加能够解释为何共和国会从血腥统治堕落到无耻统治。

斯塔尼斯拉斯·弗雷隆是埃利·弗雷隆的儿子。埃利是一个激进的天主教徒，非常敌视伏尔泰和"百科全书派"，招致了"启蒙哲学家们"的仇恨。拜父亲与王室的关系所赐，斯塔尼斯拉斯是有血缘关系的国王斯坦尼斯瓦夫·莱什琴斯基[①]和公主——路易十五的女儿——阿德莱德夫人[②]的教子。这个游手好闲、喜欢感官享受、举止优雅而放荡不羁的人，从1789年起，否认了他父亲信仰的所有诸神，就像当时常见的那样，走向

---

① 斯坦尼斯瓦夫·莱什琴斯基 (Stanislaw Leckzyński, 1677—1766)：波兰立陶宛联邦国王，洛林公爵，拥有世袭的神圣罗马帝国伯爵头衔。法国国王路易十五是他的女婿。——译者注

② 玛丽·阿德莱德 (Marie Adélaïde de France, 1732—1800)：法国国王路易十五的女儿，也是斯坦尼斯瓦夫·莱什琴斯基的外孙女。——译者注

了另一个极端。在路易大帝中学，他和罗伯斯庇尔以及德穆兰是同学，而且在 1789 年以后努力培养他们之间的友谊。德穆兰将他引荐给丹东，他随后来到科德利埃派的"圣区"生活，很快就成为露茜尔·德穆兰沙龙和丹东家餐桌上的常客。而后，因为他拥有一个叛逆者的灵魂，这个公主的教子比任何其他人都更早地参与了大革命。在他那名声不佳的报纸《人民演说家》中，他赞同马拉《人民之友》的主张，在丹东之前就要求推翻国王。而后他积极参与 8 月 10 日革命，而且变成了声名狼藉的"大屠杀"自治会成员。他和丹东派的所有成员们一起在巴黎当选为国民公会议员，成为山岳极端派成员，又是在任何其他人之前，要求处决"暴君"。他没有片刻犹豫就投票赞成处死他那位皇家教父的外孙，通过这些革命行动希望让人遗忘他那反对"新启蒙哲学"的老父埃利·弗雷隆，和那些三十五年前在他摇篮前弯腰逗弄他的许多王公们。

另外，在发生这一切溅血悲剧的时候，他仍在按照浪荡子的方式生活。他讲究生活品位，他英俊潇洒，他是个无往不利的唐璜。甚至连身材娇小的露茜尔，尽管如此依恋她的卡米尔，也把持不住自己，对他难以抗拒。他认为这种时髦的生活方式对他很重要，这一点在他请求释放一位叫威尔克的公民的信中表现得很明显。他写道，这个人拥有一种非常出人意料的公民责任感——"举止总是非常优雅得体"。

然而，这个优雅的人向往从纯粹的文案工作走向实际行动，这个花花公子希望成为一个刽子手。可以参看他在普罗旺斯执行的任务，他在那里和巴拉斯一起组织"科德利埃大棒"行动。"只有当我们让土伦接受血与火的洗礼时，才会真正觉得幸福。"这个年轻的浪子写道。他带领军队进入那座叛乱城市，一位目击者描述"他的脸上浮现出一种邪恶的快乐"。而在八天后，他在给国民公会的信中写道："一切都在顺利进行。我们已经征用了一千两百名砖匠将这座城市夷为平地。自从我们进城以来，每天有两百人被处决。"这个友善的青年执政官的书信真是可怕。他还是一个记者，爱开玩笑，编口头禅，会讲故事，而且十分乐于沉湎在自己制造的血流当中。在找到巴拉斯这个有力的战友后，他生活得就像一个行省总督那样，围绕他的是一个奢华腐败的官邸。埃贝尔谴责雅各宾派的弗雷隆在尼斯滥用权力，说"他被一群贵族出身的女人包围，生活奢侈无度"。值得一提的是，弗雷隆和巴拉斯，以理性教的原则的名义，像富歇在尼韦奈①做的那样，劫掠教堂的白银，但没有任何说法证明掠夺的财物被送入了国库。这就是马克西米利安所说的"无德的恐怖统治"。

主宰者罗伯斯庇尔将弗雷隆和巴拉斯两人召回，要求他们递交一份报告——和流血没有多大关系，而是涉及他们的不检点行为和偷盗黄金的报告。他们试图使用卑劣的借口去推卸所有的责任，但从罗伯斯庇尔严峻的面色看到了他们的死刑判决书。当弗雷隆被雅各宾派开除时，他和巴拉斯为了挽救他们受到威胁的性命，也为了他们据为己有的黄金，开始卷入热月党人的阴谋。

现在弗雷隆宣称自己倾向反动。他以为"他的朋友"丹东和德穆兰复仇为借口，以一种前所未有的激烈方式追查罗伯斯庇尔的同伴们，而这个土伦的屠夫，居然大言不惭地称呼那些前公安委员会成员为"恐怖主义者"。然后，他对那些为了取悦罗伯斯庇尔而同意将他逐出党派的雅各宾派成员进行穷追猛打。每天在《人民演说家》上，都会出现一篇他"以正义的名义"要求处决那些恐怖主义者的报道，而那些"恐怖主义者"就像他自己一样，甚至有时候还达不到他那种恶劣程度。暴徒们被他以犀利笔触写成的这些报道煽动得热情高涨。"你读过弗雷隆的文章吗？"这是在任何晚间集会上都会出现的话题。在一份报纸上有人这样写道："这个魔鬼般的弗雷隆不给他的敌人一分钟的喘息机会。"然后他对科洛、俾约、亚马尔和巴雷尔发动攻击，"你们的坟墓正在向你们打开，"他对那些不幸的人叫嚣道，"而你们只能徒劳无益地挣扎。"那些人对他能满怀深情地表示他要为被这些懦夫们牺牲掉的可怜朋友露茜尔·德穆兰报仇而感到惊讶。他在报纸上的文章写得慷慨激昂，将自己变成了"金色青年"的

---

① 尼韦奈（Nivernais）：法国旧行省，大致相当于以讷韦尔为中心的今涅夫勒省。——译者注

首领。他引导他们攻击那些"嗜血者",而他那双组织过"科德利埃大棒"的手如今在黑领保皇党叛逆者的帮助下,又组织起"浪子大棒"运动。在国民公会,他敦促犹豫不决的中派对山岳派的残余采取行动。但在杜伊勒里宫的一次会议和对雅各宾派进行的一次讨伐之间,就有人发现这位前恐怖主义者衣冠楚楚,涂抹香粉,赶起时髦,而且在塔里安夫人的客厅里,轻易地就将惨遭断头台处决的可怜的露茜尔抛诸脑后。"金色青年"为弗雷隆大声呐喊,喊声经常是他的妙笔引起的,有时候会让他离开塔里安夫人。难道这支笔不曾被称为"首都最强大的武器"——雅各宾派的恐怖利刃吗?

巴拉斯也是个反叛者,因为他一出生就是保罗·德·巴拉斯子爵,和普罗旺斯的所有贵族家庭都有关系。至少,他在自己的回忆录中就宣称与布拉卡家族①、卡斯特兰②家族和沃居埃③家族有关系。他曾是法国国王麾下的一名军官,曾在印度服役,在那里养成了爱冒险的习惯。因为负债累累,而且没有道德顾虑,他欢迎大革命,并从 1789 年开始,几乎没有经过任何中间步骤,就加入了极端派的行列。卡诺后来非常激动地说起过巴拉斯,称他是"带着一副漫不经心的假面具的凶残的卡利古拉④"。实际上,他并不"凶残",使用这个词更多是出于感情色彩而不是在指他能做些什么事情。"一个最放荡的人"是督政府时代的一个外国密探用来描述他的说法,马莱称他为一个"十足的兵痞",同意这种说法的证人能找到三十多个。四十岁的时候,尽管这个英俊男人灵魂堕落、道德腐化,但他的饱满面相和深色皮肤看上去还拥有一些高贵的特性。他给人的第一印象

---

① 布拉卡 (Blacas):法国普罗旺斯奥普地区的一个古老的名门贵族,始自 12 世纪。——译者注

② 卡斯特兰 (Castellane):最早可以追溯到 9 世纪的普罗旺斯贵族。——译者注

③ 沃居埃 (Vogüé):始自 1675 年的法国侯爵家族。——译者注

④ 卡利古拉 (Caligula, 12—41):罗马帝国的第三任皇帝,原名盖乌斯·尤利乌斯·恺撒·奥古斯都·日耳曼尼库斯,"卡利古拉"是他早年的外号。因其父日耳曼尼库斯生前累计的名声,所以他在 37 年第二任皇帝提比略病逝后继任为皇帝,他早期采取过一些受人拥戴的善政,但不久就采取种种倒行逆施的暴政,在继位的第四年就被刺杀身亡,被视为罗马帝国早期的典型荒淫暴君。——译者注

颇有欺骗性。他的死敌拉雷韦里埃①说他拥有"一副迷人的微笑"，往往会用来掩盖很容易变得阴险的表情。

有些人将大革命想象成光芒四射的自由神庙；而对另一些人来说，它就像一个竞技场。但是巴拉斯这个恶毒的冒险家，只会将革命视为施展自己阴谋能量的舞台，并且是一桩经济上有利可图的生意。就像弗雷隆一样，他生活放荡，但他更精于算计，所以当弗雷隆在被贬黜、湮没无闻而且几乎一贫如洗地死去时，巴拉斯成了督政府的一名督政，一位格罗斯布瓦②的庄园主和百万富翁。他的生活方式让他的精力承受了巨大压力，结果在掌权四年后，他变得十分敏感，而且如拉雷韦里埃所说，他对阴谋的态度是"不知疲倦的"。他赞扬和奉承所有的党派，然后，当他能够扮演某个角色时，他选择成为一名刽子手。他在罗伯斯庇尔的威逼下回到巴黎，后来像富歇一样，密谋计划反对他的主子。他在热月有两天时间一言不发，但是他已经做好了实施打击的准备。而当需要一名可靠的领袖带领部队去巴黎市政厅逮捕罗伯斯庇尔时，热月党人向曾是一名军官的他发出了召唤。当被点名时，他就接受了这个任务。为了这个任务，他佩戴了一柄大剑，后来这把剑再不离身。从那天起，他总是自称为"巴拉斯将军"。

和弗雷隆一样，巴拉斯认为如果他们不获得"热月政变"的首领地位，就会满盘皆输，而他非常清楚怎么取得这样的地位，于是加入了公安委员会。尽管他是个异常虚夸的草包，但还是从委员会步入督政府，并且从此凭借非同寻常的阴谋天赋，掌权五年。一位外国大使写道："如果他毫无悔意地大肆盗窃过，那他也会毫无憾恨地大肆挥霍。对他来说，挥金如土是绝对必要的。如果不能为他的声色犬马、美食和赌博付账，他明

---

① 路易·马里·德·拉雷韦里埃-勒卜（Louis Marie de La Révellière-Lépeaux, 1753—1824）：法国大革命时代的政治家。1789 年当选三级会议代表，在国民公会时期，他提出了不少激进主张，包括法国应向外国人民为自由进行的斗争提供保护的著名法案。尽管他投票赞成处决路易十六，但并不完全赞同极端派的主张。1793 年，他和吉伦特派一起受到迫害，为此不得不东躲西藏，直到"热月政变"发生后，才返回巴黎。因此，他对巴拉斯等原极端派成员完全没有好感。督政府时期，他一直是五名督政官中举足轻重的人物，但无力改变政府软弱无力的大局。拿破仑上台后，他被迫辞职，从此退出了政坛。——译者注

② 格罗斯布瓦（Grosbois）：今法国东部杜省的一个市镇。——译者注

天就会放弃共和国。"1794 年，当时他还不是那个在共和八年雾月被波拿巴抬一抬手就横扫到一边去的衰弱的巴拉斯，他亲自全身心地投入到反动运动当中，但不会让这场运动脱离他的掌控，而且他知道一旦这场运动要将它的领导人也扫到一边的话，就要在适当的时机让它停止。他暗中与波旁王室谈判，但提出的唯一解决办法是在他收到路易十八赦免对他的弑君指控的信件后，才允许波旁王室回国，另外还有很多信件都是在尽可能地要钱。

塔里安可能也遵循了巴拉斯的做法，路易十八应该也收到了他发出的信件。他甚至比弗雷隆和巴拉斯都更加需要赦免。

塔里安不是某位国王的教子，也不是普罗旺斯贵族家的后裔，只是贝尔西侯爵的一位管家的儿子，而且被赶出了侯爵家，在巴黎的街道上度过了衣不蔽体的童年。他干过办事员、售货员、印刷公司工头，又被所有东家解雇，甚至据说他还当过剧院的看门人。这个人肯定属于那些败坏革命、使革命名声受损的、令人不安的成员。

塔里安理所当然地加入了极端派。他的智慧就和他的勇气一样平平无奇，而他的所有见解都懦弱而庸碌。他有一种奴仆性格——一种自卑感。塔里安卷入过"九月大屠杀"事件，多亏了丹东，他才被选入国民公会，但他后来逃脱了革命法庭的魔掌，而在审判国王路易十六期间，他表现得非常极端，甚至到了想要否决国王指定辩护律师的权利的地步。当被派到波尔多时，他让这个吉伦特派的重镇充满血腥，而且这个出身社会最底层的浪荡子，在那座城市实行的是"缺德的恐怖统治"。只有金钱和女人能够调和他的严酷，而他很快就积聚起一笔相当可观的财产，拥有一些愉快的风流韵事。后来他认识了特蕾莎·卡瓦鲁斯，疯狂地陷入了与她的热恋。特蕾莎开始对他产生了深远的影响，他甚至为了取悦这个女人，降低了他判决死刑的热情。罗伯斯庇尔后来将他召回，而他在共和二年的春夏期间度过了一段焦躁不安的时期。特蕾莎身陷囹圄令他绝望，一想到这个女人会被判死刑，很可能促使这个懦夫成为一时的勇者。

　　而塔里安突然间就变得非常受欢迎，一方面是因为他比其他任何人都更为大胆，另一方面是因为他极为犀利地抨击马克西米利安，而且他看似是使罗伯斯庇尔倒台的主要因素。对大多数人来说，塔里安胜过巴拉斯或弗雷隆，是热月党的代表人物。这个面相被胎记破坏、拥有一个奴仆灵魂的暴发户，一时间成为法国最为突出的人物。通过国民公会，他进入公安委员会，扮演了一个无足轻重的角色。但最后，他在讲坛上——他的热月讲坛上，令人刮目相看。他在讲坛上高声咒骂恐怖统治，而他曾经是最卑劣的恐怖统治执行者之一，有时他甚至会抨击"无耻的巴黎自治会"，尽管他自己是很多人当中最"无耻"的那个，在"九月大屠杀"期间，双手都沾满了鲜血。现在街头的"金色青年"为他欢呼，为他带来胜利，而一个新的非常有趣的团体包围着他的家，当时的法律就从那里颁布。

　　在塔里安家，特蕾莎·塔里安与其说是通过男主人，倒不如说是同他一起统治政治、艺术、娱乐和时尚世界。

　　特蕾莎是马德里银行家卡瓦鲁斯的女儿，在她非常年轻的时候，就和德·丰特努瓦侯爵结婚。后来，两人在1791年离了婚，她将自己从侯爵的束缚中解脱出来。当代作家永不疲倦地描绘她的美丽，尽管事实上她的画像并不像他们描绘的那样美。其实她真正吸引人的不是外形，而是她的优雅举止、性感的眼神和声音的诱人质感。塔里安在波尔多的时候毫不费力地让这位女士先是成为他的情妇，后来变成了他的妻子。

　　特蕾莎绝对没有任何道德感、美好品质或者良心上的顾虑，但是只要不会被困境施加太多压力，她还是拥有一些良好素质的。尽管她不是真的对政治感兴趣，但还是以雅各宾派自居。曾经的德·博阿尔内子爵夫人、后来的法国皇后约瑟芬不是在一封给瓦蒂埃的信末署名"山岳派雅各宾党人约瑟芬·拉·帕热利·博阿尔内"的吗？那么原德·丰特努瓦侯爵夫人、将来的德·希迈亲王夫人特蕾莎·卡瓦鲁斯当时应该也会非常乐意使用类似的签名。为取悦塔里安，她站在自由一边，戴上了一顶象征革命的红帽子——一顶非常漂亮的小红帽，实际上是一顶镶毛皮的红色天鹅绒小帽。通过这些投其所好的小手段，她很快就博取了塔里安的更多青睐，这也意味着他的态度会更为宽容。当塔里安谴责罗伯斯庇尔时，他被召回巴黎，而一个月后，特蕾莎在波尔多被捕，并且被押往巴黎的卡尔姆监狱。拜"热月政变"所赐，她得以从监狱登上权力的顶峰。

特蕾莎在"热月政变"中发挥的所用被大大夸张，而这个国家待她如女神，称她为"我们的热月夫人""我们的救世夫人"，而且在描述她使人民获得解脱的记录中，被称为"我们的慈悲夫人"。她巩固和夸大这个传奇故事无须任何人帮助。有一天她宣称："就是这只纤手给专制暴政画上了句号。"她敦促塔里安和他的朋友们打开监狱的大门，然后让雅各宾俱乐部终结。一位怀有敌意的历史学家称她为"慈悲的希罗底 ①"，而由于她对此前受到的监禁怀恨在心，敦促她的朋友们实施类似暴行的事情也确实存在。被猎杀的山岳派成员没有说错，当时他们中的一位文豪写道："鼠辈已经答应将我们的人头献给他们的姘妇。我们会死去是因为新富尔维娅 ② 们一定会让新安东尼 ③ 们准备好用锥子刺穿我们的舌头。"塔里安觉得即使在国民公会的讲坛上他都应当维护特蕾莎，这显示了他对妻子的爱有多深。"有人已经提过卡瓦鲁斯的女儿。……好吧，我就在我的同僚们中

---

① 希罗底（Herodias，15—39）：罗马帝国时代犹太行省的附庸国、统治犹大山区（今巴勒斯坦中央山脉）的希律王朝的一位公主，阿里斯托布鲁斯四世亲王的女儿。她的祖父即希律大王。希罗底八岁那年，祖父死了她那带有旧哈希曼王朝血统的父亲，使她成了孤儿，又将她嫁给了同祖父异祖母的叔叔希律二世。希律大王死后，经罗马批准，将王国分封给三个儿子。后来希罗底和希律二世离婚，改嫁给希律二世同父异母的弟弟希律·安提帕斯。根据《圣经·新约全书》的记录，圣施洗者约翰批评希律·安提帕斯和希罗底的婚姻不正当，被希律·安提帕斯监禁。怀恨在心的希罗底怂恿她和希律二世的女儿莎乐美为希律·安提帕斯跳七纱舞以取悦他，让他答应砍下施洗约翰的首级。文中的这位历史学家将特蕾莎·塔里安比作希罗底，既影射她离婚再嫁，又讽刺她怂恿塔里安等人除掉罗伯斯庇尔，可见其既对热月党不以为然，又同情罗伯斯庇尔的结局。——译者注

② 富尔维娅（Fulvia，前83—前40）：一位罗马贵族妇女。她先后与罗马共和国后期的三位风云人物普布利乌斯·克劳狄乌斯·普尔喀、盖乌斯·斯科里波尼乌斯·库里奥和马克·安东尼结婚，从而对罗马政坛拥有巨大的影响力。——译者注

③ 安东尼（Antony，前83—前30）：即马克·安东尼，罗马共和国末期的政治家和军事家，恺撒最重要的军事副手和行政官之一。富尔维娅是他的第三任妻子。恺撒遇刺后，他与屋大维和雷必达组成后三头同盟，一同镇压共和派，形成了三雄鼎立的局面。公元前33年，后三头同盟分裂。安东尼和埃及女王克利奥帕特拉七世在公元前30年战败后，双双自杀身亡。——译者注

间、在人民中间宣布，这个女人是我的妻子！"于是在一大片长时间的掌声之中，他诉说着关于他忠贞妻子的感人话语，而且为她赢得了出席议会会议的荣誉。

特蕾莎就像一位王后那样占据统治地位。一个记者以嘲弄的笔调写道："卡瓦鲁斯夫人殿下，她的大驾光临带给幸运的圣克卢①居民荣誉。她令人敬畏的丈夫塔里安先生陪伴着她。"而她在大革命时期能上升到如此高位，说明弗雷隆、巴拉斯和塔里安的统治将确确实实会使"尚德"统治结束。

尽管如此，共和国看来却失去了首脑。因为共和国已经没有真正的首领，而且自从公安委员会的工作停止后，大革命就变成了失控的旋风。

在三个月的迟疑不决后，热月党人决定去正式指控他们极端危险的"热月政变"盟友。科洛、俾约、瓦蒂埃，已经在他们的朋友们心中被判了死刑。但雅各宾派率先亮出了他们的利齿：每个晚上，反动行径都在俱乐部受到公开指责，因为一切都在同"腐败生物"蝇营狗苟。但"热月政变"和后续影响已经减少了这些骄傲的雅各宾派的人数。一天晚上，"金色青年"组织攻击了俱乐部，迫使他们投降。这个一度领导法兰西的骄傲的俱乐部成员，被迫蒙受低级笑话的嘲弄，甚至被吐口水。雅各宾俱乐部已经变成了一个累赘，议会决定将它关闭。在"热月政变"前夕被逐出雅各宾俱乐部的弗雷隆，不会让其他任何人来执行这道法令。他和梅兰·德·蒂翁维尔一起关闭了俱乐部的大门，将钥匙交还给国民公会。特蕾莎·塔里安和他们一起前去出席那胜利的场面，这个美丽的情妇用笑声侮辱那被紧缚的老虎。

随着俱乐部的关闭，就该对以前的朋友们打出重拳了。国民公会似乎肯定会做出对反动运动有利的决定。最先应召回到议会的七十三名曾被囚

---

① 圣克卢（Saint-Cloud）：法国巴黎的郊区之一，属于法兰西岛大区上塞纳省。——译者注

禁的议员重建右派党团，然后十六位东躲西藏的吉伦特派幸存者也加入进来。吉伦特残党改变了他们对共和国的看法。据一位目击者说，每一个吉伦特残党的意图都集中在迫使国民公会"走回头路"上。科洛、俾约和他们的朋友们被送进了一座监狱。

少数雅各宾派残党，两次试图在郊区举行暴动抗拒国民公会。两次暴动分别发生在芽月12日和牧月1日，被饥饿激怒又受到残余革命派煽动的工匠们入侵国民公会，而国民公会每次都在"金色青年"组织的帮助下打退了入侵，镇压了暴动。情况非常严重，因为每次战斗都令国民公会焦虑不安，现在它甚至比左派当政时期更加害怕，而由此引发的反抗日甚一日，越来越多。

与此同时，社会的变化看起来比以往更快。保皇党分子逐渐加入"金色青年"组织，而且或多或少地公然设定朝向新目标的行动路线。人们不再唱《马赛曲》，而且一旦这首歌在舞台上响起，就会立即被热月之歌《人民的觉醒》的歌声吞没：

"迟到的复仇日已经来临，
现在就让屠夫们面无血色。"

支持弗雷隆的年轻人被称为"黑领帮"，在这群人中间，出现了从旺代或者南方来的人，青年保皇党或者说青年流氓在谈论将路易十七从修道院里救出来。在路易十七死后，他们又开始议论迎回里尔伯爵，也就是流亡的路易十八。

即使在国民公会内部，中派里也开始形成一个认真考虑复辟王政的党派。他们会要求波旁王室接受大革命的一些合理部分——一些1789年的原则和一个保证由议会控制的立宪体制——而波旁王室首先要承诺一份特赦令，使所有人不用再害怕遭到复辟王朝的报复。另一个持相同观点的党派，在曾经欢迎1789年革命运动但此后六年间几乎拒绝巴黎发生的一切事情的各外省形成。说句实话，左派的热月党人都不可信，他们中的每一个人都正在为今后的安全、为自己个人的特赦令进行谈判。几乎毫无疑问的是，弗雷隆、塔里安与巴拉斯和保皇党密使通信只是为了拟定投诚条款，而且很可能有这样一个条件：一旦他们同意复辟，就要准备一个能让他们全身而退的安乐窝。

突然间，所有的美梦都被无情地打碎。在他的侄儿路易十七死后，路易十八在维罗纳被所有法国保皇党人和海外流亡者拥立为法国国王。每一个人都期待一份路易十八的宣言，而它很快就出现了。旧制度将全面复辟：绝对君主专制会重建，自由会被压制，通过国有财产拍卖新获得的财产权会取消，而所有那些在过去七年间与王权斗争的人都会受到惩罚。这些就是这份著名宣言的条款。法国的保皇党人着眼于叛乱，鼓动传播阿图瓦伯爵正准备在西海岸率领一支由流亡者组成的军队登陆，让正在变得平静的旺代重新燃起叛乱之火。

中派的弑君者和左派同样大吃一惊，他们当中有接近三百人曾投票赞成处决国王，他们形成了一个坚实的集团。埃米尔·法盖①用一句话就总结了我刚刚出版的关于富歇的两大卷书的内容，这句话是富歇亲笔所写，从1793年1月21日到他死去为止，他看每一件事情都会"透过路易十六断头台的镜子"。这种阴郁但完全正确的说法适用于所有弑君者。他们知道自己因为恐怖统治期间留下的记录在国内不受欢迎，因此希望寻求安全保障，并且提出王政复辟的一个条件是进行全面大赦。但保皇党人为了威吓他们，亮出了绳索。他们都吓坏了，但发现在国内有一种支持他们的倾向。国有财产的大量所有者们坚定地和革命派站在一起。由于对中派采取的令人不安的态度不满，塔里安已经重新坐到了旧山岳派一边。

当热月党首领们恢复平静时，消息传到巴黎，保皇党期盼的流亡者军

---

① 奥古斯特·埃米尔·法盖（Auguste Émile Faguet，1847—1916）：法国作家和文学批评家。他一生著述颇丰，留下了《伏尔泰》、《法国文学史》和《法国17世纪文学及其对欧洲的影响》等数十部著作。——译者注

队于获月 7 日（1795 年 6 月 26 日）已经在基伯龙登陆。远征的流亡者军队由一个英国分舰队护航，但在登陆完成后，护航分舰队就离开了他们。这支军队没能得到当地居民的有效支援，被奥什的军队包围，只得投降。塔里安狂喜不已。一旦路易十八复辟，人人都会有被送上绞架的危险，塔里安在基伯龙事件中发现了一个机会，将被"国王"的宣言吓坏了的温和派又拉回到热月共和国一边。他还希望能夺回各郊区，那里自从暴动以来，除了议论"腐败分子"肯定会被"暴君们"收买以外，毫无作为。波尔多的刽子手在他体内苏醒，既然"国王"不会给他任何安全保证，那他宁愿将革命的法国和国王的法国之间的鸿沟挖得更深。他下令枪决基伯龙的叛军，哪怕这些不幸的流亡者得到过一位伟大军人的口头保证。而这一记重拳令新保皇运动被将了军。后来，共和三年热月 9 日，在"热月政变"周年纪念日上，所有政变参与者都参加了一次宴会。值得注意的是，中派和左派都出席了这次聚会，甚至连右派也通过朗瑞内与会。宴会上的话题都是对所有暴君的仇恨，而在当晚，唱过《人民的觉醒》后，国民公会奏响了遭禁一年的《马赛曲》。

与此同时，国民公会正在准备一份与财产选举权相关的宪法，而布瓦西·唐格拉斯以宪法为基础，这样阐述自己的主张："一个通过产业所有者治国的国家就是民主国家。"这就是督政府的共和政体，这一政体有两院议会，都由纳税人选出，而一个督政府会由两院议会选出。但法国刚刚阻止了国王通过不明智的维罗纳宣言复辟，另一方面也不信任前恐怖统治者和他们的同伙国民公会。看来这个国家准备从其他还没有被玷污的人中间，而不是从那些人中间选举新议员和督政官。

热月党人为此大为不安。弑君者们组成了一种寡头统治集团，看上去如果不继续执政，就不可能避免被清算报复的危险。此外，这些人正在一个沉沦于娱乐奢华的社会当中收获权力带来的实际利益。巴拉斯、塔里安、弗雷隆和其他很多人，都像王公贵族那样在他们窃夺的豪宅里生活着。丹东的朋友、曾是一个屠户的勒让德尔，在"热月政变"后成了一个激烈的反动派，而他不是唯一和法兰西喜剧大剧院的孔塔小姐醉生梦死的人。为了继续让自己享受一切，他们希望仍然能够掌权。

现在他们的探子在警告他们——探子们的报告仍然会上呈政府——如今到处都有人说"这些蛀虫不会重新当选"，一个都不行，因为"这些老害虫们会腐蚀新当选的人"。除了大约五十人之外，国民公会的议员们都被事先警告过。中派的温和派议员，以及老右派留下的一些议员，如布瓦西·唐格拉斯和德·朗瑞内这些即将离任的议员，都会出局。

现在看上去热月党人坐的那条船好像在港口里搁浅了，而他们在激励自己。当一个政党相信它受到威胁时，采取的做法往往是一样的——宣布共和国处于危险之中。塔里安说，如果让选民自由选择的话，那"三个月之内反对革命就会被写进宪法里"。这还真是件怪事。于是他让两项重要法令通过，规定三分之二的国民公会议员将被选入新立法机构，也就是说，总共七百五十个议席中有五百个会被离任的国民公会议员强行占据，而且如果选民不同意的话，国民公会将不理会选民的呼吁，直接任命它三分之二的成员进入新的立法机构。

这种狡诈的盘算是为了使弑君者的寡头政治集团，现在的热月党，成为多数派，这引起了举国的抗议性暴动。而全国已经准备好走得更远，在任何情况下，都只选国民公会的非弑君议员。但处于困境的保皇党人再次落入受到威胁的左派股掌之间。葡月13日起义被巴拉斯镇压，这使得热月党人重新控制了局势。于是，新的两院议会组成，其中三分之二是旧国民公会成员，督政府以巴拉斯为首，其实就是旧热月党委员会的延续。

事实上，自从罗伯斯庇尔垮台、恐怖统治结束后，这个国家尽管对这些负责这两件大事的人喝彩欢呼，但已经很清楚地看出这些政客背信弃义的嘴脸。几个月后，这些浑蛋清楚地暴露了他们的嘴脸，他们故作姿态的慷慨之举，只会对他们为制造继续掌权的借口时的倒行逆施有利而已。六个月后，一度深孚众望的热月党人塔里安受到猛烈抨击。一些报纸甚至提到，他私生活的丑闻和"卡瓦鲁斯"的奢侈愚行是一种对人民日渐增长的痛苦的亵渎。报上的评论还揭露了英俊的巴拉斯对那个"娼妇"表现出的关注，他们还说，在那娼妇的背上应该挂上一块写着"国家财产"的招牌。在巴黎的各个郊区都能听到这种隐藏着怒火的闲言碎语。不擅辞令的共产主义倡导者格拉克斯·巴贝夫① 已经在那里传播他的学说。而在这一时期陷入严重饥荒的人民在哭泣，即便在罗伯斯庇尔治下，他们饱受饥饿的不幸痛苦也没有沦为奢侈放荡的领导人的笑柄。保皇党人希望首都脱离热月党人的控制，而且想让塔里安陷入困境，便给基伯龙流血事件打上了另一次"九月大屠杀"的烙印。而塔里安是如此不得人心，以至于未能和巴拉斯一同进入督政府。弗雷隆也一样陷入困境，和塔里安同遭落选督政官的耻辱。但现在督政府有一个被特蕾莎·塔里安迷住的巴拉斯就够了，这个最具影响力的督政官看上去将会使督政府腐化，从一开始，由于督政府的不得人心，在几个月之后，几乎使热月党完全垮掉。这个政党以罗伯斯庇尔搞垮埃贝尔和丹东的同样方式将他打垮。丹东推翻了维尼奥和布里索，而他们早先是巴纳夫和拉法耶特的朋友，后来却毁掉了那两个人。每一个党派，包括热月党在内，最终都以同样耻辱的方式被推翻。

这个民族被各党派搞得疲惫不堪，希望建立一个国民共和国。但目前掌权的是热月党，这是一个从所有其他党派的废墟当中形成的政党，它将自己强加给法兰西，天知道它会再统治多少年！热月党是如此不得人心，当西哀士同巴拉斯一同被选入督政府时，他昂然拒绝了这一职务。而这次拒绝提升了他的声誉。人们认为这位正直的哲学家会最终给法国带来共和政府以及一部理想的宪法，据说他在过去七年中一直都在为此进行准备。但是一旦西哀士失败，共和政府和宪法就完了。由于复辟附带了一个匪夷

---

① 格拉克斯·巴贝夫（Gracchus Babeuf, 1760—1797）：原名弗朗索瓦-诺埃尔·巴贝夫，法国大革命时代的政治活动家和新闻记者。他同情劳工阶级的处境，宣扬政治和经济的平等理念。尽管他宣称反对恐怖统治体制，罗伯斯庇尔垮台后，他还是为那些垮台的恐怖统治者辩护，同时他攻击热月党领袖，以早期的社会主义观点，要求重新分配革命的经济成果。巴贝夫的这种政治态度，使他在当时鲜有支持者，并且多次被逮捕。督政府时期，随着经济危机的加剧，巴贝夫的影响力在逐步扩大。1796 年，巴贝夫和他的同伴们被督政府下令逮捕。第二年，他被推上断头台处决。——译者注

所思的条件，法国人民并不考虑迎回一位国王，而且他们肯定也不愿意接受一个由腐败的革命党人和自私自利的雅各宾派组成的政党控制的共和国，于是人民四处寻觅一个人来让他们摆脱困境。

后来，在葡月 17 日，议会会期结束前三周，国民公会注意到了一群实质上帮助巴拉斯镇压保皇党叛乱的军官们，这些军官被高度称赞为"葡月 13 日的胜利者"。国民公会向他们表示祝贺，而弗雷隆提到了这些将军中的一个人，希望国民公会特别留意他的能力。因此这个年轻的科西嘉军人被任命为本土陆军总司令。这一任命将会结束正在垂死挣扎的党派政治，因为国民公会用它最后的法令之一，使拿破仑·波拿巴开始登上成名的阶梯。

第十章　西哀士

　　共和三年获月 2 日（1795 年 6 月 21 日），国民公会走到了它的尽头，在解散之前，开会对宪法进行了讨论，算是它留给法国的一份遗产。急匆匆制定的 1791 年宪法和王位一起在 1792 年 8 月 10 日倾覆。1792 年的最后几个月里，孔多塞和吉伦特派拟定了一份共和国宪法草案，但就在行将投票之际，该草案和吉伦特派一同沉沦。1793 年极受欢迎的宪法出自艾罗·德·塞舍尔——一位丹东的追随者之手，被投票通过。尽管这部宪法获得了国家公投的认可，还是被认为无法施行，于是在热月 9 日以后，国民公气决定重新制定一部宪法。几天之内有一系列宪法草案被送上讲坛，有些很完善，其他一些只有部分内容，而国民公会被宪法的相关政治问题搞得精疲力竭。议员们对宪法浅尝辄止，而且在争论中完全失去了兴趣。

　　突然间，议长站起身来宣布公民西哀士将要发言。

　　这个名字引起了一阵骚动。讲坛上的演讲者立即让出了位置，表现出极大的尊重。喋喋不休的议员们安静下来，半空的议会厅被迅速重新填满。"西哀士！公民西哀士！"他的名字被口口相传，有些人由于老习惯，称他为"西哀士神父"。

　　西哀士迈着庄严的步伐走上讲坛，仿佛在攀登塔博尔山[①]一样。他时

西哀士神父

年四十六岁，中等身材，但瘦削的身形使他看上去相当高；他黑色的头发和暗色调的、仍然颇具教士风格的衣服，将他的肤色衬托得越发苍白；他的眼睛也是苍白的浅色，冰冷而坚定；他那双唇紧抿的嘴巴，看似就是为了沉默而生。他的姿势精心考究，所有举止都是大主教式的。但是他的这种姿态是受到议会的恭敬态度鼓励的。

　　根据那个时代某位在场者著作中的说法，这位伊曼纽尔·西哀士被视为他那个时代的"首席政治设计师"。人们都说，如果要问 1791 年宪法为何这么快就废止，孔多塞的 1792 年宪法草案和艾罗·德·塞舍尔的 1793

年宪法为何看起来难以实行的话，那就是因为西哀士神父三次都拒绝合作完成这一重任。1795 年，他再度被选入制宪委员会，结果还是推辞了，宣称他参与的时机仍然未到来。而当宪法草案的主要起草者多努 ① 在争议之下，非常谦卑地来请西哀士给他意见时，他答道："我确实对这些问题进行过非常深入的研究，但你并没有听我的。"这简直就不像是对同僚说话的态度。

1790 年的一天，米拉波在制宪议会称西哀士神父的"沉默和无所作为是公众的灾难"，而且在一片掌声之中，恳请他挺身而出。但这位哲人仍保持沉默。他在 1792 年和 1793 年都保持沉默，而且看上去似乎他到了 1795 年仍希望缄口不语。但现在这位哲人突然要来发言了。

西哀士干巴巴的声音和毫无生气的演讲，是他秘而不宣的烦恼，原来他竟然是这么平庸的一个演说家。事实上，他觉得他的思想能够充分弥补他身为演说家的缺陷，而他的理念确实更具压迫感。他说道："政治科学不是实际要做什么的科学，而是应当去做什么的科学。"他对历史的轻蔑在他所再三宣称的这种哲学中显而易见（"这些所谓的历史事实"，他也这样傲慢地说过），一如他对"总是与事件相符的卑劣理论"的不信任态度。而这些理论能证明，他是从 1789 年到 1799 年间占据议会座席的所有理想主义者中最理想化的一个，认定现实应当被无视，而哲学是真实的唯一主宰。

西哀士用怪异的公式来展开他的体系。在那些经过七年的革命已经变得非常现实主义的人的注视下，他建立起一种庞大的知识建构，看起来好像是专业学院派为实现乌托邦幻境而构建的立法。西哀士的立法体系就像一些经过精巧加工却也十分怪异的机制，上面点缀着由他自己偶尔发明的

---

① 皮埃尔·克劳德·弗朗索瓦·多努（Pierre Claude François Daunou, 1761—1840）：法国政治家和历史学家。大革命时期，他支持通过《教士公民组织法》。当选国民公会议员后，他加入吉伦特派，在路易十六被判死刑时，一直都持坚决反对态度。吉伦特派垮台时，他身陷囹圄，被监禁将近一年。1794 年 12 月，他重返国民公会，成为《共和三年宪法》的主要起草者。督政府时期，他被选入五百人议院，是法兰西学会的创始人之一。拿破仑上台后，他就很少过问政事，直到去世为止，都更多地投身学术领域。——译者注

名词，这是因为他在更年轻的时候就显示出一种改革人类语言的倾向。

议员们无法理解他，他们脸上都露出了窘迫的表情：有些人露出了一副看上去认为西哀士的天书本身是非常深刻的表情，而另一些人很坦率地表现出了失望之情。议会座席上满是觉得无趣的面孔。

当他最终结束发言时，响起了一些礼节性的掌声，而他的议案被否决了。他对议员们苦笑了一声，以后几周再没有出现过。从那天起，他在自己心中谴责最终议定的宪法，同时谴责根据宪法组织的政府。与此同时，他小心翼翼地将自己心中的宪法搁在一旁，有朝一日，他会再次将这部宪法呈现在当代最伟大的现实主义者——拿破仑·波拿巴执政惊奇的目光下，只不过那将是一件完全不同的事情，因为那个军人会在这种理想主义的立法结构上拟定一部名副其实的恺撒的宪法。到了那一天，西哀士神父，这位革命早期的哲人，将违背自己的意愿，为帝国奠定基础。

这个怪人的生平是这出理念戏剧的一份出色的微剧评，而这出戏剧就在所有悲剧性事件的幕后，从大革命之前一直上演到它结束为止。有人问西哀士："恐怖统治时期你在干什么？"他答道："我活着。"而事实上，在公众眼中，一个像西哀士这样的人，从 1789 年起，其他人都遭遇不幸的时候还能活着就是一个奇迹。当悲剧结束的时候，他是唯一逃过死亡、监禁、流放甚至逃过耻辱而苟且偷生的人。这就是为什么我们会在最末一章才面对他的原因。

西哀士甚至早在议会团结起来之前，就显现出自己是个哲人。他是一位先行者，因为他是新时代的哲学家，还因为他保留了教士的信念，对于他所属的信念来说，这只是来捍卫信条的一种权威的说教形式。

就一个出身法国南部的人来说，他出奇的冷酷。他父亲是弗雷儒斯[①]的一个契约登记员。他的父母是非常虔诚的教徒，希望他能去教堂，以神

---

① 弗雷儒斯（Fréjus）：位于今法国普罗旺斯 - 阿尔卑斯 - 蓝色海岸大区瓦尔省的一个海滨市镇。——译者注

职人员为业。他富有想象力，爱幻想，在孩提时代梦想在军队拥有一个耀眼的职业生涯，但是由于他体格瘦弱、发育迟缓，而且多病，所以不可能承受战争的艰苦磨砺。塔列朗成为教士是因为残疾，而西哀士成为教士是由于体弱。他们当时都是被送给上帝的奇异祭品。

西哀士和他那个时代的少年一样，很容易投身到哲学研究中去，但他和同时代的人不同，他并没有遵奉一位哲学大师。骄傲自负，对卢梭、伏尔泰乃至孟德斯鸠都不屑一顾——这就是西哀士。在德拉吉尼昂^①接受过教育后，他带给圣叙尔皮斯学院一个不受哲学家教导影响的哲学灵魂。他的宗教导师们都认为，他身体虚弱但在精神上却相当危险。一位导师写道："我害怕他在阅读方面的特定选择会让他尝试新的哲学理论"，而这毕竟"一点儿都不适合一个教士"。而他的另一位导师补充道："他除了成为一名诚实的咏礼司铎^②之外，不能担任任何教职。"然后他被任命为一名教士。

和西哀士来自同一行省的德·鲁伯萨克主教大人将他带到布列塔尼的特雷吉耶，担任他的秘书，随后又去了沙特尔^③，他在那里真做了咏礼司铎。他非常讨厌那个地方，而且一直都在推卸他的职责。他希望被任命为路易十五某位女儿的神父，由于他的主教反对他的这种想法，他就对主教产生了一种强烈的厌恶。"我的主教用错误的方式对待我。"从那一天起，这个登记员的儿子就对鲁伯萨克这位贵族和高级教士，怀有一种叛逆情结。此外，他还遇到了一些财务困难，在用他父亲给他的小笔补贴弥补亏空后，他变得阴郁起来。第三等级的精神在他心中暴增。虽然他是个教士，但他对宗教再也没有任何信仰，事实上，他也许从没有信过教，而且他想看到基督教短时间之内在启蒙哲学面前垮掉，哪怕启蒙哲学会造成一

---

① 德拉吉尼昂（Draguignan）：位于今法国普罗旺斯 - 阿尔卑斯 - 蓝色海岸大区，离西哀士的家乡不远的一座市镇。——译者注

② 咏礼司铎（canon）：又译作"法政牧师"，是主教可按照教会传统授予的一种荣誉教职，有解释教会神学法规、保卫教义的权威，但具体职责并不明确。——译者注

③ 沙特尔（Chartres）：今法国中北部厄尔 - 卢瓦尔省省会，坐落在厄尔河附近。——译者注

场大革命。他必须从基督教中找到什么问题呢？可能连他自己都没能找出什么缺陷来。

尽管如此，他还是开始为他的理论辩护，而三级会议也在这个时候召开了。这位神父发表了他著名的小册子，其中有整个大革命期间最著名的名言："什么是第三等级？一切。迄今为止他们有什么政治地位？一无所有。他们要求得到什么？一定的地位。"这样的声明本身就足以煽动反叛的火焰。另一方面，他在声明的前两句中犯了两个错误。一个第三等级"没有政治地位"的国家，却曾有过数百名平民出身的大臣——从农家子弟苏格①到商店店主家子弟柯尔贝尔②，很多人都是平民出身，所以这是错误的，事实上，西哀士乐于无视在他看来如此廉价的"这些所谓的历史事实"。而宣称第三等级在一个贵族（从前）和教会（一直）为民族提供许多服务的国家应当"拥有一切"，完全没有意义。但是话说回来，这位神父再度编造了一个理论来攻击贵族们标榜的"所谓历史"；他说贵族们都出自征服种族，来自日耳曼人，而日耳曼人曾大量奴役组成第三等级的拉丁凯尔特人。贵族们应该被送回"他们的法兰克森林里去"。这纯属子虚乌有的两个种族理论给第三等级的主张赋予了一层民族主义色彩，第三等级因此成了法国原住民的唯一代表。"只有第三等级是法兰西民族，正因如此，只有非特权阶级成员才能被选入国民议会。所以，第三等级有足够的资格占据国民议会的所有席位。……"

这本小册子的成功可想而知。小册子问世是在 1789 年 1 月。第三等级高度赞扬这位教士，甚至认为他的价值更甚于一位辩护者，而是第三等级权利的珍贵理论家。他关于"法兰克森林"的故事本身纯属臆造，但这个故事使第三等级的要求占据优势地位，又显眼又讨巧，像西哀士形容的

---

① 苏格（Suger，1081—1151）：法国早期的政治家、历史学家，对哥特式建筑的影响很大。——译者注

② 让-巴普蒂斯·柯尔贝尔（Jean-Baptiste Colbert，1619—1683）：法国政治家。他出身富商家庭，路易十四时期任法国财政大臣，奉行重商主义政策，主要内容为发展工业，扩大输出，减少输入，增加国库收入。该政策促进了法国资本主义的发展，但无法从根本上改变法国传统的虚荣和贵族习气。——译者注

那样，这就足够了。说服一群"一无所有"的人突然认识到自己应当"拥有一切"，是非常令人愉快的。两个月之内，这本小册子售出三万册，西哀士就此声名鹊起。大革命在开始之前，先找到了它的喉舌。

选举时间到了，但沙特尔的教士看起来不愿意选这个咏礼司铎当他们的代表，此外，西哀士本人也希望被第三等级——将会"拥有一切"的等级——选为代表。他认为自己已经拥有足够的知名度，便动身来到巴黎亮相。然而，他的选举并非易事。第三等级只想选资产阶级代表——他们觉得是自己人的人，西哀士在选举的最后阶段才得以当选。

此外，因为巴黎的选举旷日持久，这座首都的代表们直到 5 月 25 日才在三级会议里现身。三周以来，三级会议为许多难题争论不休。众所周知，贵族和神职人员拒绝和第三等级坐在一起来共同确认他们的权力，而这将是三个等级融合的第一步。第三等级不敢和其他两个等级决裂，也不敢违拗支持这两个等级抵制的宫廷。大家开始谈判，但只能在各派的怒火中不欢而散。巴黎的代表们激情澎湃地来到会场，他们入场时，受到热烈欢迎，西哀士神父尤其受人追捧。那本著名小册子的作者，写出第三等级心声的人，应当会不负众望吧？这个人表面看起来非常平静，他能够打开他思想的帐幕，露出里面那些令人激动的智慧包裹吗？6 月 10 日，他只发了一次言："第三等级还在被束缚吗？那就必须砍断绳索！"这句话博得满怀喜悦的赞赏，成为西哀士的财富。在整个大革命时期，每一个人都记得是他说出了这句豪言。他的这条"绳索"和他牢牢地系在一起。

6 月 12 日，米拉波向大会宣布"一位巴黎代表"希望提出一份动议，西哀士便庄严肃穆地出现了。他对特权阶层发表了讲话，不再是"恳求"而是最后一次"召唤"他们和第三等级同坐一堂；而且，他还促使一项决议达成，即由第三等级来确认三个等级所有代表的权力。15 日，西哀士再次言简意赅地提议，第三等级应当宣布自己单独成立国民议会。因为他不是一个能做出激烈举动的人，于是他让米拉波在 6 月 23 日以狂怒的姿态压倒了国王的使者。但是，在米拉波退缩的时候，这位神父淡然说道：

"先生，今天的你和昨天的一样。让我们来商讨这件事吧。"他就此奠定了自己哲人声誉的基础，而所有哲人的秘诀一直都是：他们一向惜字如金。

　　一切尘埃落定。国民议会经过这位奇特的教士洗礼，开始了它的第一次会议。议会将会为这个王国起草一份合适的宪法。每个人都充满期待地转向西哀士那一方，而他真正的事业开始了。他众望所归地被选入委员会，起草了《人权宣言》大纲。但他写出的条款并不会被全盘接受，为此他很生气。尽管如此，他还是提供了一些框架性的设想，使得一部宪法能够在这个基础上被制定出来。他的设想备受推崇，但他在表达自己思想的时候太含糊了，没人能理解他的思想。在制宪委员会，他的主张没有被采纳，而且，根据在这种情况下的特有习惯，他已意兴阑珊。从那时起，他对任何进一步的邀请都冷笑着避开。

　　在议会的情况更加严重。在一众演说家或者说善辩之人当中，西哀士不知道该如何让别人理解自己。"有必要给想法添加这么多修饰吗？"他在听过其他人成功的演说后很不痛快地说道。他不知道如何去"修饰"，甚至也不知道如何给他沉闷的想法润色，于是他沉默了，就摆出一副傲慢的架势来倾听人们的讨论。尽管他的才智是虚妄的，但他拥有顽固的道德感，所以他反对不予赔偿就取消教士们征收什一税的权利。这被视为在保护他的旧等级，让左派很反感。西哀士是在向后看吗？人们无视他的想法，什一税还是没有做出任何补偿就被取消了。他尖锐地批评道："他们希望自由，而他们对何为公平一无所知！"尽管曾协助奠定雅各宾俱乐部的基础，但他退出了他那些老朋友们的行列，对他们极不赞同。"这些人竟提出以暴力为权宜之计。"群氓蜂拥进入俱乐部，而西哀士这样一个崇高的哲学家，将暴徒甚至人民都视为洪水猛兽。人民开始怀疑这位原先的第三等级捍卫者，而议会再也没有通过他的任何提案。只有一项提案例外——就是将法国的行省重新划分为省，他主持的这项工作明显带有个人印记，这种重新划分同时违反了各地的历史、传统、意识和自然条件。但是当他提出出版自由应当被废止时，就再没有人附和和认同了。西哀士想要遏制的人之一——马拉，怒气冲冲地写道："我们不能放松对西哀士神父的监视。"

所有这一切都令西哀士愤愤不平。不过议会仍对他充满敬意，推举他为议长，他先是拒绝这一职位，然后还是接受了。但是，他在给人一种学术化、冷酷、严肃而无趣的印象后，要求让另一个人来继任。然后他再度封住自己的金口，陷入一种冰冷的沉默。四处寻求支持的米拉波希望西哀士成为自己的支持者。米拉波知道他有多空虚，于是对他极尽溢美之词，称他为"我的导师"，而且他就在这位神父保持沉默时，当面坚持声称："是的，哪怕您不说话，也依然是我的导师。"在一次演讲中，米拉波给西哀士送上了这个头衔，悲叹道："一个已经向世界披露真正的代议制政府原则的人……沉默下去是要负责任的。""我恳请您征求他的意见，这个人不该自我保留了，请将他从失望中唤醒，这样一个人的沉默和无所作为在我看来是一场公共灾难。"掌声四起，但西哀士仍在座位上岿然不动，好像根本没听懂米拉波的意思。他的沉默是对这世界的不屑，而且还能满足他的自尊心。

被西哀士的这种态度迷惑的人们在寻求合理的解释，他们肯定他正在幕后工作着。1790 年 2 月 1 日，一位议员写道："他在开始的时候扮演了最重要的角色，而他会在结束的时候再度扮演同样的角色。"

西哀士看上去会证明人们认为他在等待时机的期待是正确的。米拉波死后，他看似好像会领导对极左派的斗争，而极左派痛恨他。巴纳夫的朋友们在利用西哀士对付雅各宾派后，使他与他们决裂，丹东用他犀利的唇枪舌剑破坏了"那个教士"的阴谋暗算。西哀士对罗伯斯庇尔显得十分不屑，后者也立即对他厌恶起来。在国王出逃后，西哀士继续通过攻击所有的共和制设想，激怒所有的雅各宾派。为了说明对君主制的偏好，他给出了一些理由，而同往常一样，那些解释都被笼罩在怪异的词汇当中。他更为偏好君主制政府，是因为"君主制的顶端是一个首领"，而"共和制的顶端是一个平台"。虽然议会认为他是正确的，但这无法制止他的举动被他所引起的刻骨仇恨阻碍。他不再在讲坛上出现，不过，他仍面带冷笑地看着议会完成了它的使命，这种冷笑表达了他的痛苦怨恨。

尽管他不赞成《教士公民组织法》，但还是投了赞成票。他曾梦想对所有神职人员进行限制，让自然的宗教来临，哲学取代教会的地位。所以，在被授予巴黎主教教职的时候，他很自然地加以拒绝。而相反的，他接受了巴黎省政务委员会的一个职务，但他很快就辞职了，而且非常痛苦地将自己关在当时还被视为偏远地区的奥特伊①的一栋别墅里。

整整一年，他都为自己的悲伤、失误、受骗以及受到的讥讽耿耿于怀，从远处旁观吉伦特派在立法议会激烈争论，丹东在各俱乐部咆哮，外敌入侵的迫近和发生，以及王位的倾覆。在西哀士看来，发生的所有这些灾变，都是没有接受他的宪法的结果——而这些巨大的不幸对他来说是一种安慰。

也许其他人和西哀士的想法一样，为此在 1792 年 9 月，他被三个省选入国民公会。

西哀士意兴阑珊地进入国民公会，依旧一言不发地在中派占据了一席之地。

在制宪议会期间，西哀士没有明确加入任何特定党派，而他在国民公会也无意采取不一样的行动，认为自己完全可以傲视同侪。但是，由于他曾经被丹东侮辱，被马拉威胁，受到过罗伯斯庇尔的攻击，吉伦特派指望能因此获得这位富有远见的先知的支持。他本人甘愿和吉伦特派站在一边，但他不仅保留了他的傲慢和前神父的自尊，而且也很懦弱。如马莱·杜潘②所说，他是"最懦弱的人"，而塔列朗最终不那么直白地写道：

---

① 奥特伊（Auteuil）：现在是法国巴黎富人的住宅区，今属于巴黎第十六区，与属于上塞纳省的郊区讷伊毗邻。——译者注

② 雅克·马莱·杜潘（Jacques Mallet du Pan, 1749—1800）：法国记者，出生于一个旧胡格诺派教徒家庭。他在日内瓦接受教育，在大学短暂任教后，从事时政类新闻报道。法国大革命爆发后，他一直站在保皇党一边。1791 年至 1792 年间，他被路易十六派往法兰克福争取德意志各王公的同情。他出版过不少反对革命的小册子，猛烈抨击过督政府和拿破仑，迫使他在 1797 年流亡波恩。1798 年，他来到伦敦，创办了另一家报纸。两年后，他在英国萨利郡的里士满逝世。——译者注

"恐惧是唯一能对西哀士真正产生影响的感觉。"西哀士肯定不喜欢在滥用暴力的两党之间选择站队，也不愿陷入你死我活的战斗。此外，因为他以理论家自居，从而找到了一个借口，便以不愿意让人类的思想涉险被没有思想而相互斗争的愚人占据为借口，救了他自己一命。他乐于克制公开行动，喜欢销声匿迹，然后在暗处活动。当夏尔·德·康斯坦特希望让西哀士的邻居找到他的时候，这位邻居看也不看就说："如果大厅里有一副帘子，我就肯定能在帘子后面找到他。"

他在国民公会有一个可怕的敌人——罗伯斯庇尔。后者从未忘记西哀士对他的鄙夷，以及两人在雅各宾俱乐部的激烈争论。这位前神父知道自己现在很危险，而且谨慎地劝告吉伦特派利用丹东进行反对罗伯斯庇尔的斗争。而当罗伯斯庇尔从对他遭受的攻击中恢复过来时，预示着会对吉伦特派的行动不利，而西哀士也不愿再给"廉洁的"罗伯斯庇尔对他采取行动的口实。

另一方面，虽然吉伦特派用西哀士对付雅各宾派，但他们没能做到人尽其用。他们应当委任他参与他们正在准备的宪法。不幸的是，他们已经拥有一位大祭司、一位哲人、一位宪政体制的构建者孔多塞。

在西哀士并未参与的立法议会，孔多塞接管了竞争对手的宪法兜售者角色，而且或多或少地承受了相同的命运。孔多塞被称为"特殊美德的教授"，是法兰西科学院常务秘书和法兰西学术院院士，而《百科全书》就是他留下的宝贵遗产。他也带着盛名从政，而且人们普遍认为他会成为左派的精神顾问。但不幸的是，他同样非常令人乏味，因为他在演讲稿里也使用复杂含糊的语句。罗兰夫人描述道："品味他的才智就像透过脱脂药棉品尝美味的利口酒。"而里瓦罗尔更为尖刻地说道："他用打了麻醉药的笔在铅灰色的页面上写字。"孔多塞很乏味，但这并没有使他跌下偶像崇拜的基座。在立法议会，而且在将来的任何议会里，这些相当乏味的大祭司们都会受到尊重。

而孔多塞已经被重新选入国民公会，西哀士在国民公会里发现这个人已经拥有无可动摇的地位，他是吉伦特派的一位盟友，而且他们会向他求教，对他推崇备至。有人会回想起这句名言："他们的至高智慧殊途同归。"但看上去西哀士和孔多塞的最高智慧很难如此水乳交融，因为哲人相轻。西哀士很自然地被提名进入制宪委员会，但当他发现孔多塞的观点占上风时，他选择了一贯的退让，而且缄口不语。他让另一个哲学家去建造自己的里程碑。而当制宪议会在审判国王以后，推迟讨论宪法时，他也没有觉得有多么悲伤。西哀士不会喜欢其他人的作品。

西哀士投票赞成处决国王没什么可大惊小怪的。就像塔列朗后来写的那样，他有"一颗冰冷的心，一个懦弱的灵魂，但有一种不可动摇的意志"。那句"除了死刑之外一字不多说"的酷评，一直被认为是在说西哀士。但这不是因为他野蛮，只是因为谨慎。他仅仅说了"死刑"二字，而如果他能说上几句话再投票的话，他会说的也只有这两个字而已。山岳派（极端派）掌握了越大的权力，他就越想躲在幕后。吉伦特派被宣布为非法，而他就让他们被取缔。七十三名右派议员勇敢地提出抗议，而他没有让自己和他们扯上关系。他变得习惯于沉默。他在这些时候的一些私人笔记被发现了，所有的笔记都以"保持沉默"结尾。

一部新宪法——共和元年宪法，正在起草，但这部宪法有一种令人不安的蛊惑性。一名制宪委员会成员前去征求西哀士的意见，向他大肆吹嘘宪法预案。西哀士听罢，耸了耸肩，一言不发地离去。

另一方面，当时西哀士制作了一份非常宏大的公共教育方案，并且还防患未然，让他的同僚拉卡纳尔①签了字，但还是被罗伯斯庇尔恶狠狠地撕了个粉碎。马克西米利安在雅各宾俱乐部命令他的人——化学家阿森弗

---

① 约瑟夫·拉卡纳尔（Joseph Lakanal, 1762—1845）：法国政治家，法兰西学会创始人之一。1792年被选入国民公会，坐在山岳党人一边，投票支持处决国王路易十六。1793年初，他进入公共教育委员会。1793年10月，他被派往西南各省，直到"热月政变"结束后，才返回巴黎，因而避开了很多激烈的政争。在督政府时期，他继续推行自己的教育改革。1799年，他被督政府派往莱茵河左岸四省，组织受到反法同盟威胁的这几个省进行防御。在执政府和第一帝国时期，他继续从事自己的专业工作。1815年滑铁卢战役之后，他流亡美国，在亚拉巴马州成为一名庄园主，后来又出任过路易斯安那大学校长。1834年，他终于回到法国，直到去世再也没有离开。——译者注

拉茨①，攻击西哀士。"西哀士的一切卑鄙思想所构思的方案对自由事业极其致命。"那个暴怒的狂人吼道。罗伯斯庇尔在讲坛上攻击那"致命的"计划，而且试图阻止计划的作者再度被选入公共教育委员会，这个委员会到当时为止都是西哀士的避难所，而且几乎就是他用以远离是非的托词。西哀士没有反唇相讥，而是再度缄口不语。他的这种沉默，在所有的酷烈斗争当中，造成了极大的错愕。当时，他在自己的笔记中写道："我明镜般的品质在这般如滔天洪水般泛滥的灵魂中间能够表达些什么呢？"他对这个疯狂政权的不悦从这句话当中就能感觉得到。同样可以感知的是，在他的各种情绪中间，他的恐惧感已经被正在盯着他的罗伯斯庇尔抓住了。在理性崇拜期间，西哀士宣称他已经摒弃了他的教士头衔很久了。"他的信仰向着旧式的被承认的宗教。"罗伯斯庇尔如此看待西哀士的信仰问题，只是为了有另一个理由去憎恨这个曾是教士的人。这个苍白寡语、坐在中派座席上的人，令罗伯斯庇尔又恨又怕。他说道："西哀士神父不再亲临第一线，但他没有停止在议会幕后的活动。他是革命的鼹鼠。"

但是西哀士做的并不比说的更多。他只是尽力不去死，"活下去"，从而获得最后的发言权。热月9日，当罗伯斯庇尔伸出双手，转向中派的议员们，想让他们与极端派斗争时，他可能会遭遇这位神父的冷脸相向。根据对西哀士的了解，可以说，他不是率先挺身而出投票推翻独裁者的人，也一定不是最后一个。

随着政敌的失败，西哀士恢复了行动自由。为了对那个令人普遍憎恶的垮台的喀提林②发动漂亮一击，他迫使自己站到热月党人一边。

西哀士不信任热月党人，这一点很自然，或者我们甚至可以说，他不信任任何人。因为他严谨朴素的习惯，使他过着一种淳朴的私生活，并

且对金钱事务不感兴趣，他自认为是美德的化身，对女人尤为不屑，尽管他会和那些迎合他虚荣心的女人来往。他对诸如巴拉斯、塔里安、弗雷隆和像他们这样满手血腥并在血海中大发其财以满足他们可耻的堕落生活的人，只有痛恨。这样的一些人能操纵革命是国家的耻辱和对政府的有力谴责。现在罗伯斯庇尔已经死了，西哀士试图表达自己的观点。

他发表了一份称赞自身美德的"备忘录"——这种美德使他对自己内心憎恨那些在热月倒台的"恶棍们"感到歉疚。但他拥有的那种美德可以征服那些想分享美德的人。他将大部分时间用于同一些右派议员交往，这些人重返国民公会的座席对抗热月党人，而朱莉·塔尔马① 在家里安排他们会面。在前神父西哀士的道德支配下，这个国家的命运，按照马雷② 的写法来说，就在那个迂腐的艺术家的家里决定了。他又写道："许多人真诚地相信，革命只会导致野蛮的肆虐和罪恶，这是因为革命没有抓住要点，而且组织问题严重，并且将领导权放给了那些恶棍。但是，如果革命能够建立在抽象哲学理念的基础上，而且由那些如启蒙哲学家那样的诚实君子来领导，就能确保全人类的福祉。"他又提到了西哀士和孔多塞的名字，称他们已经"提出了一个让共和国建立在哲学理念基础上的方案，但在开始阶段就被扼杀了"。

孔多塞悲剧性地离开了人世，西哀士幸存下来，并且重拾这一理念。共和国将会是一个建立在哲学基础上的国家，不然就根本不必存在。

在决定制定第四部宪法时，人们再度呼吁西哀士提供帮助，仍将他选入制宪委员会。但他希望所有人都来找他，并且一股脑儿地接受他的全部方案。几天之后，他就辞职了，而且当有人再度请求他为宪法草案提供意见的时候，他傲慢地答道："你们不会听我的。"他走上讲坛，打算用他自己的构思来推翻草案，但是他经历了可怕的幻灭感，上文已经提到，这种

---

① 朱莉·塔尔马（Julie Talma）：法国演员弗朗索瓦·约瑟夫·塔尔马的妻子。——译者注

② 阿尔伯特·马雷（Albert Malet, 1864—1915）：法国历史学家，作品题材以法国史为主，也有个别欧洲古代史作品。——译者注

幻灭感对他自己要比他的听众打击更大。

西哀士仍保持他的尖刻作风。尽管他当选国民公会议长，但他再度冷笑着拒绝履任，却接受了行将结束的公安委员会的一个职务。他在公安委员会主持外交事务，因为他无法将法国改造成让他自己满意的样子，便乐于在欧洲进行改造。

被革命大军征服的欧洲，开始向法国让步。荷兰变成了法国的附庸国；西班牙停止争斗；普鲁士退出反法同盟；还没有经历失败的奥地利，在英国的敦促和支持下，准备进行下一次战役。西哀士分享了这个值得骄傲的职务——热月党委员会，造成了反法同盟的第一次垮台。委员会宣布莱茵河成为永久不变的边境，甚至在宪法当中将天然边界线原则也包括进去，称为"宪定"疆界。普普鲁士不久便承认法国对莱茵河左岸地区的统治权，而奥地利也被迫采取同样的想法。为了达到这个目的，必须让英国屈膝。西哀士有自己的计划。法国承诺普鲁士拥有德意志北部的控制权——这种情况意味着普鲁士会与奥地利开战。如果可以的话，法国会用一种封锁行动，来削弱英国。作为这些外交部署的开端，西哀士获准离开委员会去将条约强加给荷兰，这将成为一个庞大的新体制的开端。

当西哀士回国时，宪法已经被投票通过，国民公会解散，到了给督政府让位的时候。

西哀士对宪法的想法众所周知。他对他的一位支持者透露了这一点："宪法仍然不好。"马雷写道："他的公文包里有一部新的法典，而他不想浪费它。"

虽然据说西哀士"抽象的格言已经失去了它们的光环"，但得益于他在委员会的工作，他身为伟大思想家的名声依然存在。人们都说他不再只思考法国一国，而是要同时对欧洲进行思考。他在选举中获得了惊人的胜利，得到十九个省（即法国四分之一的省）的推举。不考虑他谦虚的因素，从那时起，人们都认为只有他一人肯定会被选入督政府，而且如某人在共和四年雾月 7 日所写的那样："他将会掌控一切。"

西哀士的确被选入了督政府，但是令所有人吃惊的是，他拒绝履任。他对生性残暴的政治家鲁贝尔的当选非常生气，他曾和这个人在委员会发生争执；而且另一位成功当选的候选人拉雷韦里埃－勒卜，在讨论宪法期间，曾胆敢和他打趣；至于他公然对其放荡生活习惯表示不信任的巴拉斯也重返督政府，就大大激怒了他。他不愿意和这样的人一起做任何事情。此外，他也不相信新政府的持久性，而且他已经在冥想对国家结构的改造。他采取了一种非常专横的态度，这种态度中积累了他七年来培育的恨意。他非常辛辣地写信给议会两院说道："我无法相信，一个自从革命以来就和所有党派保持距离的人，能够参与组成一个为每一种形式的信仰服务的有凝聚力的核心。我真正的位置是在五百人院。我心意已决。我会待在那里。"而在坚辞督政官一职的同时，他将自己埋首于金融委员会，在那里，他会比在其他任何地方更便于证明他关于法国会破产的观点。

尽管如此，西哀士并不支持旧王朝复辟，而且他当初投票赞成处决国王这一事实，就像其他弑君者那样，给自己的政治生涯打上了鲜明的印记。所以他赞同"果月政变"（1797 年 9 月 4 日），宣布这一事件证明了宪法当中含有毒素，有必要进行修改。他已经在梦想另一种形式的复辟，在这种情况下，某位外国王公或者深孚众望的军人可能会接受他的宪法。在一个强大权威的庇护下，一个符合自然哲学原则的等级制国家将会组织起来：他描述它为一个金字塔结构的国家，顶点不会是一个管理平台，而是一个"点"——他用作论据的这个著名的"点"，在 1791 年，就是赞成君主制。

西哀士退出公职生活，为自己的主张沉思，而且致力于完善他的政府理论。整整一年，他都音讯杳然。只有一起特殊事件使他的名字回到公众面前，非常怪异的是，他成了暗杀未遂的对象。一个精神失常的普勒神父，在获得他的接见后，开枪打伤了他的手臂。他仍然十分平静，只是对他的看门人说："等他下次来见我的时候，就说我不在。"他将他的时间花在两个将他奉若神明的家庭里——另一位预言家德·斯塔尔夫人家，以及奥特伊的爱尔维修夫人 ① 家，那里在很长一段时间都是哲学家们的聚集地。他经常去学会，当然他就是学会的一名会员，而且对他的同僚拥有巨大影响力，那些人也都是哲学家。他关于恢复国家秩序的主张在学会得到了好评。众所周知，法兰西学会产生了很多"雾月政变"最热情的支持者。但是西哀士已经在开发进行一场政变的新手段，因为他发现在卢森堡宫所做的一切出了问题。如果有人提到拉雷韦里埃的怪癖或者巴拉斯的放荡，西哀士都会憎恶地苦笑。他谴责政府排斥一定数量持保皇派意见的优秀公民是软弱的表现，谴责他们让雅各宾派死灰复燃，并且允许这些群氓对选举产生某些影响的举动。据巴拉斯在共和六年芽月（1798 年 3 月—4 月）所说："督政府因这些连续不断的闲言碎语而忧心忡忡。"

最终，为了让督政府摆脱这些闲言碎语，西哀士被派往柏林，向他计划中的普鲁士盟友送交一份胜利宣言。某人写道："对现代共和派的失望，乃至对共和制的失望，使他想要离开自己的国家，这个地方对他已经没有吸引力了。"西哀士在柏林现身，从他到达那里参加新国王腓特烈·威廉三世（后来在耶拿战役打了败仗的那位国王）加冕典礼的那一天起，就成为一位公众人物。阿尔伯特·索雷尔已经出色地描述过西哀士的出现所引发的场面："在一众都身着正式制服、佩戴缎带的外交官、将领和大臣们之间，有一个中等身材、轮廓突兀、肤色苍白的怪人亦步亦趋。他身着非常肃穆的黑衣，黑色的头发没有抹粉，同时在胸前戴着一条三色大围巾。这就是西哀士。每个人都对他指指点点。这个傲慢的弑君者的出现，使得这个普鲁士王室威仪的游行队列出现了骚动。"

可能西哀士太过"傲慢"了，在任何情况下，他的矜持天性和过于膨胀的自尊都是外交官素质的极端对立面。他的使命失败，很快就离开普鲁士。督政府在议会两院感情上变得倾向雅各宾派时，担心自己有被搞垮的

① 安妮-凯瑟琳·德·里格尼维尔，爱尔维修夫人（Anne-Catherine de Ligniville, Madame Helvétius，1722—1800）：18 世纪的知名沙龙主人。她是哲学家克劳德·阿德里恩·爱尔维修的妻子，他们家的沙龙汇集过内克尔、狄德罗、杜尔哥、塔列朗、罗兰夫妇、米拉波、西哀士和拿破仑等法国各界的社会名流。——译者注

危险，于是先下手搞垮了议会。巴黎陷入混乱，变得一团糟，处于无政府状态。有一个党派为哲学家西哀士的归来高声欢呼，认为他会给巴黎城重新带来秩序。鲁贝尔已经不再是督政官，西哀士被议会选入督政府，这次他认为时机已到，所以接受了。他预见到最终在巴黎会有大事要他去做，于是急匆匆离开了柏林。

巴黎焦急而充满好奇地盼望西哀士的归来。一名外国外交官写道："西哀士进入督政府，比在这种困境下的大多数最高统治者的就职引起了更大的轰动。这一刻，他是万众瞩目的焦点。"看来共和国正在亮出其最后的底牌，一旦哲学失败，那就只剩下军队可以一试了。

督政官们非常担忧地等候他们久负盛名却危险的同僚。西哀士没有来到卢森堡宫，而是在一个朋友家寄居，他从那里让隐藏的威胁变成了现实，而且能让那些绅士们在焦虑中多受几天折磨。与此同时，他同自己的朋友密谋从督政府中剔除他厌恶的拉雷韦里埃 - 勒卜和梅兰。而由于巴拉斯受到每个人的欢迎，对西哀士来说，取得他的支持还是必要的。西哀士曾冷笑着说道："我将会赞同他，而以他自己的可怜才智，他也将会信任我，这样一来，我们就可以共享盛名了。"这个愿望变成了现实，而西哀士在坐上督政官的宝座并协助推翻他的两个政敌时，表情一如往常。他的两个政敌被无能之辈取代，这两人当然不会掣肘西哀士，因为他们对他谀辞如潮，但他对他们更加不信任。他在自己的私人回忆录中写道："他们追随我，而我憎恨他们这群人，因为他们不相信善德。他们令我反胃，而如果我能对此事发表自己的看法，那我首先就会对他们说：'你们应当感到羞耻，因为你们是恶棍鼠辈，而你们轻佻地假设每个人都会像你们一样。'我会痛恨他们到底。"

西哀士痛恨他们所有人，但这似乎不影响他成为他们的主宰，因为他们都在他面前跪拜。西哀士迫使他们抱团与那些将他们这些新贵选入督政府的雅各宾派群氓进行斗争。西哀士身为首席督政官，向雅各宾俱乐部宣战。这个俱乐部刚被勉强允许重开，结果又被他下令关闭。他要将督政府净化成他曾向一位部长描述的那种样子："在我们的老爷大人们在督政府营私舞弊使共和国蒙羞后，要对这座圣殿进行大扫除。"因此，非常有必要去消灭那些希望恢复恐怖统治的恶棍们，但这些恶棍看上去为数众多，而且正在积极地反对西哀士。西哀士又是沮丧又是失望，又是愤怒又是震惊，这位哲学家宣称他不会孤军作战，而在这个关头，他不得不去考虑呼吁军队介入。

现在唯一可以挽救革命的是让一位恺撒式的人物到来，以完全掌控住它。五年以前，头脑清醒的思想家们已经预见到了这一刻。唯一的问题是谁会成为这个"恺撒"。

西哀士不具备恺撒式的灵魂，但是，尽管如此，他的一些观念促使他去尝试将一个强大的权威安放在一个等级森严的社会头上。可能他会梦想成为这位最高权威，但他认识到了其中的难度，而且他的懦弱性对他的自尊来说是一个太过庞大的障碍。雅各宾派聚集起来辱骂他，气势汹汹地威胁他。此外，他认为他主持的政府摇摇欲坠地建立在一个腐朽的体制上，而且由于它的邪恶和可鄙的荒谬性而受到质疑。他告诉一位朋友："我从事的是地狱般的工作。"他对他的优势地位十分肯定，觉得自己能干好，而他变得对议会制非常怀疑。在花月（共和历的第八个月）革命运动之后，巴拉斯问西哀士哪些议员最好被撤职。西哀士答道："议员们是非常好还是非常糟糕，取决于使用他们的方式。"但最好的办法是将他们全部踢出局。这个米拉波称之为代议制政府奠基人的人现在想要关闭议会。西哀士对他任命的警务部长富歇说："在轻率鲁莽的人和喋喋不休的家伙们帮助下想建立起什么东西来是不可能的。现在需要的是两件东西：一个头脑和一柄剑。"在他看来，他就是那个头脑，而他正在寻找一柄剑。

在坎波福尔米奥和谈后，拿破仑·波拿巴在巴黎进行告捷访问时，拜访了哲学家西哀士。西哀士当时对拿破仑并不是非常亲厚，而拿破仑对他颇为推崇。据拿破仑说，公民西哀士是共和国唯一的政治家，而西哀士是那个应当赋予大革命确定形式的人。被恭维的西哀士对意大利征服者的说法是："他是军中的政治将军。"但波拿巴对他来说是个令人畏惧的人，此外，这位将军在 1799 年夏一心想着要亲自征服埃及。而奥什刚刚相当神秘地在二十七岁的年龄就死去了。西哀士将贝尔纳多特搁在一旁，他称此人"尽管形如雄鹰，但只是一只小鹅"。他甚至将贝尔纳多特赶出陆军部，因为他认为这个人是和他敌对的雅各宾派在陆军部的代表。然后，西哀士在考虑年轻而迷人的儒贝尔①将军，他对这个人很了解。但儒贝尔在意大利阵亡，情况和奥什的猝死一样相当可疑。这一切点出了这样的事实：对一个将军来说，没有健康的身体是无法被期待承载成为一个独裁者的期望的。然后西哀士将莫罗列为一名候选人，但后者的性格太过拖泥带水。他为此踌躇不决。葡月（共和历的第二个月）的一天，西哀士在卢森堡宫责难莫罗的时候，一名信使上气不接下气地进来报告波拿巴已经在弗雷儒斯登陆。"那是你需要的人。"莫罗说完这句话，就离开了。"木已成舟。"西哀士在片刻之后告知吕西安·波拿巴，"我们必须围绕你的兄长集结起来。"

波拿巴将军一赶到巴黎就去拜访西哀士。他的务实性情让自己深信这位神父的主张其实统统都是错误的，但他嘴上却说："我已经见到了西哀士。……一个人必须和这位至少值得敬爱的人共命运。"这个军人对那位哲学家谀辞如潮："我们没有政府，因为我们没有宪法。在任何情况下，我们都需要宪法，您的天才必须为我们提供一部宪法。"西哀士现在能从西奈之巅看到上帝许下的土地，他会在那里最终写就法律。

西哀士为发起一场政变的全部计划施以援手。雾月 19 日，经历连番变故后，波拿巴和西哀士成为临时执政。

西哀士着手制定宪法，或者反过来说，使得宪法的原则，通过布

---

① 巴泰勒米·卡特林·儒贝尔 (Barthélemy Catherine Joubert, 1769—1799)：法国大革命时代的将领。1784 年参军，但迫于其父压力，半年后便离开军队回到学校学习法律。大革命爆发后，于 1791 年加入法兰西革命军，成为士官。次年随意大利军团出征。1795 年已经积功晋升为准将。1796 年意大利战役期间，他成为拿破仑部下的旅长，屡建战功，年底即晋升为少将。1798 年起先后在低地、莱茵区和意大利任职。1799 年 8 月初接替莫罗指挥意大利军团。不久在诺维战役中与俄军名将苏沃洛夫指挥的俄奥联军对阵，不幸中弹身亡。——译者注

莱·德·拉默尔特——这个被委托参与催生宪法工作的人，从他手中被一点点撕扯得支离破碎。阿尔伯特·汪达尔[1]以非常巧妙的方式叙述了这一计划完成时的这位可怜的受骗立法者。波拿巴接管了西哀士的体制，这个体制是个非常科学的集合体而且十分平衡，他都不用将这个体制彻底拆除，就能从中取得一切，并在这个基础上建立起他的专制统治。

西哀士采取了他的一贯做法。他没有捍卫他的宪法，但对拿破仑大光其火，满怀鄙夷，又退回到自己的蜗壳里，任由专制体制建立在他准备好的材料之上。而当万事俱备时，波拿巴将军又在一次重要会晤时向西哀士求助和乞援，在经过一番恭维奉承后，提名他进入执政府——用这种微妙的方式告诉他，自己不会独自执政。

在西哀士很快被踢出执政府后，作为安慰，他被拿破仑任命为参议院议长，两人对此达成了一致意见。

现在西哀士已经到了这种状态，才彻底醒悟，政治家只能从一种破碎的状态当中去寻求选择有价值的碎片而已。波拿巴使一项法令得以通过，以国家的名义，褒奖"公民西哀士做出的巨大贡献"，赐给他一座城堡。同他到那时为止表现出来的对世俗回报诱惑的态度不同，他足够懦弱地接受了因他退职而给予的这个安慰奖。赐给他的是克罗恩[2]堡，以下是关于赏赐城堡这件事的一首诗歌：

"西哀士给波拿巴打造了一顶现成的皇冠，

而且以为在君权之下能准备他的墓地；

现在波拿巴给西哀士的礼物是宏伟的克罗恩堡，

这就是波拿巴给西哀士的回报，而且会使他蒙羞。"

---

[1] 阿尔伯特·汪达尔（Albert Vandal, 1853—1910）：法国历史学家，有《路易十五和俄国的伊丽莎白》、《路易十五时代的法国东方外交》和《拿破仑与亚历山大一世》等著作传世。——译者注
[2] 克罗恩（Crosne）：今法国法兰西岛大区埃松省的一个市镇。——译者注

西哀士得到了一笔丰厚的养老资产，后来还受封为帝国伯爵。1808年，康巴塞雷斯帝国宰相——他在国民公会泥沼派的老邻居——签署了专用授权书，给予西哀士今后使用"西哀士伯爵"盾章的权利："银色的树墩上有一棵漂亮的松树，右侧的深蔚蓝色小方块搭配深色的北风之神图案，或者银色的北风劲吹图案。徽记以蓝色和白色为底，加镶绿边。"

当西哀士伯爵阁下将这张羊皮纸放进他书桌的抽屉时，也许会同时发现一本旧的黄色小册子。"什么是第三等级？一切。迄今为止他们有什么政治地位？一无所有。他们要求得到什么？一定的地位。"如今第三等级变得高贵起来，贵族头衔由皇帝授予。

他活得相当长，在八十八岁的高龄逝世。路易·菲利普忘记像册封其他很多幸存的国民公会议员那样，将他封为三色旗王朝的贵族。而我们必须要说，到了最后，没有人知道怎样对他才算公平。这就是西哀士神父非凡的职业生涯，他尽管是一位教士、一位咏礼司铎，却拒绝成为一名立宪派主教，而且几乎戴上了一顶革命的王冠。

当波拿巴来到巴黎的时候，他发现唯一挺过大革命幸存下来的君子就是西哀士。但这位伟人很快就被这位军人弃之不顾，因为他实际上只会夸夸其谈。"金色的北风之神头像，吹起一股银色风暴"，是对西哀士新盾章的描述。在这位被大大高估的大祭司周围，波拿巴将军发现的是一群无足轻重的懦弱革命者、历届议会的前人民领袖、恐怖统治时期的前特派员和昔日的各委员会委员，所有在那些岁月里非常强横的人物都不在了。而革命十年已经让这些人看清了政治现实主义和个人实利主义。警务部长富歇就是那些最终看清政治原理的革命者中的一个典型例子。因为革命已经结束，现在是时候去评判大革命成果了，是时候去认识大革命对制度和法律的影响了，也是时候去计算那些挺过革命时期的人和厚颜在革命中幸存下来的人的收获了。

拉法耶特被边缘化，更糟的是，他实际上名誉扫地；米拉波痛苦地死去；塔列朗流亡海外，然后接受扮演次要角色的命运；巴伊和巴纳夫被推上断头台；布里索、维尼奥和巴巴鲁被推上断头台；蒲佐、佩蒂翁和孔多塞自杀；共和二年芽月，艾罗·德·塞舍尔、法布尔·代格朗丁、卡米尔·德穆兰、雅克·丹东被送到刽子手手中；共和二年热月，圣茹斯特、库东和马克西米利安·罗伯斯庇尔也遭遇了同样的命运；所有这些大革命风云人物之中，在"热月政变"之后硕果仅存的是被高估的饶舌者西哀士，他俨然像其他的代表一样，用自己的双手为波拿巴驾临铺平了道路。

如果那些人面对波拿巴的话，他们会怎么办呢？这是个无聊的问题，因为我们可以想象到，如果他们都还活着，即便以拿破仑的天才，也不可能企图掌权。

可能是命中注定，他们都要死去，才使得拿破仑能够出现。因为这些人的所做，以及大革命的所为，就给了人们这是一种漫长而注定的天命之数的印象。

如我所说，大革命是在一种误解的基础上产生的。人民对君主制感情很深，希望有一个新的、得到国王权威支持的、建立在权利平等基础上的政府。这就是全部。在启蒙哲学影响下，资产阶级加入了自由的要求，这一要求至少被放进了 1789 年大选的背景当中，而且，这些只是需要国王准许和同意的直观要求。

1789 年 8 月 4 日，在封建制度被废除的这一天，法国已经实现了这个主要愿望。这就是米拉波的意见。他尽管是"一个最终权威"理论的坚决支持者，但也很珍惜新获得的平等权利。他几乎是个天才，而国王和议会都不了解他。议会的意思是让整个国家天翻地覆，并且为全人类立法。《人权宣言》，这则仁慈的启蒙哲学通过法国的民主派代表们向全世界发布的卓越声明，却使得大革命脱离了它的正常轨道。这是一个太令人振奋的主题，而且蒙蔽了人们的理智。《人权宣言》导致了大规模的破坏，但合理而切实可行的重建计划却还没有准备好。不引发大动乱来改变宪法去适应这份宏伟的宣言是不可能的，所以宪法证明了宣言的不切实际。虽然革命削弱了王权，但它实际上也没能成功建立民主制，而在权威被弱化的同时，人权宣言却授权人民叛乱，为这个国家的慢性混乱状态松了绑。几乎所有为《人权宣言》投赞成票的人都是真诚而正直的人，他们为一种崇高的信仰着迷，而且一直受到一种文化精神的激励，但是被暴虐主张蒙蔽，有时会被情感冲动所惑。那位令人钦佩的法国绅士拉法耶特，太过耽于幻想，在几乎没有人敢去责备他的高贵品性的情况下，他犯下的大量错误把他搞垮了。而他是制宪议会大部分议员的出色典型，他们会高呼："宁可让其他一切灭亡，也不能放弃一个原则。"与他们相反的另一面是塔列朗，一个拥有背叛天赋的政客。他是另一种人物的代表，这种人在一场运动中没有信仰，但是会利用这种运动，会背叛他们的党派，并且将国家引入歧途。然后是刚毅果决的米拉波，以他的务实精神，有可能拯救这个国家，但是，国王和议会，由于他糟糕的名声，一再拒绝信任他。他劝阻他在议会里的朋友们实施他们口头上微不足道的理想主义的努力白费了。他对他们的警告，特别是对一则著名的、鼓动整个欧洲起来对抗全新法兰西的宣言的警告也白费了。

外来入侵导致大革命变成了一场彻底的失败，因为尽管入侵实际上是在针对法国，但表面看来目标是大革命。之后，革命运动变成了充斥野蛮和暴力的爱国主义，而看似是一件好事的是，一波新的革命浪潮会将第一批革命者拉法耶特、塔列朗甚至巴纳夫都清洗掉。巴纳夫推动他的同僚采取暴力行动，而他没能让他们对此保持责任心，在米拉波死后，当他全力置身于对抗无政府状态的政策时，已经为时太晚。第二波革命，抛弃了大部分旧有内容，创造出一群对公共事务毫无经验甚至比他们的前辈们更加容易被自己的狭隘视野蒙蔽的新革命者，此外，这群人还拥有一种表达无法控制的感情的、鼓舞人心的口才。这些人就是吉伦特派。他们以自己的浪漫主义政治观和演讲态度，为新的激进行动铺平了道路。他们不仅贸然卷入战争，而且将一个女人——极端派的罗兰夫人，视为他们的引路人。法国边境正遭到威胁，为摆脱民族危机，王位被倾覆了。

这个二次革命派并不希望从他们导致的混乱当中得到任何东西，而不幸的是，他们是如此的盲目、反复、优柔寡断，肯定会被第三个决心不择手段的派别横扫出局。尽管这一派受到打击，走向末路，但拒绝去否定他们所捍卫的理想，同时，他们又非常不合逻辑地谴责他们自己导致的致命后果。

第三个党团，或者称之为雅各宾极端派，一开始似乎全都由雅克·丹东的人格魅力控制。同米拉波一样，丹东拥有一种务实的精神，但又有一个火热的灵魂，当法国正在面临入侵威胁时，他又变得过分理想主义。面对外部危险，他试图将由于他曾经纵容的屠杀而导致可怕分裂的这个民族团结起来。而他的这种团结全民族的愿望，这种他从一开始不可能拥有的想法，促使他去采取——和一直以来一样，都太迟了——一种更为保守而反动的政策。民族偶像拉法耶特，被丹东以其观念反动为名加以谴责，致使其陷入人民的怒火之中，而且在这种怒火面前倒台。巴纳夫曾暗示如果血不能被认定是"纯洁的"，那就应当让流血发生，而在宣布他的反动态度，经过一段不受欢迎的时期后，他蒙受了毕生的奇耻大辱。情况相同的还有维尼奥，这个曾经将他的君主羞辱示众的人，被视为"巴纳夫第二"。而现在，曾经推翻拉法耶特、巴纳夫和维尼奥的丹东，试图改弦更张，"去搭上革命的灵车"，于是他也成了嫌疑对象。

所有丹东曾为难过的革命者，从罗伯斯庇尔到埃贝尔，都攻击他，削弱了他的地位。丹东这个"泰坦巨人"能够在他自己垮台之前先打垮埃贝尔；但罗伯斯庇尔在除掉埃贝尔之后，转过头来推翻了丹东，将他杀害，使自己成为时局的主宰。然后罗伯斯庇尔这个先知，在圣茹斯特这个才智和意志力都胜过其导师的人的推动下，试图在恐怖统治基础上建立起一个新的革命政府，致力于推行"美德"；他正式宣布查禁所有革命的敌人和所有反对公共安全、上帝和道德三原则的人。在欧洲，有人认为他会建立一个新体制，他也梦想着这样去做，但他也只有一条性命。

罗伯斯庇尔被那些他将会杀戮的人推翻，那些人担心他们这些今日的刽子手会成为明日的刀下鬼，于是怀着一种亢奋的爆发性恐惧抨击他。他们唯一的想法就是除掉罗伯斯庇尔这个危险的敌人。但罗伯斯庇尔似乎是唯一能够将恐怖统治限定在一定范围内的人，而他的死令他的敌人沮丧的是，这只是一个更加明显的无政府反动信号。

热月党的领导人们，诸如巴拉斯和塔里安，都是些才智非常平庸而且道德败坏的人。在被非常迅速地转化为一种血腥恐怖的事物后，大革命开始坠入极低、极深的堕落泥沼，热月党人就同革命一起慢慢堕落下去。整个法兰西民族都不想再随着大革命漫无目的地漂流，革命的发展轨迹已经被大肆亵渎，但所有法国人仍紧抱着在公平原则基础上建立一个强大政府的一线希望。

尽管如此，还是事与愿违，除了一个将自己强加给这个糟糕国家的寡头集团控制的软弱政府之外，什么都没能建立起来。在督政府统治下，"无休止的苛政"从未停歇。督政府由一群像巴拉斯、梅兰·德·杜埃和拉雷韦里埃-勒卜这些次要革命者把持。这是些能力二流的人，之所以能够脱颖而出，全拜所有那些多少可以称得上伟大的革命领袖垮台所赐。这些自命不凡之徒像豺狼一般搏杀了五年，成为满目疮痍的森林中的破落王者。法国陷入绝境，强烈期盼一位政治家的来临。人民不仅希望能依靠这位政治家彻底实现 1789 年的种种梦想，而且期盼他能够巩固所有大革命带给法兰西的利益，将之变为一份民族遗产。

为法兰西的"恺撒"拿破仑·波拿巴的降临做好一切准备的是西哀士，大革命硕果仅存的领袖人物。1789 年秋天，西哀士在提出第三等级宣言的时候，就像是那个开启革命洪流闸门的人。而他就是那个被恶作剧的命运之神拣选出来，将大革命传递给它最终主宰的人。西哀士一度是个教士，后来成为大革命的哲人、宗座和精神领袖。随后他召集众人去支持那位伟大的军人，并且将他安置在发号施令的位置上。然而，他很快就大失所望。西哀士的戏演完了，鞠躬谢幕后，就从舞台上消失了。

拿破仑·波拿巴发现舞台空空如也，伟大的革命领袖们全部以惨败收场。拿破仑的意愿不是去推翻大革命，而是去巩固革命所创造的局势。因此他去向一大群次等革命者和在革命大风暴中幸存下来的前制宪议会议员求助。前制宪议会议员已经从他们一度钟爱的理想主义理念催生的结果当中恢复过来。至于国民公会的议员，他们所经历过的国家大事现在使他们成为负有重责大任的职位的合适候选人。这种类型的人就是拿破仑邀请来合作组建一个政府的人。这个政府将会配得上一个注定成为其首领的伟大王者。四年后，那些逃过断头台阴影的革命者们，已经成为帝国勤恳而忠实的臣仆。